盈德佛教　　盈德寺刹　　體露盎風

영덕불교　영덕사찰　체로춘풍

현 담

영덕불교사암연합회

盈德佛教　　盈德寺刹　　體露金風

영덕불교　　영덕사찰　　체로금풍

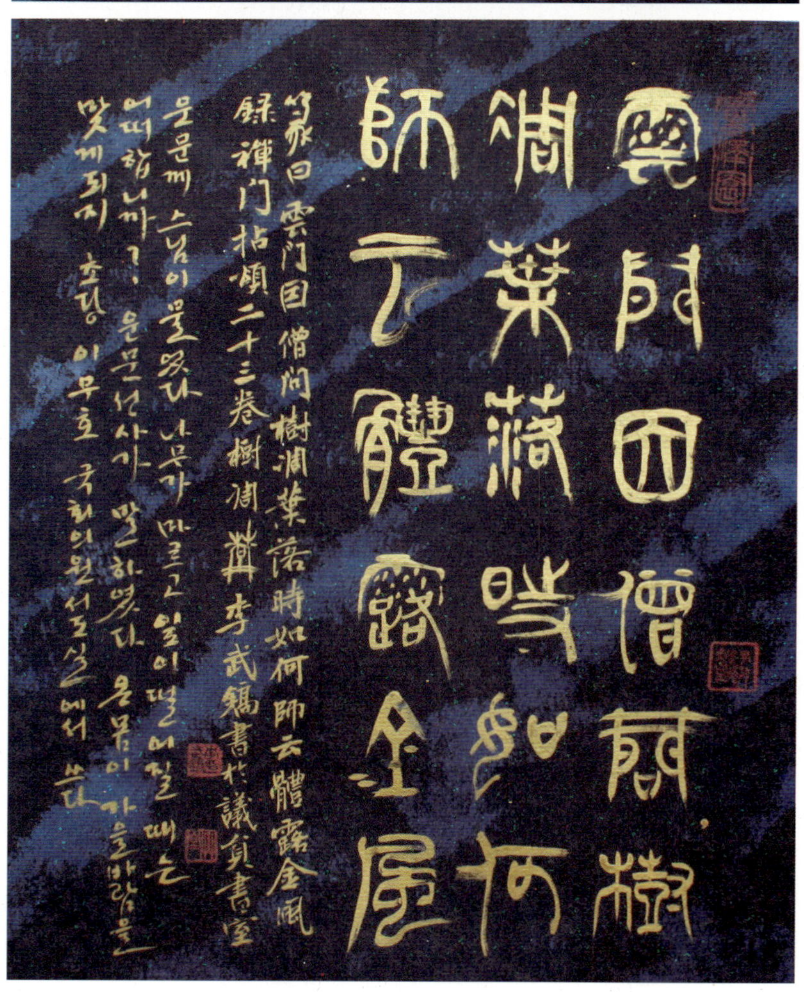

벽암록 운문선사 게송

※영덕 출신 국회의원서도회 헌정회 지도위원 초당 이무호 선생께서 책 발간을 축하해 보내준 휘호이다.

나옹왕사 발원문

※나옹왕사체 여강서도연구회 사농 전기중 선생께서 쓴 나옹왕사 발원문으로 책 발간을 축하해 보내준 휘호이다.

차　　　례

영덕불교 영덕사찰 체로금풍體露金風이로다

현담스님
영덕불교사암연합회장
영덕불교문화발전연구원장

귀의삼보하옵니다.
만산홍엽(滿山紅葉)이 체로금풍(體露金風)이라!
온 들판과 산들이 단풍으로 붉게 물든 그 기운이 다해 떨어지나 그 진리의 본체는 그러하고 그러하구나.

심신이 부실해 공기 좋고 물 맑은 곳을 찾아서 동해안 청정지역 영덕에 걸망을 풀어놓은 지 어느 듯 강산이 두 번 변하고 또한 그 반이 지나가고 있다.
업장이 두터워 육신의 고통으로 불법에 귀의하여 앞으로의 삶은 덤으로 사는 세상이라 생각하고 열심히 살아왔다고 하지만 지나고 보니 그마저 놓아버려야 한다는 것을 자각하게 되었다.

노자에 "학문을 하는 자는 날마다 더하고 도를 들은 사람은 날마다 덜어낸다"는 말과 같이 덜어내고 덜어내어 무위에 이르러 덜어낸다는 생각도 버리는 마음을 내면서 구경의 진제(眞諦)를 위해 속제(俗諦)를 통한 영덕불교의 진공묘유(眞空妙有)를 드러내고자 한다.

영덕에서의 지나간 세월 중에 영덕군청 자리가 조선시대 흥덕사 절터라는 것을 영덕군지를 통하여 알게 되어 지역 불교현황을 한 번 파악해야 되겠다는 원력을 세워 자료를 정리하고 있던 차에 지난 2014년 영덕 불교 폐사지와 현재 수행 정진하는 사찰을 정리하고 영덕불교사암연합회가 발족하고 이후 불교행사를 정리하여 묶어 『영덕 폐사지 불적답사와 불교 현황』으로 한 권의 책으로 펴내었다.
이후 시간이 흘러 지역의 고승인 나옹왕사에 관한 자료를 모으고 있던 차에 만행하는 마음으로 작년에 전국에 있는 나옹왕사께서 정진한 사찰로 불적답사의 길을 회향하면서 정리한 자료를 나옹왕사에게 바친 책이 『나옹왕사불적답사길』이다. 그리고 언젠가

지역불교를 다시 정리하고 나옹왕사의 영덕 발자취를 한 권의 책으로 묶어야겠다는 생각을 하고 있었다.

그 생각이 결과물이 되어 이렇게 빨리 다가올 줄 몰랐다. 올해 삼한문화재연구원에서 영덕군으로부터 의뢰를 받아 지난 5월부터 한 달간 유금사 3층 석탑(보물 제674호)에서 틈이 벌어지고, 한쪽으로 기울어짐에 따라 이를 해체, 이전 복원하고자 보수사업에 대한 발굴조사 중에 탑의 남동쪽에서 국보급 9세기 경에 제작된 통일신라시대 금동여래입상 1구와 호신불금동여래입상 1구가 발굴 출토되는 경사가 있었다.

또한 9월 초하루 법회에 미주한국불교문화원장이신 지안(知安) 김정광원장님께서 모친을 뵙기 위해 영덕 고향에 오셨다가 영덕도서관에서 소승의 영덕폐사지 불적답사의 책을 보게 되어 전화를 하여 서남사를 찾아오신 것이다. 같이 점심공양 후 차담을 하면서 귀중한 자료를 주신 것이다. 미국 보스턴미술관(Museum of Fine Arts, Boston)에 석가모니와 나옹왕사의 사리함과 진신사리가 모셔져 있다는 말씀이었다. 국내로 모시고자 노력하였으나 아직까지 성사되지 못하고 있다는 말씀을 하시고 미국으로 출국하셨다.

돌이켜 보건대 영덕은 637년(선덕여왕 6년)에 자장율사가 창건한 유금사와 나옹왕사께서 창건한 장육사(1355년)가 근자에 진리의 당체를 드러내신 것이다. 이러한 진리의 본체(體)를 세상에 드러내어(相) 영덕군민과 불자들에게 봉축할 수 있도록 자료를 묶어 보여 드리는 것이 소승의 소임이고 본분사(用)라 생각하여 영덕불교를 다시 정리하게 되었다. 이러한 불사가 시절인연이라 생각하고 부족하지만 한 권으로 엮어 보았다.

지난 2005년에 발족한 영덕불교사암연합회가 그동안 많은 불사와 법회를 회향하면서 동참하신 집행부 스님들과 영덕에 거주하는 모든 스님들과 불자분들에게 감사드리며 인연 있는 모든 분들에게 머리 숙여 감사드린다. 나무 아미타불!

영덕불교의 위상이 드높아지기를

청우스님
강릉 등명낙가사 주지
강릉 불교사암연합회장

위대한 스승 나옹왕사께서 영덕에서 나셨도다.

출가한 지 50여 년이 지났다. 수행납자로서 철저한 수행정진을 해서 사문의 귀의처인 득도를 했는지, 상구보리 하화중생을 했는지 돌이켜보니 부처님 전에 업만 짓고 살아온 죄인 같은 마음 감출 수가 없다.

위대한 스승 나옹왕사 앞에 참회와 3배를 올리면서, 나라가 망해가는 고려의 마지막 스님인 나옹큰스님이 영덕에서 태어나신 것도 내가 출가 후 10여 년이 지나서야 알게 되었다. 나옹왕사께서 태어나서 출가하면서 심어 놓은 반송정에서 반송이란 노송을 처음 보았고, 까치소와 작은 영각을 참배하면서 사적비 하나 없는 이곳에 나는 스님의 생가 복원과 유적지를 꼭 건립하리라 서원을 세우고 시절 인연을 기다려 왔다.

세월은 기다려주지 않고 반송은 고목이 되어 고사하고 스님이 태어나신 곳은 흔적을 잃어갈 때 청하 유계리에서 태어나신 故 지관큰스님께서 조계종 총무원장이 되셨다. 나는 영덕 군수를 설득해서 나옹스님 역사 세미나를 개최하기로 했다. 현재 동국대학교 총장인 보광스님과 상의해서 영해 예주문화예술회관에서 총무원장 지관큰스님을 모시고 교수들의 노력으로 첫 세미나를 수많은 영덕 군민과 함께 성대하게 마쳤다.

불국사 성타스님, 장육사 주지 효상스님, 그리고 소승과 함께 나옹왕사기념사업회를 발족했다. 前 김병목 군수님, 초당 이무호 선생님, 서일농원 서분례 보살님과 다수 위원과 차근차근 진행하기로 했다. 사라진 반송 자리에 반송정 정자를 세우고 지관큰스님의 필체로 반송정 현판을 쓰고 낙성식을 봉행했다. 광천오석을 구해서 총무원장 지관큰스님이 비문을 짓고, 초당 이무호 선생의 필체로 사적비를 세우게 되었다. 비 제막식에 유인촌 문화공보부장관이 내려오고, 수많은 스님과 불자가 참석해서 성대하게 제막식을 봉행하였다.

고려 불교가 망하고 유교가 시작된 후 강릉 이율곡, 영덕군 영해면 목은 이색, 안동 퇴계 이황이 태어난 곳은 불교가 전멸되었다. 강릉도 범일국사가 태어난 굴산사에 10여 개 사찰이 폐사가 되었다. 영덕도 장육사, 유금사 외에 여러 사찰이 폐사 되었고, 나옹왕사 흔적마저 역사에 지워져 버렸으며 안동 역시 사찰들이 모두 폐사되었다.

긴 세월 동안 깊은 잠 속에서 깨어나게 한 스님이 계셨으니 바로 영덕불교사암연합회장 현담스님이다. 스님은 그동안 나옹왕사의 발자취를 따라 순례여정을 한 권의 책으로 묶었고, 이번에 또 다시 『영덕불교 영덕사찰 체로금풍』을 발간하여 영덕불교의 위상을 드높인다고 하니 현담스님이야말로 이 시대의 선각자요, 영덕불교를 일으켜 세우는 원력보살이 아닐 수 없다. 어찌 고맙고 반갑지 않으리요.

그동안 함께 힘써주신 영덕불교사암연합회 스님들과 지역 불자, 군민 모두에게 깊은 감사드리며, 더욱 깊은 신심과 정진력을 발휘하여서 제일, 제이의 체로금풍이 발간되기를 기대합니다. 현재 영덕 출신 조계종단 스님으로는 신흥사 주지를 역임하신 혜법스님, 열반하신 선산 도리사 주지 법성스님, 대강백이신 범어사 무비스님, 금정산 금강사 미국 뉴욕 백림사를 창건하신 혜성스님, 진주 보각사 용득스님, 선원에서 정진하는 성문스님, 그리고 현재 강릉 등명 낙가사 주지로 있는 소승과 비구니 스님 등이 계시는데 열심히 포교와 정진에 앞장서고 있다. 앞으로 영덕을 지키는 현담스님 외 영덕불교사암연합회 스님들이 하는 나옹왕사기념사업에 함께 동참할 것을 약속하겠습니다.
끝으로 나옹왕사께서 남기신 시 한 수를 읊으며 글을 맺겠습니다.

청산은 나를 보고 말없이 살라하고
창공은 나를 보고 티없이 살라하네
탐욕도 벗어놓고 성냄도 벗어놓고
물같이 바람같이 살다가 가라하네

깨달음의 종착점에서 다함께 만나길 발원하며

종우스님
대한불교조계종
제11교구 불국사 주지

출가 수행자가 가야하는 길에는 여러 길이 있다. 여러 길을 가면서 만나게 되는 것이 성불이라는 종착점이다. 부처님의 일불제자로서 종단이나 종파를 떠나 불교의 연기적 중도실상을 지향하고 있다면 그 길이 바른 길일 것이다.

여기 동해안에 한 수행자가 그 길을 가고 있다.
아프리카 속담에 "길을 갈 때 빨리 가려면 혼자 가고, 멀리 가려면 함께 가라"는 말이 있다. 영덕불교사암연합회 회장인 현담스님은 십 수 년 동안 묵묵히 그 자리에서 주어진 소임과 본분사를 다하며 대중과 함께 불법 홍포에 매진하고 있다.

지난 2011년 경북 동해안 포항·영덕·울진의 3개 시군의 불교계 역량을 결집하여 상호 교류와 협력 강화를 통하여 상생을 위해 노력하고, 수행자 본연의 자세로 돌아가 정진하고, 포교 일선에 앞장서기로 하였다. 그러면서 경북 동해안 승가공동체 결연 협약식을 봉행하면서 당시 현담스님이 영덕불교사암연합회에서 동해안 불교를 위해 앞장 선 것으로 알고 있다.

스님께서는 2014년 영덕불교의 현황이라 할 수 있는『영덕 폐사지 불적답사와 불교 현황』을 발간하여 불국사 말사뿐만 아니라 영덕에 산재한 사찰들의 현황을 파악하고 또한 폐사된 사찰들을 발굴하고 정리하는 작업을 하셨다. 그것은 참으로 시기적절한 책이라 할 수 있다. 근자에 와서는 지역의 고승인『나옹왕사 불적답사길』을 발간하여 나옹왕사의 발자취를 불자들이면 누구나 쉽게 접할 수 있도록 길을 열어 놓은 것이다.

이번에『영덕불교 영덕사찰 체로금풍』으로 한 권의 책을 엮는다고 한다. 얼마 전 유금사 삼층석탑 해체 복원하는 과정에서 발굴된 통일신라시대 금동여래입상 1구와 금동여래호신불 1구 등의 귀중한 자료와 나옹왕사의 미국 보스턴미술관 좌정사진 등과 불국사 말사를 비롯한 영덕에 있는 모든 사찰 현황과 폐사지 등을 금풍(金風)을 통하여 체로(體露)함을 보여주고자 한다.

'체로금풍'이라는 말은 『벽암록』에 나오는 게송으로 진리의 본체(樹凋葉落)를 드러내어(體露金風) 작용을 통하여 본성을 깨닫도록 유도하는 것이다.

위와 같은 불사는 쉽지 않은 일이다. 공심(公心)으로 항상 불심(佛心)의 지혜작용(智慧作用)을 놓지 않고 정진한 결과일 것이고, 혼자만 깨달음의 그 길을 가고자 하지 않고 영덕불교사암연합회 회원 모두 다함께 가고자 하는 동등각안(同登覺岸)의 원력행이 있기에 가능하였으리라 생각한다.

금번에 발간되는 『영덕불교 영덕사찰 체로금풍』이 지역불교가 화합하고 발전하는 계기가 되길 바라며, 우리들 모두가 유한의 행복을 넘어서 절대 무한한 행복이 있는 깨달음의 종착점에서 만나길 발원합니다.

현담스님의 원력행을 치하하며

보각스님
영덕불교사암연합회 원로

귀례삼보하옵니다.

온 산천이 울긋불긋하더니 이젠 아침저녁으로 찬바람이 가슴을 시리게 한다. 처음 지인의 소개로 영덕에 와서 땅을 매입하고 부처님을 모시고 방편불사로서 도자기 굽는 가마터로서 적당하여 이곳에 왔지만 한동안 세상만사가 뜻대로 되지 않아 조용히 정진하고 있었다.

그러던 차에 영덕불교사암연합회 회원스님들이 회장스님과 같이 찾아왔다. 법담을 나누어 보니 생각이 맑고 긍정적이라 영덕불교사암연합회 활동에 관한 많은 이야기를 나누었다. 시간이 지나면서 이왕 영덕에 인연이 되었으니 영덕불교사암연합회에 협조를 해달라고 한다. 그러면서 제목이 『영덕 폐사지 불적답사와 불교 현황』이라는 한 권의 책을 주고 갔다.

그것을 보니 지금까지 영덕불교의 과거와 현재를 드러내고 있음을 살펴볼 수 있었다. 그리고 얼마 지나지 않아서 군부대 법회에 동참하여 젊은 장병들을 위로하고 공양물을 대접했다. 또한 장사상륙작전 전몰용사위령제에서 순국하신 학도병들의 극락왕생을 발원하고 생존해 계시는 분들을 위로하고, 영덕불교사암연합회 후학들의 수행자로서 상구보리 하화중생하는 모습을 지켜보면서 연합회가 존재하는 당위성을 느낄 수 있었다.

60여 년의 출가생활 중에 영덕에 5년을 살면서 스님들의 화합하는 모습을 보면서 현담스님이라는 한 수행자의 원력이 이렇게 많은 것을 변화시키는 것을 처음 보게 되었다. 법납이 높고 세납이 많다고 뒷방에 있게 하는 것이 아니라 원로로서의 경륜과 경험을 보태게 만들고 개성이 강한 스님들을 모두 받들고 장점을 승화시켜 오늘의 연합회를 있게 만든 것이다.

이번에 발간하는 영덕불교 책도 과거를 밝히고 현재를 드러내어 미래 100년을 내다보는 현담스님의 원력행을 보게 되어 참으로 경하하는 바이다. 다시 한 번 회장 현담스님의 30여 년 영덕에서 보낸 보살행을 봉축하며 노고에 감사를 드린다.

행복을 위한 깨달음의 미래를 향하여

동진스님
영덕불교사암연합회 부회장

작년 연말 회장스님께서 나옹왕사께서 수행정진한 곳을 다녀와 한 권의 책으로 펴낸다고 하시기에 글을 올렸는데 1년 만에 다시 부탁을 받게 되었다. 나옹왕사의 깨달음의 여정을 다니게 된 계기가 30여 년을 영덕에 살면서 수행자로서 밥값을 해야 한다고 하고 또한 출가 근본의 자세로 돌아가는 마음으로 전국을 만행하신 것으로 알고 있다.

이번에 다시 책을 펴내는 것은 첫째, 지난 7월에 발굴된 유금사 9세기 통일신라시대 금동여래입불 2구가 발견되어 그것을 알리고자 함이다. 둘째 이유는 미국 보스턴미술관에 모셔져 있는 나옹왕사의 사리와 사리함이 회장스님과 인연이 닿아 사진을 보게 되어 이러한 불교적 가치를 그냥 묻어두기가 안타까운 마음이 들었기 때문이다. 지난 세월에 펴내신 『영덕 폐사지 불적답사와 불교 현황』의 책을 보완하여 지역의 폐사지와 현재 사찰을 정리 보완하고 영덕불교사암연합회가 발족하여 그동안 법회 주관한 내용들을 정리하고자 하는 것이다.

지난 10여 년 동안 회장스님과 인연이 되어 영덕불교사암연합회의 불교단체를 뒷받침하면서 느낀 점은, 항상 회장스님께서는 모든 법회를 주관하시면서 처음부터 끝까지 여법함을 강조한다. 준비에 준비를 거듭하고 마음속에 그리고 생각하여 실행할 때는 한 치의 머무름도 없이 진행하여 오늘의 영덕불교사암연합회를 있게 만든 것이다.

그동안 스님께서 영덕불교사암연합회를 위하여 헌신하고 드러낸 모든 법회들이 가만히 생각해보면 스님의 학문적 바탕뿐만 아니라 내면을 다지는 사색의 수행 역사가 있었기에 가능한 일일 것이다. 서남사에서 홀로 수많은 시간 동안 의식주를 해결하면서 정진한 결과물이 이번에 또 다시 드러난 것이다.

이번에 발간하는 영덕불교의 역사가 영덕불교의 과거를 드러내고 현재를 조명하고 모든 중생들의 지극한 행복을 위한 깨달음의 미래를 향하는 좋은 길잡이가 될 것이다.

영덕불교의 과거와 현재, 미래를 밝히다

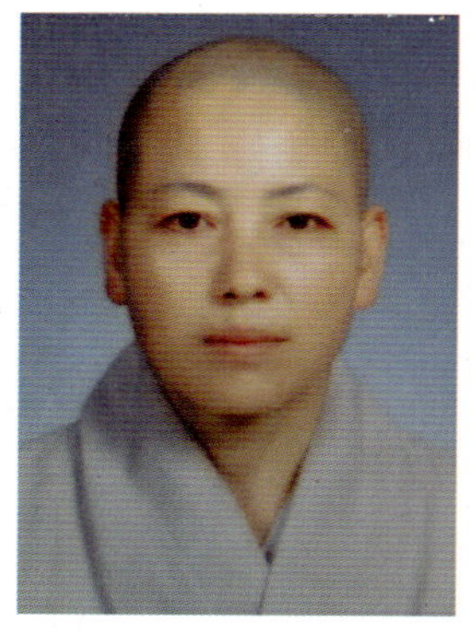

보광스님
영덕불교사암연합회 총무

불법승 삼보에 귀의합니다.

2006년에 영덕이라는 곳에 인연 되었다. 지나간 세월 모든 것을 잊고 부처님을 모시고 조용하게 정진하겠다고 다짐을 하고 영덕군 강구면 화전에 터를 잡아 지내고 있는데 영덕불교사암연합회의 회원스님들이라 하면서 사찰을 방문하였다.

회장스님인 현담스님께서는 그 당시에 연합회 총무 소임을 보고 있었는데 연합회에 같이 활동을 하자고 하시면서 연락처를 주고 돌아갔다. 영덕으로 왔을 때는 조용하게 부처님을 시봉하고 나 자신의 업장을 닦아 정진하다가 다음 생에는 복덕과 지혜가 구족한 비구로 태어나서 크게 한 번 한 소식 해보겠다고 공기 좋고 물 좋은 조용한 곳을 선택하여 온 것이다.

며칠 고민을 하고 있을 때 회장스님께서 찾아온 것이다. 포항교도소 부처님오신날 봉축 법회에 같이 동행하자고 하여 법회에 참석하였다. 이 후 지역의 군부대 법회와 매년 장사위령제 봉행, 가뭄극복을 위한 기원대법회 봉행, 6.25 민간인 희생자 천도재 봉행, 국내외 성지순례, 나옹왕사불적답사길 등 모든 법회에 회장스님께서 기획하고 주관하여 우리들은 한 마음으로 동참하여 영덕불교사암연합회의 존재 의미를 부각시킨 것이다.

지난 10여 년 동안 회장스님께서는 『영덕 폐사지 불적답사와 불교 현황』이라는 책을 발간하고 이어서 『불교성전』과 최근에는 『나옹왕사와 불적답사길』이라는 책을 발간하여 지역불교의 과거와 현재 그리고 미래를 내다볼 수 있는 체계를 세워주신 것이다. 그리고 지난 5월에 영덕 유금사에서 9세기 경의 금동여래입불과 호신불금동여래입상이 발굴되는 경사가 있었다. 또한 회장스님과 인연되어 미국 보스턴미술관의 나옹왕사 사리와 사리함을 사진이라도 친견하게 되는 경사를 누렸다.

이러한 일들을 정리하고 지역사찰의 현황과 나옹왕사의 지역자료 정리, 지난 불교역사를 살펴볼 수 있는 폐사지 정리 등을 한 권의 책으로 만든다고 하니 실로 경사스런 일이다. 부족한 글이지만 존경하는 마음을 이 자리에 표하게 되어 진심으로 감사 드린다.

영덕불교 발전의 초석이 되길

인덕스님
칠보사 주지

진리에 귀의하옵니다.

물 맑고 공기 좋고 대게와 송이의 고장으로 축복받은 영덕 땅을 밟은 지 어느 듯 25년이 흘렀다. 1993년 늦가을 맑은 날 칠보산 칠보사 골짜기에 들어왔다.

처음 영덕에 와서 절이 소속된 포항종단의 교구회의에 참석하여 보니 종무회의를 진행하는 교무국장 스님이 영덕에서 약사암에 거주하는 스님이라 하여 첫 대면을 하였다. 그 스님이 지금의 영덕불교사암연합회 회장이며 서남사 주지 현담스님이다. 그렇게 인연된 현담스님은 영덕공무원불자회 창립법회, 위령제 봉행과 소년소녀가장돕기 자비탁발법회, 청송교도소와 포항교도소법회, 군부대법회 등을 주관하시며 왕성한 활동을 펼쳤다. 또한 종단의 교구원장으로서 40여 개 사찰의 수장이 되어 종무행정과 종단의 교구원장 소임과 총무원의 사회부장으로서 역할을 다하는 모습을 볼 때 젊음과 패기와 법력이 남달라 저 스님이 무슨 일을 낼 스님이다 싶었다.

현장에서 직접 법회를 주관하는 모습은 수행과 포교가 다름이 아님을 보여주고 한 치의 오차도 없이 큰 행사를 진행했다. 또한 그 법회를 주관한 자료와 기록을 차근차근 모아서 정리하고, 시간이 나면 지역 사찰들과 폐사지들을 답사하여 몇 년 전에는『영덕 폐사지 불적답사와 불교 현황』의 책을 발간하셨다. 이어서 지난 1여 년 전국을 답사하여『나옹왕사 불적답사길』이라는 책을 발간하시는 원력을 보면서 고려 말에 나옹왕사의 제자가 지금 환생한 것 같음을 느끼게 하였다.

이번에 영덕에 30여 년을 살면서 모은 자료들을 취합하여 과거와 현재를 드러내고 미래를 밝히는 책을 발간한다고 하니 실로 영덕불교사암연합회 회원으로서 존경과 감사를 드리며, 오늘의 이 책 발간이 후학들에게 모범이 되는 영덕불교 백서가 되지 않을까 생각한다. 다시 한 번 큰 대작불사를 이룬 회장 현담스님의 노고를 봉축드리며 영덕불교가 발전하는 초석이 되길 발원합니다.

진리와 승가의 본 모습을 드러내다

관조스님
선학사 주지

천태(天台)는 불타(佛陀)의 교설 시기와 교설 방법을 오시팔교(五時八敎)로 분류하여 해석하였다. 오시의 다섯 번째 법화열반으로 법화경에서 가장 중요한 사상으로는 회삼귀일사상(會三歸一 思想)이다.

삼승(三乘)인 성문 연각 보살(聲聞 緣覺 菩薩)은 결국 일승(一乘)으로 귀일(歸一)한다는 이 사상은 부처님이 이 세상에 출현하여 삼승의 무리들에게 맞게끔 갖가지 법을 설하였지만, 그것이 부처님의 지견을 열어 보이고 깨달음으로 들어오게 하기 위한 방편으로서 일불승(一佛乘)의 법만이 있음을 밝힌 것이다.

화엄경의 원융무애사상과 함께 한반도에 그대로 꽃을 피워 한국불교의 전통을 회통적 귀일불교로 이끌었다고 할 수 있다.

여기 영덕의 회통불교 일불승 불교를 지향하면서 초지일관 중도사상(初志一貫 中道思想)에 입각한 실천불교(實踐佛敎)를 이끌고 계시는 영덕불교사암연합회장이며 영덕불교문화발전연구원장인 현담스님께서 『영덕불교 영덕사찰 체로금풍(盈德佛敎 盈德寺刹 體露金風)』을 발간하신다기에 이렇게 영덕불교의 경사로서 한 말씀 올리고자 한다.

사실 시절인연으로 영덕에 걸망을 내려놓았지만 또 다른 인연이 주어지면 떠나기 위해 삼의일발의 정신으로 이곳 선학사에서 정진하고 있다. 일일시호일(日日時好日)이라 하루하루 좋은 날이라 생각하고 조석으로 목탁치고 법화경 사경하고 시간이 허락하면 방편으로 익힌 손재주로 차상을 만들어 보급하는 소일을 삼고 있다.

어느 날 영덕불교사암연합회에 현담 회장스님과 집행부 스님들께서 선학사로 소승을 찾아오신 것이다. 차담을 나누면서 영덕불교사암연합회의 그간 있었던 역사를 말해주면서 다음 주에 포항교도소 법회가 있는데 같이 동참하자는 말에 인연이 되어 시간이 허락하는 한 연합회에 동참하면서 오늘에 이르게 되었다.

출가하여 평생을 동가숙 서가식(東家宿 西家食)하면서 떠돌아 다녔지만 영덕에 거주하는 스님들의 화합하는 승가의 모습은 익히 보지 못했다. 이번에 출간하는 『영덕불교 영덕사찰 체로금풍』은 진리의 본 모습이며 곧 승가의 본 모습을 드러내는 것이며 이것을 통하여 하화중생의 체로금풍이라 생각한다.

다시 한 번 회장 현담스님의 출간을 봉축드리며 영덕불교사암연합회의 화합과 발전을 발원하면서 인연 있는 모든 중생들이 원생하길 발원합니다.

'원이차공덕(願以此功德) 보급어일체(普及於一切) 아등여중생(我等與衆生) 당생극락국(當生極樂國) 동견무량수(同見無量壽) 개공성불도(皆共成佛道)'
원컨데 이 공덕이 널리 일체에 미쳐져 나와 그리고 모든 중생들이 마땅히 극락정토에 태어나서 아미타불을 뵙고 모두 함께 성불하여지이다.

상서로운 기운이 동해안에 가득하기를

래원스님
포항 대우사 주지

삼보에 귀의합니다.

먼저 『영덕불교 영덕사찰 체로금풍』의 출간을 봉축 드립니다. 영덕불교사암연합회 회장이시며 영덕불교문화발전연구원장이신 소승의 은사 철학박사 현담스님께 깊은 감사의 인사를 올립니다. '출가를 하면 고향에 가지 말라'는 말도 있지만 영덕이 고향이기에 영덕불교사암연합회가 가족 같은 마음입니다.

6년 전 동해안불교승가공동체의 포항, 울진, 영덕의 3개 시군 집행부 스님들이 모여 이들 지역의 불교계 결속과 단합의 중요성을 공감한 적이 있습니다. 지역 스님들이 정기모임을 통해 지역과 불교계의 현안들을 논의한 경북동해안승가공동체 결연

협약서에 은사스님이신 현담스님께서 이름도 짓고 초안을 내시었습니다. 그때 영덕불교 활성화뿐만 아니라 동해안 불교를 이끌어갈 지도자로서 역량을 발휘하였습니다.

이러한 힘은 은사스님의 종단 총무원 사회부장, 교구원장 소임과 체계적인 불교교학을 공부하기 위하여 대학과 대학원에서 박사 학위를 취득하시고 교학의 바탕을 이루신 데서 비롯된 것입니다. 그러한 체계로 영덕불교사암연합회장으로서 12년 동안 불교법회와 영덕의 고승인 나옹왕사의 발자취를 답사 연구하고 영덕군청을 비롯한 불교 폐사지 답사기록 등 몇 번에 걸쳐 결과물을 드러내셨습니다.

이번에 영덕의 전통사찰인 유금사에서 금동여래입상과 호신불금동여래입상이 발굴되는 경사가 있었습니다. 또 나옹왕사의 사리와 사리함이 미국 보스턴미술관에 보관되어 있음을 아시고 이번 책을 집필하게 된 것으로 알고 있습니다. 아무쪼록 은사스님의 이번책의 발간이 계기가 되어 유금사 금동여래부처님이 국보로 지정되는 기쁨을 누리게 되기를 발원합니다. 또 나옹왕사의 사리가 국내로 이운되어 상서로운 기운이 동해안에 가득하여 모두가 행복한 나날이 되길 발원합니다.

한국불교가 한 걸음 앞으로 내딛는 계기가 되기를

관효스님
제주불교연합회 회장

영덕불교의 역사전통과 현재를 이해하는데 도움을 주고, 보다 많은 사람들이 부처님의 법 안으로 들어올 수 있기를 발원하는 마음에서 엮어낸 책이 바로 『영덕불교 영덕사찰 체로금풍』이라고 생각합니다.

이번 책에는 영덕지역 폐사지 정리와 나옹왕사의 영덕 발자취를 비롯해 영덕 유금사 3층 석탑서 출토된 통일신라신대 금동여래입상과 호신불금동여래입상 자료, 나옹왕사 사리와 사리함 그리고 영덕불교사암연합회 12주년의 흔적이 고스란히 담긴다고 하니, 현담스님의 지역불교를 향한 원력이 한 권의 책으로 결실을 맺는 듯합니다. 스님이 폐사지에서 삽과 호미로 땅을 헤쳐 발견한 기왓장들은 책 발간까지 이룰 수 있는 원동력이 됐고, 영덕지역 사찰과 불교 현황을 엮는 발원지가 됐습니다.

이처럼 스님은 불자들에게 각자의 삶에서 최선을 다하는 부처님의 근본 가르침을 몸소 보이셨고, 부처님의 지혜를 다 발휘해서 수행정진 원력을 실천하신 분이십니다.
현담스님은 위덕대학교 개교 이래 학부를 거쳐 석·박사 학위를 받은 최초의 스님으로 기억되는 학승으로 대한불교법화종단의 자랑스러운 자산입니다.

이처럼 부처님께 의지해 평생을 기도와 정진 그리고 포교에 전념했던 현담스님이 이번에 출간되는 『영덕불교 영덕사찰 체로금풍』으로 인해 영덕지역 불자들의 신심이 더 증장되고 한국불교가 신앙적으로나 학문적으로 한 걸음 더 앞으로 내디딜 수 있는 계기가 되리라 믿어 의심치 않습니다.

『영덕불교 영덕사찰 체로금풍』 출간을 축하드리며

강석호 국회의원
국회정보위원장

불법승 삼보에 귀의하옵니다.

좋은 소식을 받았습니다. 지난 연말에 현담스님께서 영덕이 고향인 나옹왕사 발자취를 찾아서 왕사께서 수행 전법한 전국 사찰들을 답사하고 기록한 책을 발간한다기에 축간사를 보낸 것이 어제 같은데 또 영덕불교의 과거와 현재를 기록한 책을 발간한다기에 먼저 봉축드립니다.

드러난 과거의 영덕불교는 나옹왕사를 비롯한 이름 모를 수많은 수행자들과 그곳에서 정진한 폐사지와 현재 전통사찰일 것입니다. 지난 7월에 유금사에서 9세기 전반에 제작된 것으로 추정되는 통일신라 금동여래입상 1구와 금동여래호신불 1구가 발굴되었다는 소식을 접하게 되었습니다.

묻혀 있는 과거의 불교가 현재를 연결하는 좋은 소식일 것입니다. 그 소식을 접하면서 지금까지 영덕에는 보물은 있지만 국보가 없어 이번에 유금사에서 발굴된 불상이 국보급이라 하니 절차를 잘 밟아 영덕에도 이번 불상이 국보로 지정되길 발원해 봅니다.

본 의원이 속해 있는 선거구 인근 지역인 울진에는 봉평 국보 242호 신라비와 월계서원 국보 181호 장양수 홍패가 있으며, 영양에는 산해리에 있는 국보 187호 봉감모전오층석탑이 있으며, 봉화에도 북지리 국보 201호 마애여래좌상이 있습니다.

이번에 발굴된 유금사 금동여래입상과 금동여래호신불의 귀중한 불교자료를 정리하고 또한 미국 보스턴미술관에 보관되고 있는 나옹왕사의 사리와 사리함과 지난 연말에 펴낸 나옹왕사의 자료를 묶고, 현재 수행 정진하고 있는 사찰들의 현황을 현담스님께서 엮어낸다고 하니 과거와 현재를 드러내고 미래를 조망하는 실로 큰 불사를 이루는 작업일 것입니다. 이러한 대작불사에 마음을 실을 수 있다는 것은 전생에 부처님의 큰 복덕일 것입니다.

현담스님과는 2008년 제 18대 국회의원에 출마하기 전에 인연이 되어 오늘에 이르고 있습니다. 의정활동을 하면서 영덕에 내려와 만날 때면 언제나 반갑게 맞아주시고 서남사 온돌방에서의 차담은 쌓였던 피로가 한꺼번에 사라지면서 상쾌한 기운을 얻게 됨을 느끼게 됩니다.

이러한 기운을 받아서일까요. 지난 9월 28일 국회정보위원장에 선임되었습니다. 북한이 핵실험을 강행하고 대내외적으로 국가안보 상황이 위험에 직면해 있는 이때 국회정보위원장에 선임되어 막중한 책임감을 느끼며 부처님의 가피로서 국민의 생명과 재산을 보호하는데 최선을 다해야 한다는 사명감을 갖고 있습니다.

다시 한 번 현담 회장스님의 『영덕불교 영덕사찰 체로금풍』 출간을 축하드리며 영덕불교사암연합회 회원 스님 모두의 건승을 발원합니다.

자랑스러운 불교 문화가 널리 알려지기를

영덕군수(2018년 6월 13일 동시지방선거 선거법 관계로 사진과 이름을 옮기지 못하였습니다.)

사통팔달 길이 열리는 새 시대를 맞아 그동안 소중히 가꾸어온 자랑스러운 우리지역 문화유산들이 있는 그대로의 모습으로 제대로 드러내놓고 대내외에 알릴 수 있는 좋은 기회가 온 이때에 우리지역 사찰과 관련된 각종 자료를 『영덕불교 영덕사찰 체로금풍』이란 한 권의 책으로 엮어주신 영덕불교사암연합회장 현담스님께 그간의 노고에 깊이 감사드리며 더불어 축하를 드립니다.

그동안 지역의 불교문화와 관련된 발자취를 직접 답사하거나 각종 자료를 수집하여 집대성한 『영덕 폐사지 불적답사와 불교 현황』과 『나옹왕사 불적답사의 길』 등 다수의 저술 활동으로 우리지역의 소중한 문화유산을 널리 알리고 이해할 수 있도록 끊임없이 노력해 주시는 스님께서 올해에도 큰 원력(願力)으로 영덕불교 문화 발전에 큰 공덕을 쌓으신데 대해 다시 한 번 감사를 드립니다.

이번에 발간하신 『영덕불교 영덕사찰 체로금풍』에는 우리군 전통사찰 유금사에서 올해 출토된 통일신라시대 금동여래입상과 금동여래호신구와 관련된 내용을 비롯해 미국 보스턴미술관에 모셔져 있는 나옹왕사 사리에 관한 자료, 영덕사찰 현황자료 수정본과 그동안의 영덕불교사암연합회 법회봉행 및 지역폐사지 자료 등이 수록되어 있어서 지역 불교문화의 흔적을 직접 찾아보고 싶을 만큼 소중한 관광자료로도 널리 활용되고, 자랑스러운 우리 문화가 널리 알려지기를 기대합니다.

끝으로 어려운 여건 속에서도 소중한 문헌을 발간해 주신 스님께 다시 한 번 감사드리며, 우리 군민 모두가 있는 모습 그대로 만족하는 삶, 행복한 삶을 누리시길 기원합니다.

영덕불교의 우수성을 알리는 계기가 되기를

영덕군의회 의장(2018년 6월 13일 동시지방선거 선거법 관계로 사진과 이름을 옮기지 못하였습니다.)

영덕불교의 역사와 문화재 등을 두루 조사하고, 체계적으로 정리한『영덕불교 영덕사찰 체로금풍』이 한 권의 책으로 큰 결실을 맺은 것을 우리군의회 의원 모두와 함께 진심으로 축하를 드립니다.

먼저 여러 가지 어려운 여건 속에서도 새롭고 올바른 자료발굴 등을 통하여 영덕불교의 뿌리를 찾고 알리는데 열과 성을 다해 오신 현담스님께 감사와 격려의 말씀을 드립니다.

현담스님께서는 지난 2014년에『영덕 폐사지 불적답사와 불교 현황』, 2016년에『나옹왕사 불적답사길』을 발간하는 등 영덕불교 역사의 정립을 위해 활발한 저술활동을 펼쳐 오셨습니다.

이번에 발간된『영덕불교 영덕사찰 체로금풍』은 최근 우리지역 유금사에서 발굴된 보물급 문화재와 미국 보스턴미술관에 보관중인 나옹왕사 사리 등의 자료와 함께 현담스님께서 그동안 저술한 책을 다시 정리하여 묶어냄으로써 영덕불교의 우수성을 대내외에 알리는데 큰 역할을 할 것으로 기대됩니다.

모쪼록 이 책이 영덕불교의 발자취를 통해 오늘의 영덕불교와의 가교 역할을 하고 우리 지역을 더욱 아낄 수 있는 소중한 계기가 되기를 바랍니다.

끝으로 어려운 여건 속에서 이 책이 발간되기까지 수고를 아끼지 않으신 현담스님의 노고에 대하여 다시 한 번 깊은 감사를 드립니다.

현담스님의 재기와 덕성을 찬탄하며

김영덕
위덕대학교 교수

한 때의 영특한 청년이 뛰어난 성과를 드러내어 세상에 이름을 알릴 때 사람들은 그의 재기를 찬탄한다. 재기란 쉽게 사라지기도 하는데 그 재기가 식지 않고 어느덧 익어가는 나이에 따라 원숙함을 보일 때 사람들은 그의 덕성을 찬탄하게 된다. 청년의 재기에 오랜 세월 동안의 지속적인 인내와 자기 확립이 전제되었을 때에만 덕성은 확립되기 때문이다.

여기 영덕에서 고집스럽게 30여 년을 지내오면서 영덕을 사랑하는 스님이 있다. 주변에서 이런 시골에 갇혀 있지 말고 대도시로 나가보라고 권하여도 그는 영덕읍의 산과 들, 하천을 자기 몸처럼 보듬으며 떠날 생각이 없다. 영덕에 눌러앉게 된 인연에 감사하며 그 인연을 은혜로 펼쳐낼 줄도 안다.

스님은 한때 재기를 발휘한 적도 있었다. 법화종 최초로 철학박사 학위를 취득한 것이 그의 재기가 한 때 빛났던 시기이다. 그러나 그는 거기에서 멈추지 않았고 오랜 세월의 꾸준함을 더하여 깊은 덕성으로 펼쳐내어 영덕 불교를 빛나게 하고 있다.

영덕 지역과의 감응 작업으로 스님은 이미 몇 해 전부터 영덕불교의 과거와 현재를 드러내는 『영덕 폐사지 불적답사와 불교 현황』, 그리고 나옹왕사의 출생과 출가, 깨달음에 이르기까지 국내에 두루 발자취를 남겼던 60여 개의 사찰을 직접 답사하고 현장에서 전하는 생생한 기록을 담은 『나옹왕사 불적답사길』을 남기기도 하였다.

인연은 다시 인연을 낳거니와 최근 영덕 유금사 3층석탑의 남동쪽에서 발굴된 통일신라시대 금동여래입상 1구와 호신불금동여래입상 1구의 자료를 수집하게 되었다. 또한 미국 보스턴미술관의 나옹왕사 사리와 사리함의 사진자료를 덧붙이고, 현재 영덕에 거주하는 80여 개의 사찰을 정리하였으며, 영덕불교사암연합회의 장사위령제 등 12년의 행사를 정리하여 『영덕불교 영덕사찰 체로금풍』라는 이름으로 출간하니 이 책은 스님의 원력에 뛰어난 재기, 그리고 꾸준한 덕성을 총집결한 것임에 틀림없다. 불교에 대한 깊은 신심과 학문에 대한 열정, 그리고 지역사회에 대한 투철한 사명감이 그를 움직이게 한 원동력이라 믿어 마지않는다.

이제 발간하는 이 책은 그동안 애써온 영덕지역 불교, 그리고 나옹왕사의 모든 것을 담아내는 그의 덕성을 고스란히 담은 기념비적인 업적이라 생각된다. 이 불꽃이 사바세계에 널리 퍼져 작금의 지진으로 고통 받는 중생들에게 희망의 불꽃이 되기를 바란다.

영덕불교사의 중간 정산에 즈음하여

김호성
동국대학교 교수

뜻밖에 영덕불교문화발전연구원 원장(서남사 주지) 현담스님의 연락을 받았습니다. 반가운 소식을 전해 주셨습니다.

이번에 소승이 책 제목『영덕불교 영덕사찰 체로금풍』으로 해서 한 권의 책을 내고자 합니다. 올 5월에 영덕 유금사에서 3층석탑(보물 제674호)에 틈이 생겨 영덕군에서 의뢰를 하여 해체, 이전 복원하고자 하여 보수작업 중에 탑의 남동쪽에서 국보급 9세기 경에 제작된 통일신라시대 금동여래입상 1구와 호신불 금동여래입상 1구가 발굴되어 자료를 수집하고 또한 김정광 미주한국불교문화원장님께서 소승과 인연이 닿아 미국 보스턴미술관에 나옹왕사 사리와 사리함의 사진을 보내주셔서 그 자료와 현재 영덕에 거주하는 사찰(80여 개)을 정리하고 영덕불교사암연합회의 12년의 행사(장사위령재, 군부대법회, 파라미타축구클럽, 포항교도소법회 등)를 정리하고 지난 번에 보였던 영덕지역 폐사지 정리와 나옹왕사의 영덕 발자취(불미골, 반송정, 까치소) 등을 정리하여 1권으로 묶어 발간하고자 하여…… (후략)

기쁜 마음으로 저에게도 동참하라는 뜻을 전해 주셨습니다.
이 이야기를 듣고서, 맨 처음 든 생각은 '아, 스님의 추진력이 대단하시구나'라는 것이었습니다. 그도 그럴 것이『나왕왕사 불적답사길』을 펼쳐낸 것이 지난 1월의 일이기 때문입니다. 아직 한 해가 다 가지 않은 시점에서, 다시 이렇게 한 권의 책을 더 엮어서 출판을 하신다고 하니 그 열정과 신심, 원력에 다시 한 번 놀라지 않을 수 없습니다.

사실, 책을 읽고 논문이나 책을 쓰는 것으로 업을 삼는 입장에서도 한 해에 두 권의 책을 펴낸다는 것은 쉬운 일이 아닙니다. 그 점을 잘 알고 있는 저로서는 적지 않게 놀라는 기분이었습니다. 스님 같은 분의 노력에 뒤지지 않아야 한다는 생각에서, 뭔가 쫓기는 듯한 기분마저 들었음을 숨기지 않겠습니다.

이번에 내는 책 『영덕불교 영덕사찰 체로금풍』에 대한 계획을 듣고 보니, 이는 지금까지 스님께서 추진해 오신 영덕불교사(盈德佛教史)의 정립(定立)이라는, 아무도 감히 생각도 못했던 일의 중간 정산(中間 精算)인 것으로 평가됩니다. 그 전에 펴내신 『영덕 폐사지 불적답사와 불교 현황』, 『나옹왕사 불적답사길』이라는 책에서는 미처 다 담지 못한 내용들을 보유(補遺)하면서, 새로운 내용을 추가하고 있기 때문입니다.

유금사에서 출토된 국보급 금동여래입상 2구의 존재도 대단히 중요합니다. 신라불교의 상황을 경주, 포항 등지에서 한정되어서 이해할 것이 아니라 영덕까지 그 경계를 넓힐 수 있는 일이기 때문입니다. 관련 학자들의 연구 성과가 자못 기대됩니다.

그러면서도, 저로서는 개인적으로 크게 찬탄할 바는 사실은 영덕불교사암연합회 12년의 행사를 정리하신 것이라 봅니다. 이것은 바로 지금 이 자리에서 역사를 정리하고 창조하는 일이기 때문입니다. 뿐만 아니라 스님께서 주석하시는 서남사 한 사찰의 일이 아니라 영덕불교 전체의 화합된 모습에 대한 증표(證表)가 되기 때문입니다.

제가 이 글의 제목으로 '중간 정산'이라고 강조한 것은 스님의 원력이 이로써 다할 것이 아니라는 점도 잘 알지만, 그래도 앞으로의 연구와 출판 등을 통한 영덕불교사 정리의 불사를 더욱 더 힘차게 전개해 주십사 하는 희망을 담아서였습니다. 도와드리는 것 없이, 기대로 부담을 드리는 것 같은 마음도 없지는 않습니다. 그래도 현담스님으로 인해서, 영덕불교가 적어도 군 단위에서 볼 때는 다른 지역불교들이 벤치마킹해야 할 롤 모델이 될 것으로 생각해서입니다.
현담스님, 축하드립니다. 그리고 대단히 감사합니다.
나무아미타불!

중생을 향한 본래면목을 드러내다

조영대
포항대학교 교수

우리지역에 보기 드문 학승이신 현담스님께서 그동안의 연구와 조사들을 엮어 『영덕불교 영덕사찰 체로금풍』을 발간하심을 진심으로 축하드리며, 아울러 중생들에게 공부할 거리를 만들어 주셔서 이 자리를 빌려 깊은 감사를 드립니다.

체로금풍(體露金風)
선가(禪家)에는 '체로금풍'이란 말이 있다.
그 뜻은 가을 찬바람에 시달려 잎이 다 떨어진 나무의 모습을 나타내는 말로서 본래면목을 드러낸다는 의미라고 한다. 다 내주고 홀연히 떠난다고 해도 그리 아쉬움이 없는 도인의 뒷모습이랄까?

선문염송(禪門拈頌)에 다음과 같은 내용이 들어 있다.
한 스님이 운문선사(雲門禪師)에게 물었다.
"나무가 마르고 잎이 떨어질 때는 어떠합니까?"
운문선사가 대답했다.
"온몸이 가을바람을 맞게 되지(體露金風)."

적멸의 아름다움은 극한의 아름다움. 모든 게 사라지기에, 다시 볼 수 없기에 느끼는 처연한 아름다움이다. 떨어지는 단풍은 살아가면서 모든 것을 내어주고 마지막에는 앙상한 모습으로 떠나는 바로 구도자들의 모습일 것이다.

현담스님은 지역불교 문화의 맥을 이어 나가고 새로운 영덕향토문화 창달을 위해 열성적으로 노력하신다. 그 열정과 노력은 이번 발간된 저서의 여러 곳에서 나타난다.
그동안 영덕사찰의 현주소를 알아보고, 발품을 팔아 폐사지 자료들을 수집 발굴하신 업적은 높이 평가받아 마땅하다. 영덕암자에 기거하시면서 종단의 소임뿐만 아니라 십 수 년 동안의 행사 봉행 또한 기록으로 남겼다고 하신다.

특히 2016년 5월 지역전통사찰인 유금사에서 9세기 통일신라 금동여래입상 1구와 금동여래호신 1구가 발굴되었는데 그 자료와 그동안 꾸준히 연구해 오신 나옹왕사의 사리가 미국 보스턴미술관에 모셔져 있음을 알고 소상한 내용들을 위의 자료들과 함께 취합하셨다고 한다.

이러한 피땀 어린 현담스님의 노력에 어리석은 중생이 어찌 감명을 받지 않겠는가! 두서없지만 벅찬 마음을 적어 축간사에 갈음합니다.

불법의 체(體)를 세상 밖으로 드러내다

김신곤 철학박사
영남일보 편집국장

체(體)는 사물의 근원이 되는 본체이며, 상주불변하는 진리의 본래 모습이다. 용(用)은 사물의 작용 또는 본체를 형성하거나 본체에서 파생되어 나온 행위나 결과물이다. 불교에서 진공묘유(眞空妙有)라고 할 때 진공은 체이고 묘유는 용으로 본다. 그리고 이 둘은 항상 함께하는 하나의 근원, 즉 체용일원(體用一源)이다.

체와 용의 관계를 인간의 세상사로 설명하자면 인간 본래 성품의 구조나 사물의 본질이 체이고, 인간의 노력 등 행위 작용과 사물의 실체가 용이다. 그런 의미에서 현담스님의 이번 책(冊)불사(佛事)도 체와 용의 합작품이라고 할 수 있다.

스님은 영덕 지역 곳곳에 파묻혀 있던 불교유적과 이야기들을 손수 찾아내어 세상 밖으로 드러내 보였다. 스님의 각고의 노력이 구석구석에 잠자고 있던 영덕 불교의 본질을 드러나게 한 것이다.

이런 일은 아무나 할 수 있는 것이 아니다. 발심(發心)만으로 부족하다. 중생을 위해 무엇인가 베풀고 희생하겠다는 살신성인(殺身成仁)의 마음가짐이 없다면 불가능하다. 또한 지역에 대한 사랑과 항상 지역민들과 더불어 살겠다는 공동체의식 없이는 할 수 없는 일이다. 스님은 역사학자나 향토사학자들이 간과한 부분을 오랜 시간 동안 발품을 팔아가며 선조들의 귀중한 역사를 발굴해냄으로써 지역 불교문화의 맥박을 다시 힘차게 뛰게 하였다.

특히 나옹선사의 사리가 미국의 보스턴미술관에 모셔져 있음을 공개한 것은 눈길을 끈다. 영덕이 고향인 나옹선사의 각종 삶의 궤적은 한반도 남과 북으로 흩어져 있는 데다,

많은 부분이 멸실되어 안타까움을 더해주고 있다.

이러한 상황에서 나옹선사의 사리가 존재한다는 소식을 전해준 것은 한 모금의 신선한 청량제이다. 또한 유금사에서 발굴된 통일신라 9세기 금동여래입상 1구와 금동여래호신 1구를 소개한 것은 물론, 폐사지 자료를 수집, 정리한 것은 고고학적으로나 역사학적으로 의미가 크다.

책의 제목에 '체로금풍(體露金風)'이라는 말을 넣은 것도 이채롭다. 체로(體露)는 본체를 드러내다는 뜻이고, 금풍(金風)은 서쪽에서 불어오는 가을바람을 의미한다. 이 말은 운문선사가 토해낸 사자후(獅子吼)이며 선문염송에 기록되어 있다. 봄과 여름에는 나무가 무성한 잎사귀에 가려져 있지만 찬 가을바람이 불면 잎사귀가 다 떨어지고 나무의 본래 면목이 드러난다는 말이다.

함허(涵虛 己和, 1376~1433) 득통(得通)스님은 금강경오가해(金剛經五家解)를 강설하면서 법신(法身)·보신(報身)·화신(化身) 삼불(三佛)을 오행(五行)의 금(金)·목(木)·토(土) 삼신(三身)으로 배대하여 설명하고 있다. 금(金)의 기(氣)는 가을의 서늘함과 같으며, 그 견고함은 체의 구(體句)라고 설명하고 있다. 가을바람인 금풍은 바로 법신불의 작용이며, 그러한 작용으로 인해 법신불이 체를 드러내게 한다는 의미가 깃들어 있는 것이다.

현담스님의 헌신적인 책 불사는 바로 법신불의 작용(作用)이며, 스님이 일으킨 선선한 가을바람(金風)은 영덕 지역 곳곳에 산재한 불법의 체(體)를 세상 밖으로 드러나게 했다고 해도 과언이 아니다. 이 책이 영덕 불교의 과거와 현재, 그리고 미래의 모습을 비추는 거울이 되길 빈다.

영덕불자와 군민들의 한 마음을 발원하며

박보덕화
서남사 신도회장

부처님과 그 가르침의 법과 스님들께 귀명하옵니다.

스님께서는 올해 봄 절 뒤편 200여 평 되는 텃밭에 고구마와 땅콩을 심어 가을에 수확하셨다. 작년에 비해 수확량이 좋아 공양간에 두어 1년 내내 법회에 간식으로 신도분들과 함께 드신다. 이렇게 사중 일뿐만 아니라 밖의 일도 많은 데도 불구하고 직접 호미와 삽도 드시고 날씨가 좋은 날에는 뒷산에 올라 아궁이에 불을 때기 위해 솔가리(깔비)를 해 오신다.

처음 서남사에 현담스님께서 오시면서 사찰 법당을 비롯하여 전각불사 등 중창불사를 하기 위해 공양간에 월급을 드리고 공양주 보살께서 공양과 그 밖의 일들을 하면서 도량을 돌보셨다. 이후 도량불사도 어느 정도 마무리 되고 공양주 보살께서 나가시고 스님께서는 8여 년을 혼자서 공양해 드셨다. 겨울에는 장작 불을 때시고 빨래와 의식주를 혼자서 해결하셨다. 그러면서 부처님 시봉하시고 안팎의 법회를 주관하셨다.

또한 십 수 년을 영덕불교사암연합회 소임과 박사학위 취득 전까지 학교 회장 소임과 교도소법회 주관, 종단의 교구장 소임 등 그 많은 일들을 혼자서 하시면서 한 치의 빈틈도 없이 해오셨다. 지난 해에는 1여 년 만행을 다니시는 줄 알았는데 나옹왕사의 수행처들을 다니면서 정진하시고 기록과 자료를 수집하여 책을 발간하셨다.

이번에 지역의 모든 사찰들을 답사 정리하고 유금사의 금동여래입상과 호신불 발굴에 따른 자료를 취합하셨다. 얼마 전 초하루에 오신 손님과 공양 차담을 나누시더니 그 분이 미주한국불교문화원장이시면서 나옹왕사의 사리와 사리탑을 한국으로 모시고 싶다는 말씀을 하셨다. 이러한 일들을 세상에 드러내야 한다면서 시간만 되면 주지실에서 컴퓨터에 매달리고 계셨다.

현담 주지스님께서 평소에 말씀하시길, 모든 일들이 불사 아님이 없다고 하셨다. 자신에게는 공심을 가지고 항상 깨어 있으며, 들숨 날숨에 집중하여 내가 누구인가를 반문하라 하셨다. 스님은 대웅전을 짓고 탑을 세우고 부처님을 모시는 불사만 불사가 아니라 다른 사람들이 하지 않는 교도소 법회 주관이나 군부대 법회에 열심이시다. 사찰에 신도수가 늘어나는 것도 아니고 영덕불교사암연합회 일을 보는 것도 마음을 내어 하는 스님이 없으니 이것도 인연이라면서 불법 홍포에 열중하신다.

이번에 영덕불교사암연합회의 12년 불사 자료를 정리하여 묶고 근자에 전통사찰에서의 경사를 함께 드러내는 작업을 원만하게 회향하여 영덕불자와 군민들의 한 마음을 발원해 본다. 또한 영양이나 울진, 봉화의 국보문화재를 보존하고 있는 것처럼 영덕불교의 자부심을 갖는 계기가 되기를 바란다.

이번 불사가 지역 영덕이 유금사 발굴 금동여래불상이 국보문화재가 되는 계기가 되길 발원하고 계시며 나옹왕사의 사리와 사리함이 미국에서 한국으로 모셔지길 서원하면서 현담 주지스님의 『영덕불교 영덕사찰 체로금풍』의 발간을 봉축드리고자 합니다.
수고하셨습니다. 존경합니다.
나무관세음보살!

1부 영덕불교 체로금풍

- 유금사 금동여래입상 · 호신불금동여래입상 발굴
- 나옹왕사 사리 및 사리함 미국 보스턴미술관 좌정

유금사 금동여래입상
호신불금동여래입상 발굴

금동여래입상

금동여래입상(호신불)

영덕 유금사 삼층석탑 보수사업부지 내
유적 발굴조사(2차) 결과서

I. 조사 경과

영덕군에서는 병곡면 유금사 경내에 유존하고 있는 삼층석탑(보물 제 674호) 이전. 보수사업의 일환으로 원석탑지를 확인하고자 계획하였다. 이와 관련하여 대웅전 전면 경내에 대한 시굴조사와 발굴조사(제 2016-0325호)를 실시하였으나, 유금사의 가람과 관련된 건물지는 확인되었지만 석탑지는 확인되지 않았다.[1] 이와 관련한 학술자문회의에서 현재 석탑 주변으로 석탑지 존재 여부를 확인할 필요성이 제기됨에 따라 영덕군은 현 석탑지 주변에 대하여 발굴(시굴)조사와 입회조사를 실시하였고, 그 결과 석탑지와 관련된 부석 일부가 확인되어 석탑지를 확인하기 위한 정밀발굴조사의 필요성이 제기되었다. 이에 사업시행자는 정밀발굴조사 허가(제 2017-0535호)를 득하고 우리 연구원으로 발굴조사를 의뢰하였다. 발굴조사는 2017년 5월 22일에 착수하여 동년 6월 9일 학술자문회의 개최 후 동년 6월 22일 조사를 완료하였다.

II. 조사 개요

- 유 적 명 : 영덕 유금사 삼층석탑 보수사업부지 내 유적 발굴조사(2차)
- 허가번호 : 허가 제 2017-0535호
- 소 재 지 : 경상북도 영덕군 병곡면 금곡리 838번지
- 조사 유형 : 발굴조사
- 조사 기간 : 2017년 5월 24일 ~ 2017년 6월 22일 (실 조사일수 8일)
- 조사 면적 : 93㎡
- 조사 기관 : (재)삼한문화재연구원
- 조사단 구성
  - 조 사 단 장 : 김구군(삼한문화재연구원 원장)
  - 책임 조사원 : 하영중(삼한문화재연구원 학술연구부장)
  - 조 사 원 : 남승우(삼한문화재연구원 조사팀장)

---

1). 2016, 「영덕 유금사 삼층석탑 보수사업부지 내 유적 발굴조사 결과보고서」

- 준 조 사 원 : 이현신(삼한문화재연구원 조사원)
- 보   조   원 : 신석원(삼한문화재연구원 조사원)

• 조사 의뢰처 : 영덕군청

Ⅲ. 조사 내용

가. 조사 내용

1. 자연·지리적 환경(지도 1~3)

조사지는 행정구역상 경상북도 영덕군 병곡면 금곡리 838번지이며, 수리적 위치는 북위 36° 38' 46", 동경 129° 21' 57"에 해당한다. 영덕군 병곡면소재지에서 7번 국도를 따라 울진군 후포리 방향으로 4.1km 지점에서 칠보산 휴양림으로 6km 정도 군도를 따라가면 병곡면 금곡리에 유금사가 나오는데, 조사지는 이 유금사 경내에 위치한다.

조사지가 위치하는 유금사는 칠보산 최고봉(해발 810m)에서 남동쪽 뻗어 내리는 능선 사이 곡부에 자리한다.

영덕군은 한반도의 동북부지역으로 경상북도의 동쪽 해안에 위치하며, 북쪽은 울진군, 북서쪽으로 영양군, 서쪽으로 청송군, 남쪽으로 포항시 등과 접한다. 군은 백두대간 천의봉(해발 1,303m)에서 남쪽으로 뻗은 낙동정맥에 의해 중부내륙지방과 분리되며, 전 지역이 태백산맥의 동사면을 차지하여 서쪽이 높고, 동쪽이 점차 낮아지는 지형을 이룬다. 서쪽의 군계는 태백산맥의 분수령인 칠보산(해발 810m)·등운산(해발 786m)·독경산(해발 683m)·형제봉(해발 703m)·명동산(해발 812m)·삿갓봉(해발 320m)·바데산(해발 646m)·마고산(해발 208m) 등이 북에서 남으로 뻗어 이어진다. 이 산들은 동쪽으로 지맥이 갈라져 동해에 이르기까지 점차 낮아지면서 구릉성 산지와 곡간 평야를 이룬다. 또한 산지에서 발원한 하천은 동해로 흘러드는데 북쪽에서부터 남쪽으로 석문천·송천·오십천·남정천·도천·유천 등이 흐른다. 이들 하천변으로 비교적 넓은 충적지를 형성하고 있다.

조사지를 포함하고 있는 병곡면은 영덕군의 최북단 면으로 북으로는 울진군 후포면과 맞닿아 있고 동으로는 동해안과 접한다. 서쪽으로 칠보산이 북에서 남으로 뻗어 내려 군계를 이룬다. 따라서 군의 전체 지형은 서고-동저의 형세이며 대부분 산간지로 이루어져 있다.

수계는 칠보산에서 발원한 계곡 및 실개천이 동해로 유입되며, 이 실개천변으로는 자연부락이 형성되어 있다.

이 일대의 지질은 영해지역의 영동층과 축산지역의 도곡층 등의 신생대 제 3계의 지질구조를 제외하고 대부분 중생대의 백악기에 형성된 지질로 불국사통의 화강암이며 일부 오천동층으로 형성되어 있다.

2. 고고·역사적 환경(지도 3·4)[1]

1) 고고학적 환경(지도 2)

조사지는 영덕군과 울진군을 경계 짓는 칠보산(해발 810m)에서 동쪽으로 뻗어 내린 산맥의 중턱에 자리하고 있다. 주변으로 구석기시대 유적은 조사되지 않았으나, 울진 주인리 유적 등을 통해 볼 때 동해안 해안변이나, 해안으로 유입되는 하천변·구릉지에 구석기 유적이 유존할 가능성은 있다. 신석기시대 유적으로 북동쪽으로 9.4km 떨어져 울진 후포리 신석기시대 유적이 조사되었다. 청동기시대 유적으로는 조사지 서쪽과 남쪽으로 인접한 구릉에 영덕 금곡리 지석묘II가 분포하는데[2], 상석의 모양이나 입지로 보아 구릉에서 굴러온 괴석을 지석묘 상석으로 오인한 것으로 판단된다. 그리고 동쪽으로 6km 떨어진 해안변에 영덕 금곡리 지석묘군이 분포한다. 삼국시대 유적으로 영덕 금곡리 고분군이 남쪽으로 250m 떨어져 분포하는데 이 역시 고려-조선시대 고묘를 고분으로 오인하여 보고된 것으로 판단된다.

삼국시대 이후 유적으로 본 조사지인 유금사가 통일신라시대에 건립되어 있으며 주민의 전언에 따르면 유금사 일대 주변으로 사지가 있었다고 전해오고 있으나 정확한 위치는 알 수 없다고 한다.

2) 역사적 환경[3]

영덕과 영해 지역은 삼한시대 야시홀(也尸忽)과 우시국(于尸國)이라 불리었다. 조사지가 속한 병곡면 일대는 후포·평해·기성·울릉도 등과 함께 우시국에 속한다. 우시국은 부족단위 공동체가 송천유역을 따라 넓게 펼쳐진 영해평야를 그 세력의 중심으로 삼아 부족국가

---

1) 2)의 전게서

2) 盈德郡 大邱大學校, 2005, 『文化遺蹟分布地圖-盈德郡-』

3) 주1) 및 주4)의 전게서 참조

를 형성한 것으로 보인다.

이후 사로국의 영토 확장으로 인하여 북동쪽 변경에서 독자적인 세력을 형성하면서 소국가로 존재하던 영덕은 점차 신라의 영향권에 들게 되어, 신라 탈해왕 23년에 영덕과 흥해 지역이 사로국에 복속되었다. 이후 고구려의 남하정책이 시작되는 5세기 후반부터 고구려와 신라의 세력 각축장이 되다 6세기 전반부터 신라가 점차 그 세력을 넓혀 가면서 이 지역은 다시 신라의 지배하에 놓이게 된다.

신라의 지배권으로 완전히 복속된 후에도 영덕과 영해는 계속 고구려식의 군명인 야시홀군과 우시국으로 불리어지다 통일신라 경덕왕 16년(757)에 가서야 비로소 야성군(野成郡)과 유린군(有隣郡)으로 개칭된다. 야시홀군은 오늘날의 진보 지역인 조람현과 청송 지역인 청기현을 영현으로 거느리고, 현재의 지품을 중심으로 서부 산간지역을 관할하였으며, 우시군은 병곡을 중심으로 오늘의 평해와 청하 지역인 아혜현에 이르는 해안지역을 영현으로 거느린 것으로 보인다.

후삼국통일 후 고려 태조 23년(940)에 이르러 본격적인 지방제도의 개편을 시도하였는데, 신라의 야성군이었던 영덕은 오늘날 우리가 부르고 있는 영덕군으로 고쳐졌고, 영해는 예주로 고쳐 부르게 되었다. 개국 초부터 예주로 승격하여 동해안 일대의 중요한 정치·행정·문화·경제의 중심지였던 영해에 현종 9년(1018)에 방어사를 파견하여 영해 지역이 동해안 일대를 방어하는 중요한 군사지역으로 그 역할을 하도록 하였다. 이때부터 예주방어사의 관할 군현으로 영덕군과 포성부·영양군·평해군·청부현·송생현의 1부 3군 2현을 소속시켜 영해를 동해안의 실질적인 옹부가 되게 하였다. 고종 46년(1259)에 이르러 예주를 덕원(德原)이란 이름으로 고치고 소도호부(小都護府)로 승격시킨 후 다시 예주목으로 승격시켰다. 충선왕 2년(1310)에는 덕해부사영(德海府使營)을 두었다.

조선시대에 들어 태조 6년(1397) 영해는 병마절제사를 겸한 부사가 있는 진(鎭)이 되었다. 태종 13년(1413)에는 도호부가 되어 1415년 감무에서 현령으로 승격된 영덕을 거느린 채 동해안을 침범하는 왜적을 막는 중추 구실을 하였다. 숙종 1년(1675) 속현 영양이 분리, 독립함에 따라 약간의 영역 축소가 있었다. 고종 32년(1895) 지방관제 개정 때 영덕현과 영해부가 다같이 군이 되었다가 1914년 3월에 영해군이 영덕군에 병합되었다. 이후 1961년 영덕군 지방자치단체가 되면서 산하에 9개 면을 거느리게 되고, 1979년 영덕면이 영덕읍으로 승격되어 현재에 이르고 있다.[4]

---

4) 1992, 『盈德誌』J50

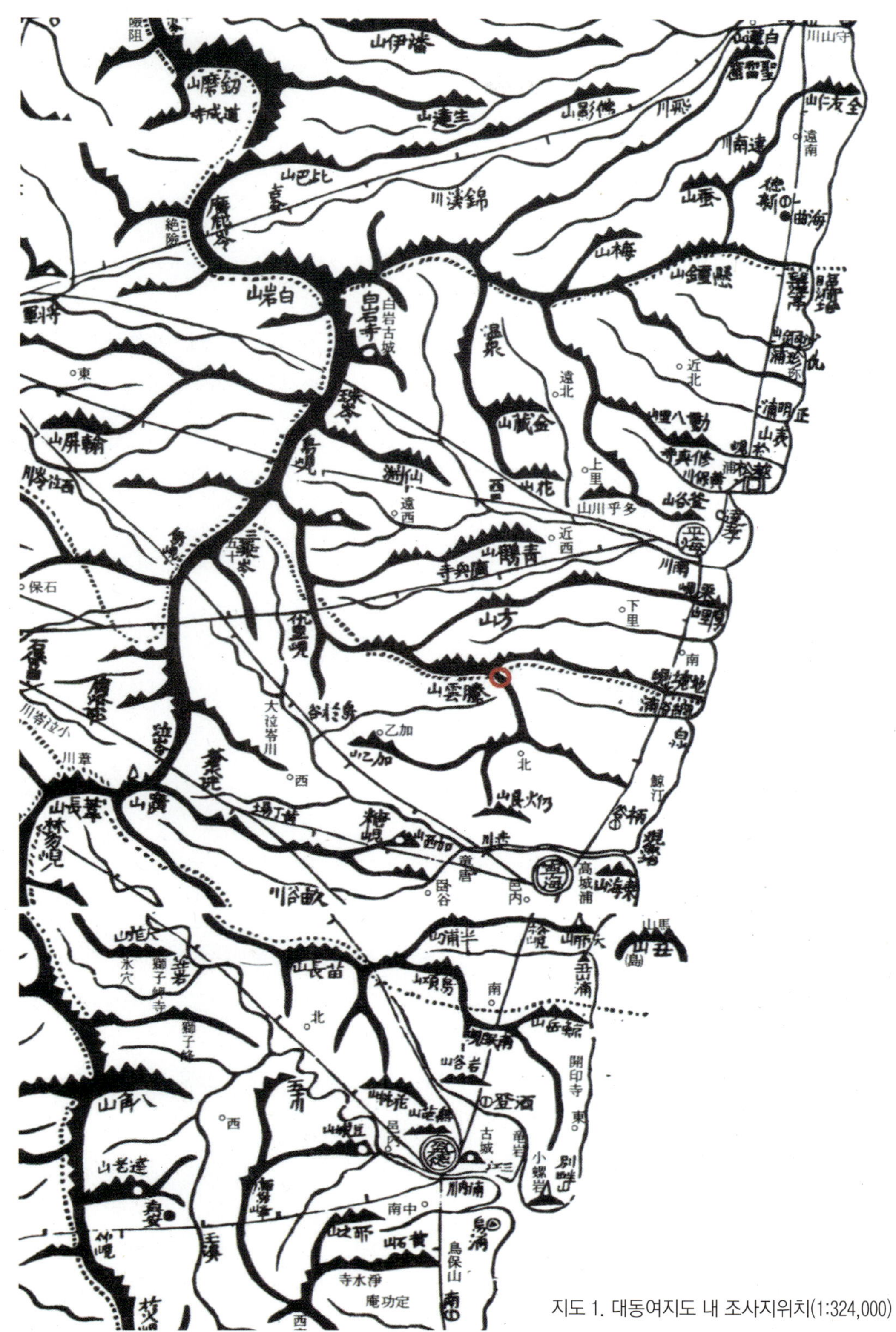

지도 1. 대동여지도 내 조사지위치(1:324,000)

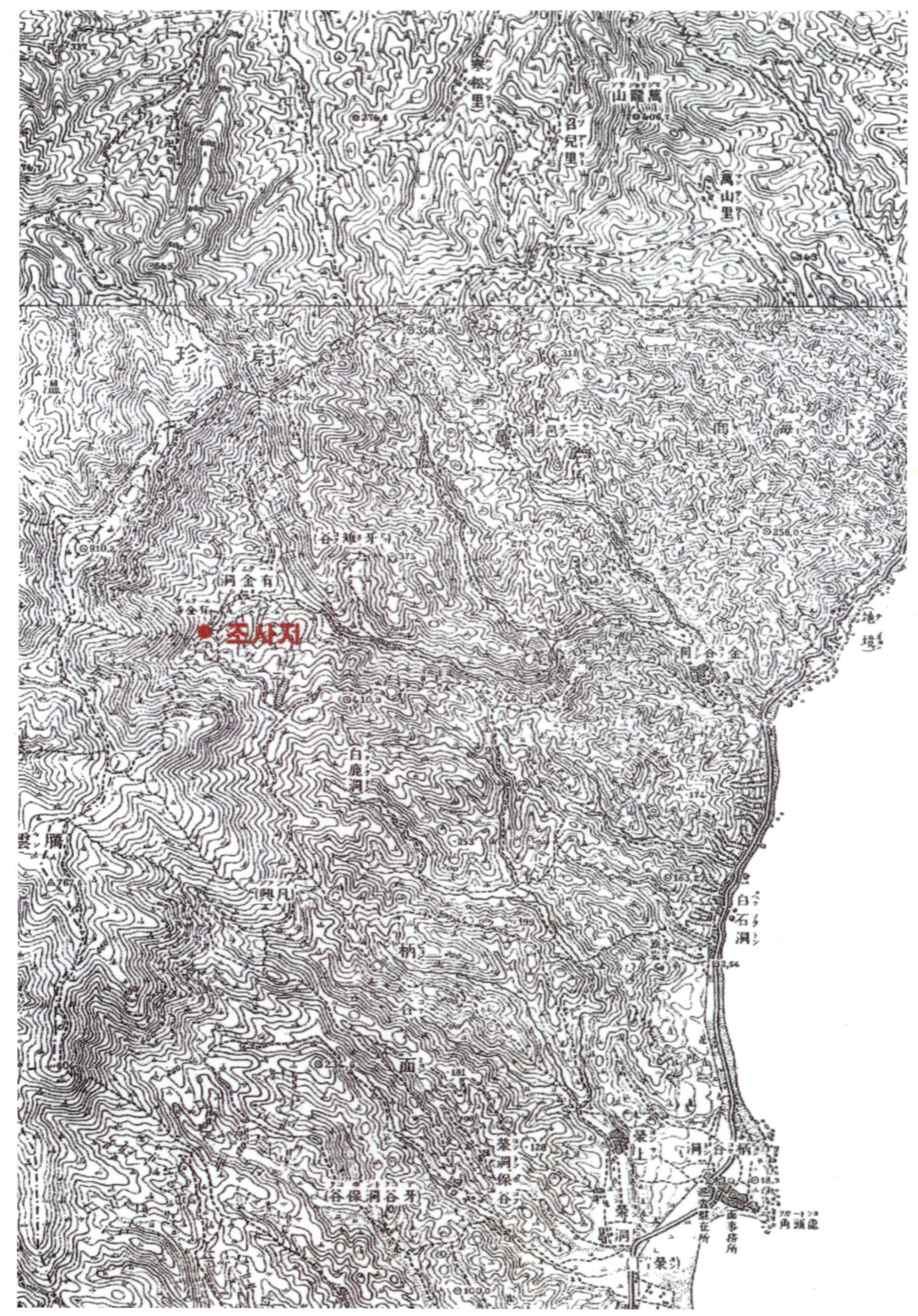

지도 2. 1918년 지형도 내 조사지위치(1:25,000)

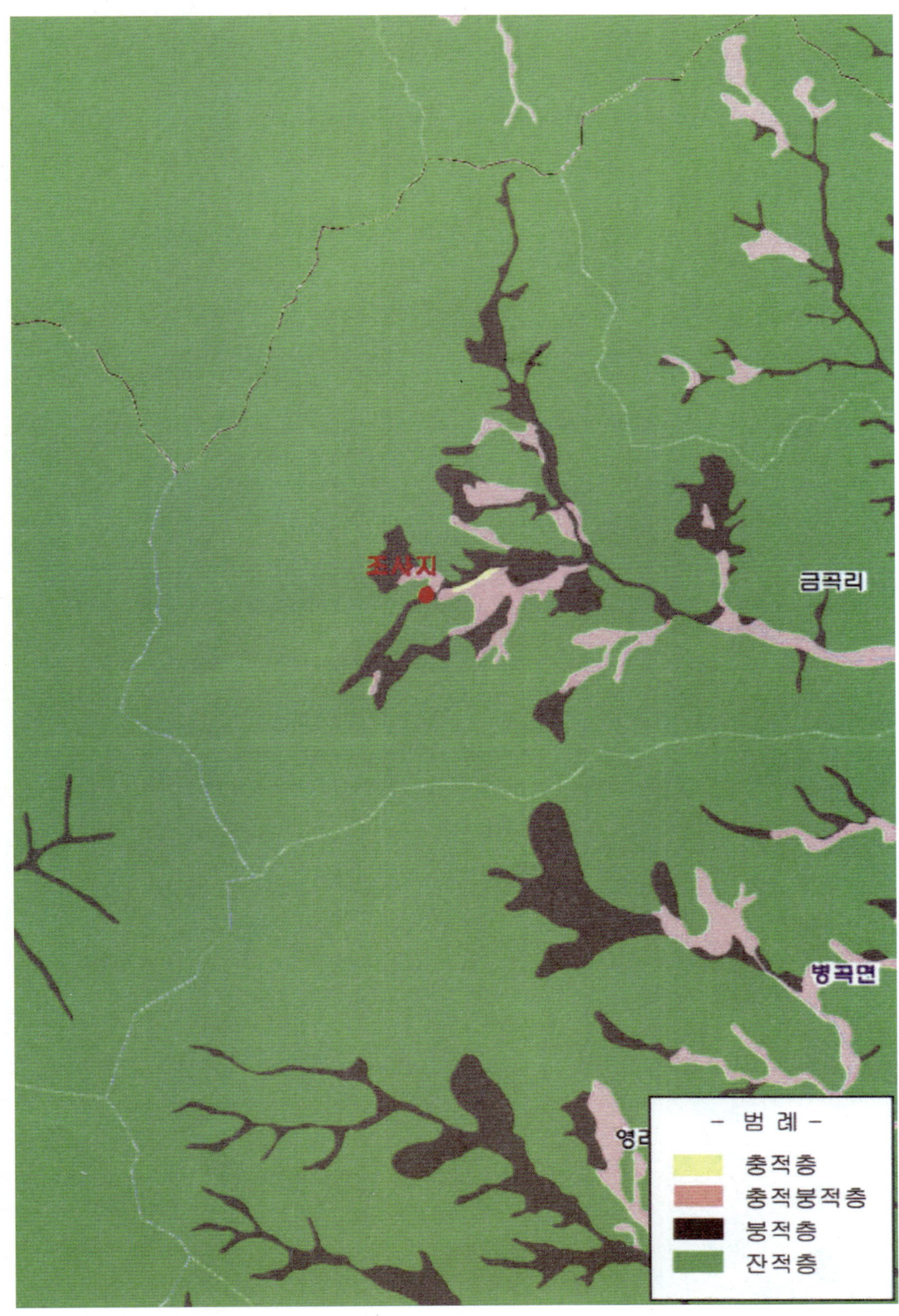

지도 3. 조사지 및 주변토양도(1:25,000)

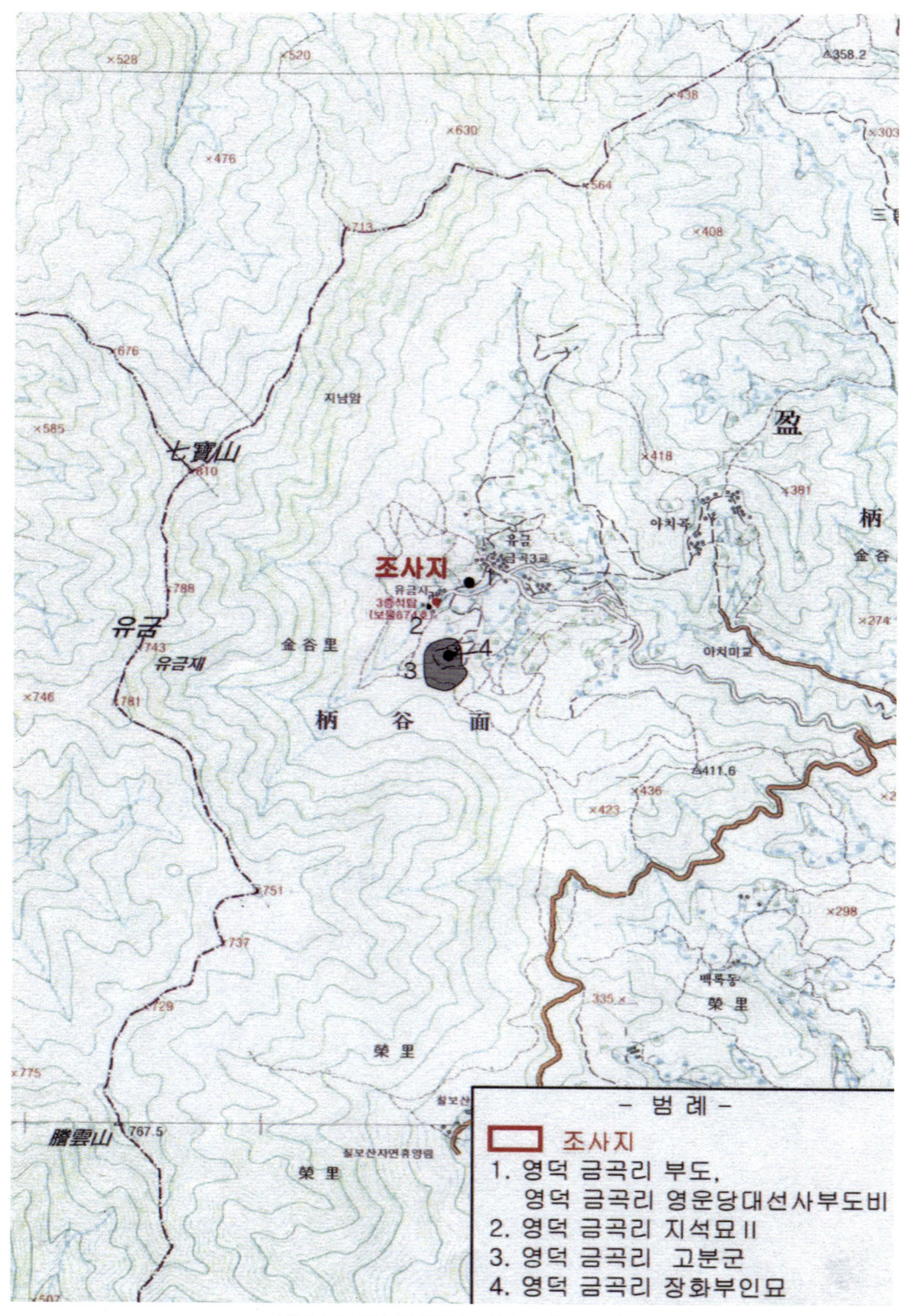

지도 4. 조사지 및 주변 유적 분포도(1:25,000)

표2. 영덕군의 연혁

시 대	내 용	연 대
삼국이전	소국인 야시홀(也尸忽)과 우시국(于尸國)으로 존재	변·진한
삼국시대 및 통일신라시대	야시홀·우시국이 신라에 병합	신라 탈해왕 23년(79년)
	고구려의 남하정책으로 인해 일시적으로 고구려의 지배하에 놓임	신라 자비왕 12년 (469년)
	신라로 재편입	6세기 초
	야시홀이 야성군(野成郡), 우시국이 유린군(有隣郡)으로 개편	경덕왕 16년(757년)
	명주(溟州-현재의 강릉)의 영군(領郡)으로 소속	경덕왕 16년(757년)
	야성군·유린군 고려에 규부	경순왕 4년(930년)
고려시대	영덕군(야성군), 예주(유린군)으로 개명	태조 23년(940년)
	우산국 주민이 예주에 편호	현종 13년(1022년)
	예주를 덕원소도호부로 승격	고종 46년(1259년)
	예주목을 영해부로 개편, 부사영(府使營)을 두게 됨	충선왕 2년(1310년)
조선시대	영해가 병마절제사를 겸한 진(鎭)이 됨	태조 6년(1397)
	영해도호부로 승격	태종 13년(1413년)
	영양현이 분리·독립	숙종 1년(1675년)
근대	영덕현과 영해부가 군(郡)으로 개편	고종 32년(1895년)
	부군면(府郡面) 통폐합으로 인해 영해군이 영덕군에 병합	1914년 3월
	영덕군 지방자치단체가 됨(산하 9개 면)	1961년 10월 1일
	영덕면이 영덕읍으로 승격	1979년 5월 1일
현재	현재 영덕군은 1읍, 8개 면, 2개 출장소, 118개 법정 리, 204개 행정 리, 325개의 자연부락으로 구성됨	1999년 12월 31일 조사

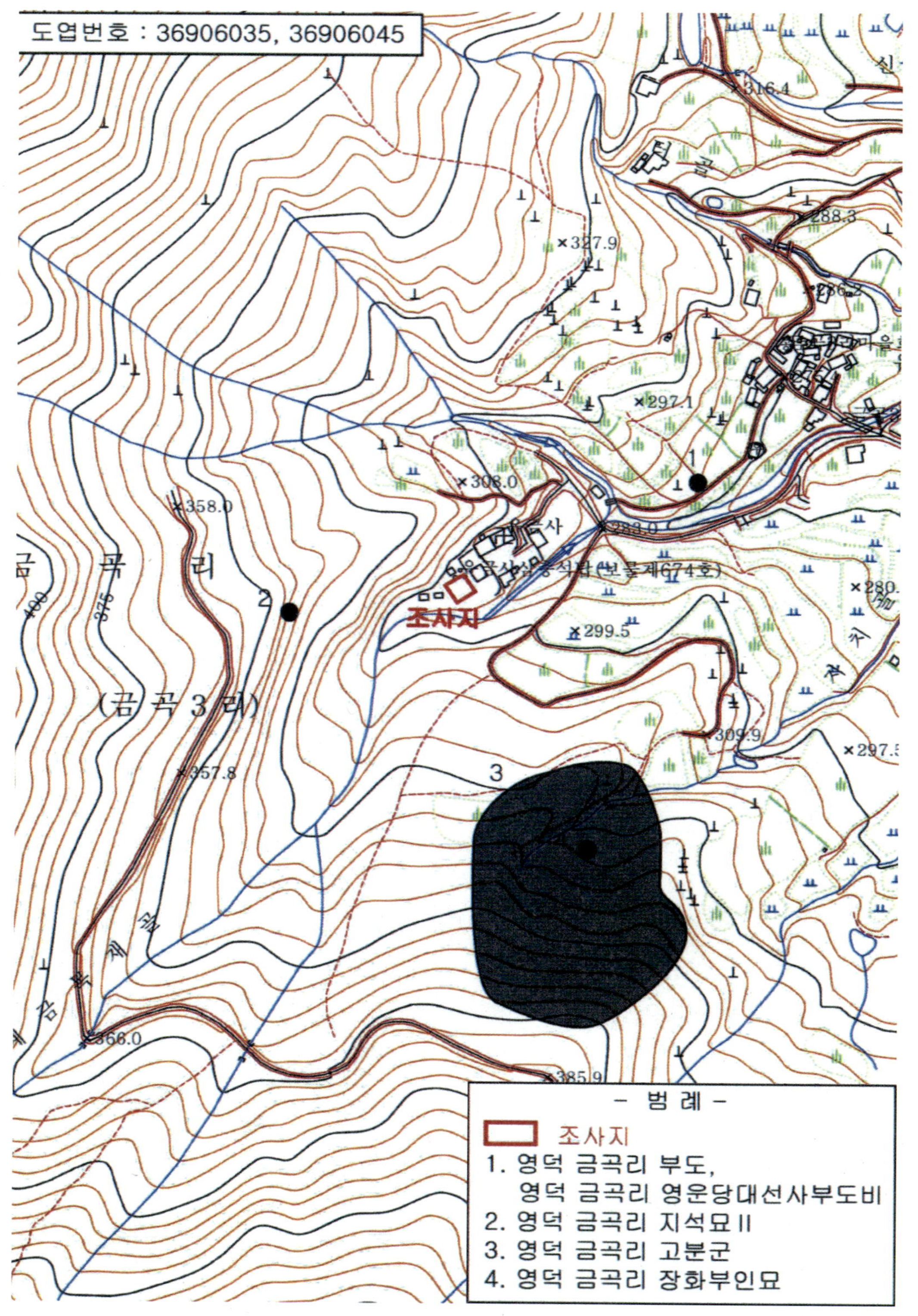

지도 5. 조사지 및 주변지형도(1:5,000)

3. 조사 내용

1) 조사 방법

조사지는 유금사 대웅전 뒤뜰 영덕 유금사 삼층석탑(보물 제674호)이 위치한 부지이며, 현 석탑 이전복원 시 대지를 평편하게 정지하였다. 발굴조사는 전면조사를 원칙으로 하였으며, 층위 파악은 경계부의 토층을 이용하였다. 하부 유구 및 각 유구의 토층 파악을 위해 트렌치 및 pit 조사도 병행하였다.

우선 시굴조사와 입회조사 결과를 토대로 유구의 범위와 성격을 파악한 후 트렌치에서 확인된 층위를 바탕으로 제토 및 유구 확인 작업, 유구 내부조사의 순으로 진행하였다.

유구 확인은 노출된 유구의 경우 평면확인과 트렌치조사를 통해 범위를 파악하였다. 그리고 각 유구별 축조방법과 선후관계 확인을 위해 부분적인 피트(pit)조사를 실시하였다.

층위 파악은 동쪽 경계부 토층도를 작성하여 전체적인 퇴적양상을 확인하였다. 유구 내부에서 출토된 유물은 층위별로 노출하여 사진촬영 및 기록 후 수습하였다.

2) 층위

조사지는 삼층석탑이 위치하는 유금사 대웅전 뒤뜰에 해당한다. 유구는 현 표토 직하 40cm 아래 암갈색 사질점토층과 그 아래 황갈색 사질점토층에서 확인되었는데, 그 상부는 다량의 기와편을 포함하는 갈색 사질점토로 복토되었다. 추정 석탑지는 암갈색 사질점토층(선문 기와, 사격자문 기와 포함)을 기반으로 축조되었으며, 금당지로 추정되는 건물지의 기단석열과 적심, 추정 석등지는 황갈색 사질점토층을 기반으로 축조되어 있다.

통일신라시대 청동여래입상과 토수기와 등의 유물이 확인되는 것으로 보아 추정 석탑지 아래에 이 시기의 유구가 유존할 가능성이 있으나, 상층의 고려~조선시대 유구로 인해 조사는 진행되지 않았다.

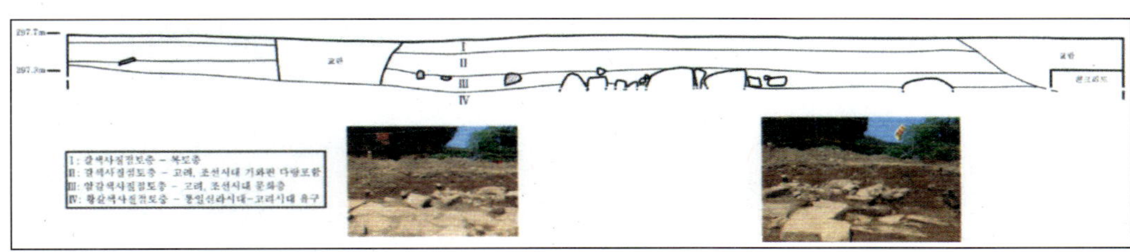

도면 1. 대표토층

3) 조사 내용

이번 발굴조사에서는 고려~조선시대 금당지로 추정되는 건물지와 추정 석탑지, 추정 석등지 등 모두 3기의 유구가 조사되었다. 유물은 통일신라시대 청동여래입상과 청동 소불, 선문·사격자문 1와편이 출토되었으며, 고려~조선시대 암막새, 기와편, 청자저부 등이 출토되었다.

① 건물지(추정 금당지)

조사지 중앙에서 북쪽으로 치우친 해발 298m 지점에 위치하며 남향의 기단석열과 적심 3기가 조사되었으며, 조사지 북쪽과 동쪽 경계 외역으로 연장되어 조사지에는 일부분만 확인되었다. 기단석열 서쪽으로 후대 건물 기단석으로 보이는 석열이 잇대어 조사지 서쪽 경계 외역 밖으로 연결되어 있다.

기단 남쪽으로 980×260cm 규모의 부석이 깔려 있고, 부석 남동쪽 가장자리에 폭 90cm 내외의 답도가 남-북 방향으로 확인된다. 부석과 접한 남쪽에 추정 석탑지가 위치한다. 건물지는 황갈색 사질점토층을 기반으로 축조되었으며, 장축방향은 동고선방향과 나란한 78°이다. 잔존 크기는 길이 1,010cm, 너비 250cm이다.

적심은 남향의 기단석열 북쪽으로 180cm 떨어져 동-서 방향의 열상으로 3기가 배치되었는데, 30~80cm 정도의 할석을 이용하여 직경 1.5m 내외의 크기로 축조하였다. 적심의 간격으로 보아 조사지 동쪽 외역으로 1기가 더 유존할 가능성이 있다. 중앙 적심 남쪽에 200×80cm의 규모의 출입시설이 확인된다. 기단 최하단 석열은 40~60cm 내외의 할석을 이용하여 면을 맞추었으며, 내부에는 20~30cm 정도의 할석을 채웠다. 출입시설로 볼 때 정면 3칸의 건물로 추정되며, 측면은 조사지 외역에 배치되었거나 유실로 인하여 추정이 불가한 상태이다.

건물지 내부와 상면에서 다량의 기와편이 확인되었고, 기단석 앞 부석 사이에서 청동소불 1구, 부석 남동쪽 답도가 유실된 부분에서 청동여래입상 1구가 출토되었다.

② 부석(추정 석탑지)

조사지 서남쪽에서 조사되었으며, 일부는 조사지 남쪽 외역으로 이어진다.

부석열은 고려~조선시대 기와를 다량 포함하는 갈색 사질점토층에서 확인되었다. 평면형태는 부정형이며, 부석의 상면은 평탄하게 맞추어 깔려 있다. 잔존 크기는 길이 650cm, 너비 520cm 정도이다.

유구는 30~70cm 정도의 할석과 천석을 이용하여 한 벌 정도 깔아 놓았다. pit를 통해 볼 때 1단으로 확인되며, 유구 조성층인 암갈색 사질점토층 하단에서 석재가 확인되는 점으로 보아 직하에 이전 시기의 유구가 유존할 가능성이 있다.

유물은 내부에서 고려~조선시대 기와편과 청자편, 동쪽 가장자리에서 석재연화대좌가 출토되었다.

유구 현황은 다음의 〈표4〉와 같다.

연번	시대	유구명	장축 방향(°)	규모(m)			출토유물
				길이	너비	깊이(높이)	
1	고려~조선	금당지	78	10.1	2.5	·	청동소불·청자 등
2		추정 석탑지	81	7.4	3.6	·	기와

표4. 유구 현황표

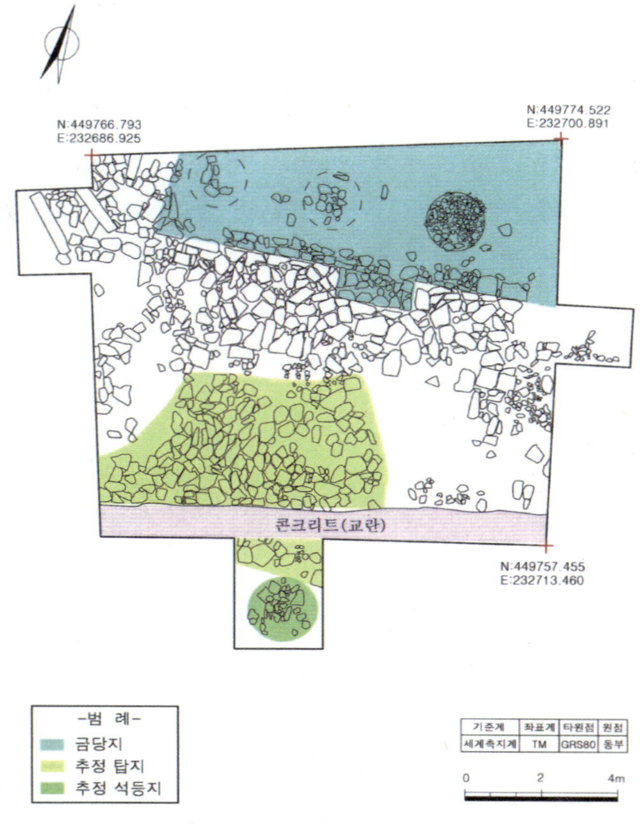

도면 1. 유구현황도(1:100)

Ⅳ. 조사 결과 및 조사단 의견

- 조사지는 경상북도 영덕군 병곡면 금곡리 838번지이며, 유금사 경내에 해당한다. 면적은 93㎡이다.
- 조사 결과, 유구는 2개 층위에서 확인되며, 상층의 암갈색 사질점토층을 기반으로 부석열(추정 석탑지)이 조성되었고, 그 아래 하층의 황갈색 사질점토층을 기반으로 건물지(추정 금당지)가 조사되었다. 건물지(추정 금당지)는 기단석열과 적심, 출입시설이 확인되었으며 정면은 남향으로 정면 3칸으로 추정된다

건물지에서는 통일신라시대 금동여래입상과 호신용금동소불, 기와편과 고려~조선시대의 청자저부·백자저부·수막새·기와편이 출토되었다.

부석열은 건물지(추정 금당지) 상층에 상면이 평탄하게 놓여 있어 석탑지로 추정되며 평면 형태는 부정형으로 조사지 외역으로 연장되고 있다.

건물지에서 통일신라시대 금동여래입상과 호신용금동소불이 출토되어 이 시기의 유구도 유존할 것으로 판단되나, 상층의 고려~조선시대 유구로 인해 하층의 조사는 진행하지 못하였다.

- 금번 발굴조사에서는 좁은 범위에서 통일신라시대 금동여래입상과 호신용금동소불, 기와를 비롯하여 통일신라시대의 금당지와 고려~조선시대 추정 석탑지 등 유금사 가람배치와 관련된 건물지가 조사되었다. 이를 통해 문헌상의 유금사 증축 및 개축에 대해 필요한 기초자료를 확보하였으며, 향후 본 유적을 포함하여 영덕 지역의 고대 사찰문화 복원에 연구 자료를 제공할 수 있는 유적으로 판단된다.

아울러 금동여래입상과 호신용금동소불 등의 유물로 보아 부석열 하층에 유금사 창건과 관련된 통일신라시대 유구가 유존할 가능성이 있으나 상층에 유존하는 고려~조선시대 유구로 인해 조사는 진행하지 못하였다.

- 따라서 향후 유금사의 창건 관련된 시설의 확인을 위하여 금회 발굴조사 대상지 외역 일대에 대한 보강 조사가 필요하며, 고려~조선시대 건물지(추정 금당지)와 부석열(추정 석탑지) 아래 이전 시기에 건립된 유구의 존재 여부 또한 확인하여 유금사 가람배치 양상을 파악하기 위한 자료를 확보함이 옳을 것으로 판단된다.

사진 1. 조사지 원경(☐ 조사지)

사진 2. 조사지 원경

사진 3. 조사지 전경

사진 4. 금당지 전경

사진 5. 금당지 전경

사진 6. 금당지 내 적심

사진 7. 금당지 내 적심

사진 8. 금당지 서쪽 세부

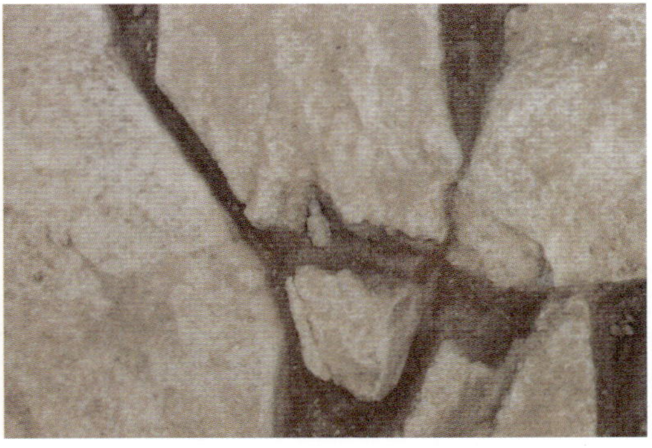

사진 9. 호신용금동소불 출토상태

사진 10. 추정 석탑지 전경

사진 11. 추정 석탑지 pit 전경

사진 12. 추정 석탑지 북쪽 기와무지

사진 13. 추정 석등지 전경

사진 14. 주혈 토층

사진 15. 조사지 남동쪽 전경

사진 16. 금동여래입상 출토상태

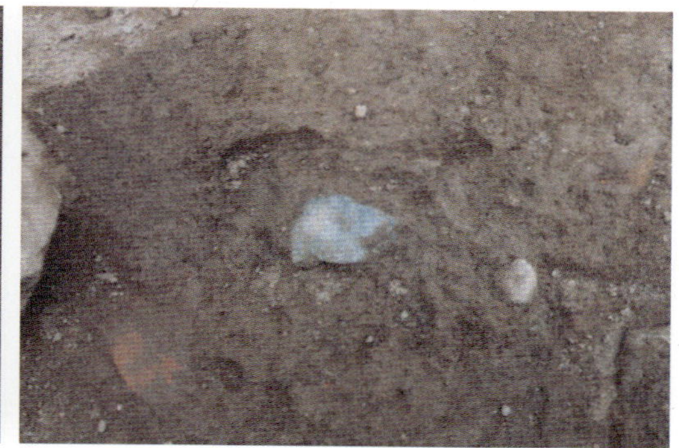

사진 17. 청동편 출토상태

사진 18. 청동편 출토상태

사진 19. 연화대좌 출토상태

영덕 유금사 통일신라시대 금동여래입상 출토

9세기경 제작된 국내 최대 크기의 금동여래입상 출토

영덕 유금사 3층 석탑(보물 제674호) 보수사업에 대한 정밀 발굴조사 중 탑의 북쪽에서 유금사 초창기 금당지 발굴, 남서쪽 가장자리에서 9세기경의 금동여래입상 2구가 출토됐다.

재)삼한문화재연구원(원장 김구군)은 영덕군(군수 이희진)으로부터 의뢰를 받아 영덕군 병곡면 금곡리 838번지에 위치하는 유금사 3층 석탑 이전 부지에 대한 발굴조사를 2017년 5월 22일부터 6월 22일까지 조사하였다.

금번 조사는 유금사 경내 북서쪽에 유존하고 있는 3층 석탑이 틈이 벌어지고 한쪽으로 기울어짐에 따라 이를 해체, 이전 복원하고자 하였다. 따라서 이전지에 대한 매장문화재 시굴조사(2016년 9월)와 정밀발굴조사를 실시하였다.

발굴조사 결과, 현 석탑의 북쪽에서 정면 3칸, 측면 1칸 규모의 초창기 금당이 조사되었고, 남동쪽에서 금동여래입상 1구와 호신불금동여래입상 1구, 통일신라시대 기와편이 전면에 깔려 출토되었다.

조사결과로 볼 때 유금사는 3단으로 축대를 쌓고, 위에서부터 차례로 강당, 금당, 탑을 남-북축 선상에 3원 1련식(三院一連式)으로 축조된 통일신라시대의 전형적인 산지가람임이 확인되었다.

금당은 정면 3칸, 측면 1칸의 규모로 추정되는데 출입시설(계단)과 답도(디딛는 도로)가 일부 확인되었다. 현재 확인된 적심으로 볼 때 대략적인 금당의 규모는 길이 1,210cm, 너비 610cm이다. 출입시설은 금당의 중간지점 앞쪽에 계단이 확인되고, 계단과 연결하여 할석을 깐 답도가 만들어져 있다.

한편 시굴조사에서 현 삼성각 가장자리 바깥 아래쪽으로 축대 일부가 확인되었는데, 금당지와 간격을 고려할 때 강당지의 기단석 일부로 추정된다.

원 탑지는 금회조사에서 확인되지 않았지만, 금당지의 중심축에서 볼 때 현 조사지 외역에 유존할 것으로 판단된다. 따라서 기존의 3층 석탑은 원 탑지에서 약 5~6m 가량 이동되었음을 알 수 있다.

출토유물로는 금동여래불상 2구가 출토되었는데, 완전한 여래불상은 높이가 39.5cm이며, 거신광배는 탈락되고 없으나 전체적으로 잔존 상태가 온전하다. 오른손은 가슴까지 올려 시무외인을, 왼손은 내려 여원인을 하고 있다. 통견법의는 안에 속옷을 묶은 매듭이 있고, 통견은 전체적으로 'U'자상으로 흘러내리는 아육왕식의 주름이 음각 새김선으로 새겨져 있다. 그리고 뒷면에 탕구 등의 구멍이 몸 전체에 뚫려 있고, 호상과 'U'자상의 통견법의의 음각새김 등으로 볼 때 9세기 전반기에 제작된 불상으로 판단된다.

현재까지 알려진 바로 이즈음에 제작된 금동여래입상은 경주 안압지 출토 금동여래입상 (24,.7cm), 홍천 물걸리사지 출토 금동여래입상(22.6cm), 의령 보리사 출토 금동여래입상 (26cm) 등 수점에 불과하다. 본 금동여래입상은 9세기 전반 경에 제작된 통일신라시대 금 동불상 가운데 가장 큰 입상이다. 그리고 유물의 크기, 잔존상태, 미학적인 측면을 고려할 때 지금까지 알려진 여래입상 가운데 가장 우수한 예술작품으로 지정문화재로 가치가 인 정된다. 따라서 추가적인 조사를 통해 원 탑지를 찾고 강당과 금당지의 전체모습을 확인 할 필요가 있다. 그리고 경주외역에 건립된 8~9세기 산지가람의 전모를 밝힐 수 있는 주요 한 유적이므로 현 조사범위 외역에 대한 정밀발굴조사가 필요하다.

 끝으로 해체 보관중인 3층 석탑은 원 탑지를 확인한 후, 그곳에 이전하도록 해야겠고, 아 울러 초창기 유금사의 사역확인을 통해 당시 절터를 복원하여, 고대 사원문화의 교육장 및 관광자원으로 활용함이 바람직하겠다.

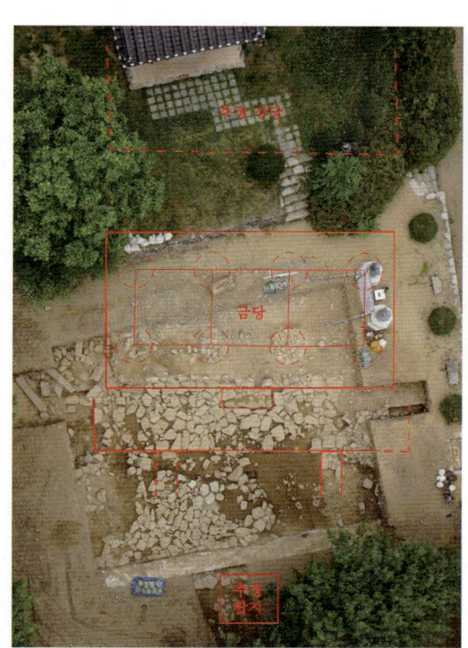

유금사 조사전경

유금사 삼층석탑

국가기간뉴스통신사
연합뉴스

영덕 유금사서 9세기 금동여래입상 발견… 높이 39.5㎝

정면 3칸, 측면 1칸 규모 금당터도 확인

7세기에 창건된 것으로 알려진 경북 영덕 유금사에서 9세기 전반에 제작된 것으로 추정되는 신라 불상이 나왔다.

영덕군으로부터 의뢰를 받아 지난 5월부터 한 달간 유금사를 발굴한 삼한문화재연구원은 보물 제674호로 지정된 유금사 삼층석탑 인근에서 높이 39.5㎝인 금동여래입상과 호신불, 기와 조각 등을 출토했다고 21일 밝혔다.

금동여래입상은 몸에서 나는 빛을 표현한 거신광배(擧身光背) 부분은 사라졌으나, 형태는 비교적 온전하게 보존된 편이다.

하영중 삼한문화재연구원 부장은 "불상이 걸친 옷인 법의(法衣)의 형태와 음각새김을 보면 9세기 전반 유물로 보인다"며 "경주 안압지, 홍천 물걸리사지, 의령 보리사 등지에서 나온 9세기 금동여래입상이 25㎝ 안팎이라는 점을 고려하면 매우 큰 불상"이라고 강조했다.

그는 이어 "유물의 크기, 상태, 미학적 특징으로 볼 때 우수한 예술품으로 판단된다"고 덧붙였다.

유금사 발굴조사에서는 강당(講堂·승려들의 설법 공간), 금당(金堂·부처를 모신 불전), 석탑 등 건물이 남북 방향으로 늘어서 있었던 사실도 확인됐다.

금당은 정면 3칸, 측면 1칸 규모로 드러났다. 연구원은 남아 있는 적심(積心·주춧돌 주위에 쌓는 돌무더기)을 근거로 건물 크기를 가로 12.1m, 세로 6.1m로 추정했다.

영덕 유금사에서 나온 9세기 금동여래입상
[삼한문화재연구원 제공]

이번 발굴조사는 틈이 벌어지고 석재가 기운 삼층석탑을 해체·보수하는 과정에서 원래의 석탑 자리를 확인하기 위해 진행됐으나, 석탑 터가 규명되지는 않았다.

하 부장은 "유금사는 경주 바깥에 건립됐던 신라 산지 사찰의 전모를 밝힐 수 있는 중요한 유적"이라며 "범위를 넓혀 추가 조사를 벌일 필요가 있다"고 말했다.

〈서울 연합뉴스 박상현 기자, 2017. 2. 21〉

영덕 유금사, 통일신라시대 금동여래입상 출토
9세기경 제작된 국내 최대 크기의 금동여래입상 출토

출토된 호신불 모습

영덕 유금사에서 9세기경의 금동여래입상 2구가 출토됐다. 영덕군이 재)삼한문화재연구원에 의뢰해 유금사 3층 석탑 이전부지에 대한 발굴조사에서 발견됐다.

이번 조사는 유금사 경내 북서쪽에 유존하고 있는 3층 석탑이 틈이 벌어지고 한쪽으로 기울어짐에 따라 이를 해체·이전 복원하고자 이전지에 대한 매장문화재 시굴조사와 정밀발굴조사를 실시했다.

발굴조사 결과 현 석탑의 북쪽에서 정면 3칸, 측면 1칸 규모의 초창기 금당이 조사됐고, 남동쪽에서 금동여래입상 1구와 호신불금동여래입상 1구, 통일신라시대 기와편이 전면에 깔려 출토됐다.

출토유물로는 금동여래불상 2구가 출토됐는데, 완전한 여래불상은 높이가 39.5cm이며, 거신광배는 탈락되고 없으나 전체적으로 잔존상태가 온전하다.

오른손은 가슴까지 올려 시무외인을, 왼손은 내려 여원인을 하고 있다. 통견법의는 안에 속옷을 묶은 매듭이 있고, 통견은 전체적으로 "U"자상으로 흘러내리는 아육왕식의 주름이 음각 새김선으로 새겨져있다.

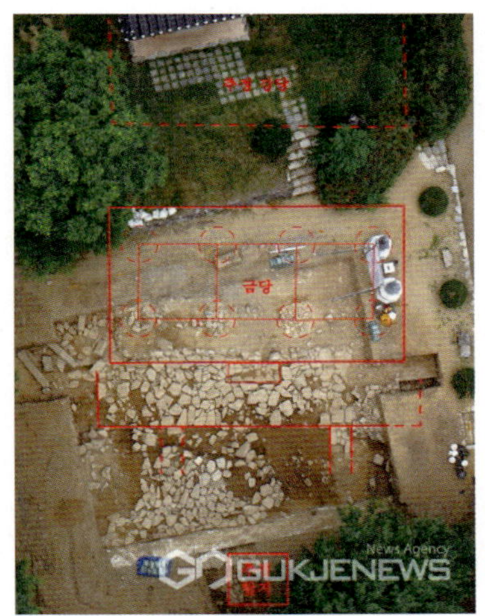

유금사 통일신라시대
가람배치구조 추정도

그리고 뒷면에 탕구 등의 구멍이 몸 전체에 뚫려 있고, 호상과 "U"자상의 통견법의의 음각 새김 등으로 볼 때 9세기 전반기에 제작된 불상으로 판단된다.

본 금동여래입상은 9세기 전반 경에 제작된 통일신라시대 금동불상 가운데 가장 큰 입상으로 유물의 크기, 잔존상태, 미학적인 측면을 고려할 때 지금까지 알려진 여래입상 가운데 가장 우수한 예술작품으로 지정문화재로 가치가 인정된다고 영덕군이 전했다

〈영덕 국제뉴스 김충남 기자, 2017. 7. 22〉

영덕 유금사에서 통일신라시대 금동여래입상 출토

경북 영덕군 병곡면 금곡리 천년 고찰 유금사에서 통일신라시대 금동여래입상이 출토됐다. 21일 영덕군과 삼한문화재연구원에 따르면 최근 보물 제674호인 유금사 3층 석탑의 보수작업을 위한 정밀발굴조사 도중 탑의 북쪽 금당지 가장자리에서 9세기쯤 만들어진 것으로 추정되는 금동여래입상이 출토됐다.

조사를 담당한 삼한문화재연구원은 이번 출토된 금동여래입상이 높이 39.5㎝에 광배는 탈락하고 없으나 전체적으로 잔존상태가 양호하며 불상의 법의의 형태로 미루어 9세기 전반기에 제작된 것으로 보고 있다. 불상의 형태는 오른손은 가슴까지 올려 시무외인을, 왼손은 내려 여원인을 하고 있다.

출토된 금동여래입상 모습

현재까지 알려진 비슷한 시기의 금동여래입상은 경주 안압지 출토 금동여래입상(24.7㎝), 홍천 물걸리사지 출토 금동여래입상(22.6㎝), 의령 보리사 출토 금동여래입상(26㎝) 등 수 점에 불과하다. 유금사는 영덕군 병곡면 금곡리 칠보산 자락에 있는 사찰로 대한불교 조계종 제11교구 본사인 불국사의 말사이다. 영덕군은 앞으로 해체 보관중인 3층 석탑의 원 탑지를 확인한 후, 그 곳으로 이전하고, 초창기 유금사의 절터를 복원해 고대 사원문화의 교육장 및 관광자원으로 활용할 계획이다.

삼한문화재연구원 관계자는 "유물의 크기, 잔존상태, 미학적인 측면을 고려할 때 지금까지 알려진 여래입상 가운데 가장 우수한 예술작품으로 지정문화재로 가치가 인정된다"고 밝혔다.

〈영덕 세계일보 장영태 기자, 2017. 7. 21〉

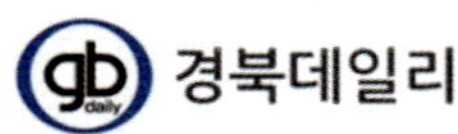

영덕 유금사에서 통일신라시대 금동여래입상 출토

9세기 경 제작된 국내 최대 크기 금동여래입상이 영덕 유금사에서 나왔다.

출토된 금동여래입상

영덕 유금사 3층 석탑(보물 제674호)보수사업에 대한 정밀 발굴조사 중 탑의 북쪽에서 유금사 초창기 금당지가 발굴되고, 남서쪽 가장자리에서는 9세기경의 것으로 추정되는 금동여래입상 2구가 출토됐다.

이번 조사는 유금사 경내 북서쪽에 유존하고 있는 3층 석탑이 틈이 벌어지고. 한쪽으로 기울어짐에 따라 이를 해체·이전 복원하고자 시행했으며, 이에따라 이전지에 대한 매장문화재 시굴조사(2016년 9월)와 정밀발굴조사를 실시했다.

발굴조사 결과 현 석탑의 북쪽에서 정면 3칸, 측면 1칸 규모의 초창기 금당이 조사되었고, 남동쪽에서 금동여래입상 1구와 호신불금동여래입상 1구, 통일신라시대 기와편이 전면에 깔려 출토됐다.

(중략)

현재까지 알려진 바로 이즈음에 제작된 금동여래입상은 경주 안압지 출토 금동여래입상(24.7cm), 홍천 물걸리사지 출토 금동여래입상(22.6cm), 의령 보리사 출토 금동여래입상(26cm) 등 수점에 불과하다. 본 금동여래입상은 9세기 전반 경에 제작된 통일신라시대 금동불상 가운데 가장 큰 입상이다.

군에서는 "추가적인 조사를 통해 원 탑지를 찾고 강당과 금당지의 전체모습을 확인할 필요가 있다"면서, "향후 해체 보관중인 3층 석탑은 원 탑지를 확인해 그 곳에 이전하고, 아울러 초창기 유금사의 사역확인을 통해 당시 절터를 복원하여, 고대 사원문화의 교육장 및 관광자원으로 활용할 계획"이라고 전했다.

〈경북데일리, 2017. 7. 22〉

영덕 유금사에서 통일신라시대 금동여래입상 출토

출토된 금동여래입상 모습

경북 영덕 유금사에서 9세기에 제작된 것으로 추정되는 금동여래입상이 출토됐습니다.

영덕군은 보물 제674호 유금사 3층 석탑 보수사업 및 정밀 발굴조사 중 금동여래입상 2구가 발견됐다고 오늘(21일) 밝혔습니다.

이번 조사는 유금사 3층 석탑의 틈이 벌어지고 한쪽으로 기울어짐에 따라 이를 해체·이전 복원하고자 삼한문화재연구원에 의뢰해 지난 5월부터 한달간 실시했습니다.

발굴조사 결과 현 석탑의 남동쪽에서 금동여래입상 1구와 호신불금동여래입상 1구, 통일신라시대 기와편이 발견됐습니다. 금동여래입상은 몸에서 나는 빛을 표현한 거신광배는 사라지고 없으나 전체적으로 상태가 온전한 것으로 알려졌습니다. 높이 39.5㎝인 유금사 금동여래입상은 9세기 전반에 제작된 통일신라시대 금동불상 가운데 가장 큰 입상입니다. 삼한문화재연구원은 "유물의 크기, 잔존상태, 미학적인 측면을 고려할 때 지금까지 알려진 여래입상 가운데 가장 우수한 예술작품"이라며 "지정문화재로 가치가 인정된다"고 밝혔습니다. 또 석탑 북쪽에서 정면 3칸, 측면 1칸 규모의 초창기 금당지도 발굴했습니다.

경북 영덕 유금사에서 출토된 호신불

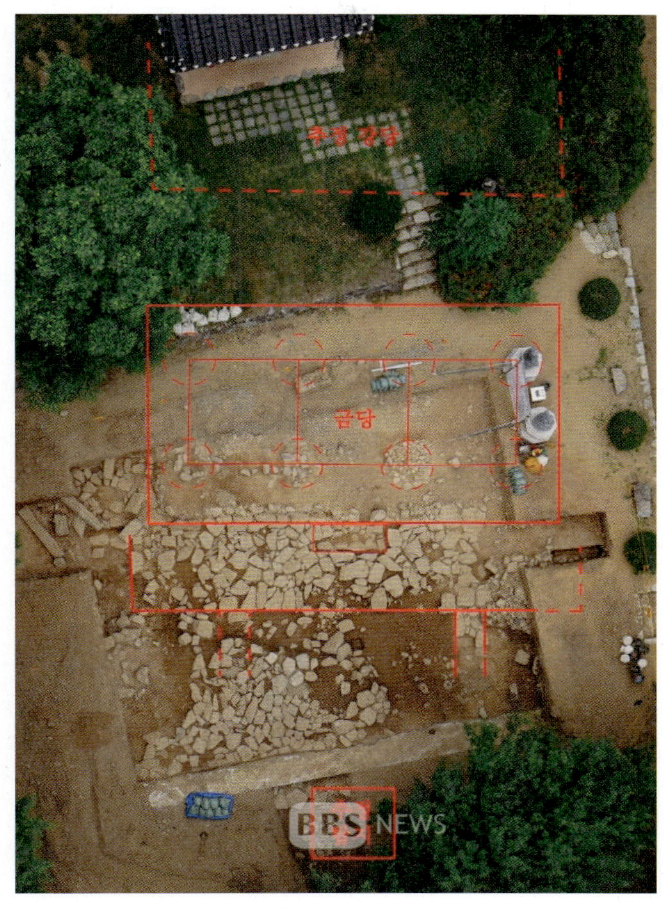

7세기 창건된 것으로 추정되는 경북 영덕 유금사의 가람배치구조 추정도

이번 조사로 석탑의 원래 터는 확인되지 않았지만 금당지의 중심축에서 볼 때 기존 3층 석탑은 원 탑지에서 약 5~6m가량 이동됐다고 추정되고 있습니다.

영덕군은 향후 원 탑지를 확인한 후 3층 석탑을 그곳으로 이전하고 초창기 유금사의 사역 확인을 통해 당시 절터를 복원, 고대 사원문화의 교육장 및 관광자원으로 활용할 계획입니다.

〈BBS뉴스 정민지 기자, 2017. 7. 21〉

영덕 유금사에서 통일신라시대 금동여래입상 출토
9세기경 제작된 국내 최대 크기의 금동여래입상 출토

경북 영덕 유금사 3층 석탑(보물 제674호) 보수사업에 대한 정밀 발굴조사 중 탑의 북쪽에서 유금사 초창기 금당지 발굴, 남서쪽 가장자리에서 9세기경의 금동여래입상 2구가 출토됐다.

영덕군(군수 이희진)은 재)삼한문화재연구원(원장 김구군)에 의뢰하여 병곡면 금곡리 838번지에 위치하는 유금사 3층 석탑 이전부지에 대한 발굴조사를 2017년 5월 22일부터 지난달 22일까지 조사했다.

이번 조사는 유금사 경내 북서쪽에 유존하고 있는 3층 석탑이 틈이 벌어지고. 한쪽으로 기울어짐에 따라 이를 해체·이전 복원하고자 시행했으며, 이에따라 이전지에 대한 매장문화재 시굴조사(2016년 9월)와 정밀발굴조사를 실시했다.

발굴조사 결과 현 석탑의 북쪽에서 정면 3칸, 측면 1칸 규모의 초창기 금당이 조사되었고, 남동쪽에서 금동여래입상 1구와 호신불금동여래입상 1구, 통일신라시대 기와편이 전면에 깔려 출토됐다.

조사결과로 볼 때 유금사는 3단으로 축대를 쌓고, 위에서부터 차례로 강당, 금당, 탑을 남-북축 선상에 3원 1련식(三院一連式)으로 축조된 통일신라시대의 전형적인 산지가람임이 확인됐다.

금당은 정면 3칸, 측면 1칸의 규모로 추정되는데 출입시설(계단)과 답도(딛는 도로)가 일부 확인되었다. 현재 확인된 적심으로 볼 때 대략적인 금당의 규모는 길이 1210cm, 너비 610cm이다. 출입시설은 금당의 중간지점 앞쪽에 계단이 확인되고, 계단과 연결하여 할석을 깐 답도가 만들어져 있다.

한편 시굴조사에서 현 삼성각 가장자리 바깥 아래쪽으로 축대 일부가 확인되었는데, 금당지와 간격을 고려할 때 강당지의 기단석 일부로 추정된다.

원 탑지는 금회 조사에서 확인되지 않았지만, 금당지의 중심축에서 볼 때 현 조사지 외역에 유존할 것으로 판단된다. 따라서 기존의 3층 석탑은 원 탑지에서 약 5~6m가량 이동되었음을 알 수 있다.

출토 유물로는 금동여래불상 2구가 출토되었는데, 완전한 여래불상은 높이가 39.5cm이며,

거신광배는 탈락되고 없으나 전체적으로 잔존상태가 온전하다.

오른손은 가슴까지 올려 시무외인을, 왼손은 내려 여원인을 하고 있다. 통견법의는 안에 속옷을 묶은 매듭이 있고, 통견은 전체적으로 "U"자상으로 흘러내리는 아육왕식의 주름이 음각 새김선으로 새겨져있다. 그리고 뒷면에 탕구 등의 구멍이 몸 전체에 뚫려 있고, 호상과 "U"자상의 통견법의의 음각새김 등으로 볼 때 9세기 전반기에 제작된 불상으로 판단된다.

현재까지 알려진 바로 이즈음에 제작된 금동여래입상은 경주 안압지 출토 금동여래입상(24.7cm), 홍천 물걸리사지 출토 금동여래입상(22.6cm), 의령 보리사 출토 금동여래입상(26cm) 등 수점에 불과하다. 본 금동여래입상은 9세기 전반 경에 제작된 통일신라시대 금동불상 가운데 가장 큰 입상이다.

그리고 유물의 크기, 잔존상태, 미학적인 측면을 고려할 때 지금까지 알려진 여래입상 가운데 가장 우수한 예술작품으로 지정문화재로 가치가 인정된다.

따라서 추가적인 조사를 통해 원 탑지를 찾고 강당과 금당지의 전체 모습을 확인할 필요가 있다. 그리고 경주 외역에 건립된 8~9세기 산지가람의 전모를 밝힐 수 있는 주요한 유적이므로 현 조사범위 외역에 대한 정밀발굴조사가 필요하다.

향후 해체 보관중인 3층 석탑은 원 탑지를 확인한 후, 그 곳에 이전하고, 아울러 초창기 유금사의 사역확인을 통해 당시 절터를 복원하여, 고대 사원문화의 교육장 및 관광자원으로 활용할 계획이다.

〈영덕 중도일보 장진석 기자, 2017. 7. 24〉

영덕 유금사서 통일신라 금동여래입상 출토
완전한 여래불상 높이 39.5㎝로 9세기 제작된 국내 최대 크기

영덕군 병곡면 소재 유금사 3층 석탑 보수사업에 대한 정밀 발굴조사과정에서 발굴된
9세기께 금동여래입상(왼쪽)과 호신불.

영덕군 병곡면에 소재한 유금사 3층 석탑(보물 제674호)에 대한 정밀 발굴조사 중 9세기
것으로 추정되는 금동여래입상 1구와 호신불 1구가 출토됐다.

영덕군은 지난 5월부터 지난달 22일까지 유금사 경내 북서쪽에 유존하고 있는 3층 석탑
틈이 벌어지고 한쪽으로 기울어짐에 따라 이를 복원하기 위해 복구와 정밀발굴조사를 실
시했다.

발굴조사결과 현 석탑의 북쪽에서 정면 3칸, 측면 1칸 규모의 초창기 금당이 조사됐으며
남동쪽에서 금동여래입상 1구와 호신불금동여래입상 1구, 통일신라시대 기와편이 전면에
깔려 출토됐다.

조사결과로 볼 때 유금사는 3단으로 축대를 쌓고 위에서부터 차례로 강당, 금당, 탑을 남-

북축 선상에 3원 1련식으로 축조된 통일신라시대의 전형적인 산지가람임이 확인됐다.

금당은 정면 3칸, 측면 1칸의 규모로 추정되는데 출입시설(계단)과 답도(딛는 도로)가 일부 확인됐으며 대략적인 금당의 규모는 길이 12.1m, 너비 6.1m로 출입시설은 금당의 중간지점 앞쪽에 계단이 확인되고 계단과 연결해 할석을 깐 답도가 만들어져 있다.

출토유물인 금동여래불상 2구 중 완전한 여래불상은 높이가 39.5㎝이며 거신광배는 탈락되고 없으나 전체적으로 잔존상태가 온전하다.

오른손은 가슴까지 올려 시무외인을, 왼손은 내려 여원인을 하고 있어 9세기 전반기에 제작된 불상으로 판단된다.

금동여래입상은 경주 안압지 출토 금동여래입상(24.7㎝), 홍천 물걸리사지 출토 금동여래입상(22.6㎝), 의령 보리사 출토 금동여래입상(26㎝) 등 수점에 불과한데 이번에 출토된 금동여래입상은 9세기 전반에 제작된 통일신라시대 금동불상 가운데 가장 큰 입상이다.

유물의 크기, 잔존상태, 미학적인 측면을 고려할 때 지금까지 알려진 여래입상 가운데 가장 우수한 예술작품으로 지정문화재로 가치가 인정된다.

이에 따라 추가조사를 통해 원 탑지를 찾고 강당과 금당지의 전체 모습을 확인할 필요가 있어 경주외역에 건립된 8~9세기 산지가람의 전모를 밝힐 수 있는 주요한 유적으로 조사범위 외역에 대한 정밀발굴조사 주장이 제기되고 있다.

〈경북도민일보 김영호 기자, 2017. 7. 24〉

국보급 금동여래상 영덕 유금사서 출토

9세기 통일신라때 제작 추정 / 높이 39.5㎝… 국내 최대 크기
보존상태 좋아 학계 관심 집중

출토된 금동여래입상

영덕 유금사 3층 석탑(보물 제674호) 보수를 위한 정밀 발굴조사 중 9세기경에 제작된 국보급 금동여래입상 2구가 출토됐다. 이 여래상은 탑의 북쪽 유금사 초창기 금당지 남서쪽 가장자리에서 나왔다.

영덕군은 재)삼한문화재연구원(원장 김구군)에 의뢰해 병곡면 금곡리 838번지 유금사 3층 석탑 이전 부지에 대한 발굴조사를 올해 5월 22일부터 6월 22일까지 조사했다.

이 조사는 유금사 경내 있는 3층 석탑이 틈이 벌어지고. 한쪽으로 기울어짐에 따라 이를 해체·이전 복원하기 위해 이뤄졌다. 발굴조사 결과 현 석탑의 북쪽에서 정면 3칸, 측면 1칸 규모의 초창기 금당이 조사됐다.

특히 발굴지의 남동쪽에서 금동여래입상 1구와 호신불금동여래입상 1구가 출토돼 학계의 비상한 관심을 끌고 있다.

조사결과 유금사는 3단으로 축대를 쌓고, 위에서부터 차례로 강당, 금당, 탑을 세운 통일신라시대의 전형적인 산지 가람임이 확인됐다.

금당은 정면 3칸, 측면 1칸의 규모로 추정되는데 출입시설(계단)과 답도(딛는 도로)가 일부 확인됐다.

원 탑지는 이번 조사에서 확인되지 않았지만, 금당지의 중심축에서 볼 때 조사지 외역에 있을 것으로 판단하고 있다. 따라서 기존의 3층 석탑은 원 탑지에서 약 5~6m가량 이동되었음을 알 수 있다고 발굴팀은 밝혔다.

출토 유물로는 금동여래불상 2구가 출토됐는데, 완전한 여래불상은 높이가 39.5cm이며, 광배는 탈락 되고 없지만 전체적으로 상태가 온전한 편이다.

오른손은 가슴까지 올려 시무외인, 왼손은 내려 여원인을 하고 있다. 통견법의는 안에 속옷을 묶은 매듭이 있고, 통견은 전체적으로 'U'자상으로 흘러내리는 아육왕식의 주름이

출토된 호신불

음각 새김선으로 새겨져 있다. 그리고 뒷면에 탕구 등의 구멍이 몸 전체에 뚫려 있고, 호상과 'U'자상의 통견법의의 음각새김 등으로 볼 때 9세기 전반기에 제작된 불상으로 보고 있다.

현재까지 알려진 9세기 초반에 제작된 금동여래입상은 경주 안압지 출토 금동여래입상(24.7cm), 홍천 물걸리사지 출토 금동여래입상(22.6cm), 의령 보리사 출토 금동여래입상(26cm) 등 수 점에 불과하다.

이번에 발굴된 금동여래입상은 9세기 전반 경에 제작된 통일신라시대 금동불상 가운데 가장 큰 입상으로 가치가 높다는 평을 받고 있다.

크기와 보존 상태, 미학적인 측면을 고려할 때 지금까지 알려진 여래입상 가운데 가장 우수한 예술작품으로 지정문화재로 가치가 매우 높다고 발굴팀은 밝혔다.

발굴팀은 "추가적인 조사를 통해 원 탑지를 찾고 강당과 금당지의 전체모습을 확인할 필요가 있다"면서 "경주 외역에 건립된 8~9세기 산지가람의 전모를 밝힐 수 있는 주요한 유적이므로 현 조사범위 외역에 대한 정밀발굴조사가 필요하다"고 밝혔다.

〈경북일보 최길동 기자, 2017. 7. 23〉

유금사통일신라시대가람배치구조

나옹왕사 사리 및 사리함
미국 보스턴미술관 좌정

미국 보스턴 박물관에 전시된
나옹왕사 사리 및 사리함

통도사 삼성각에 모셔진 나옹왕사 진영

阿彌陀佛在何方
著得心頭切莫忘
念到念窮無念處
六門常放紫金光

普濟尊者句 丁酉施月 俗下 絲麓

澄澄性海廣無邊
佛佛無能敢向前
個個圓成常自用
頭頭應現本天然

맑고 맑은 성품 바다
넓고 넓어 가이 없네
어떤 부처도 감히
그 앞에 나아가지 못하나니
낱낱이 원만히 이루어져
언제나 스스로 쓰고
물물마다 응해 나타나는 것
본래 천연한 그것이네

高麗王師 普濟尊者
懶翁스님을 澄禪者가 頌을
삼가 절어 西南寺 顯澤禪德의
盈德佛敎盈德寺刹體露金風
刊行佛事外圓滿成就되어
四部大衆이 自在佛恩하고 慈光
来照하기를 祝願합니다
丁酉施月 驪州 北城山房
俗下 絲麓 頓首 供之

夫坐禪者 須達乎玉善當自惺惺 截斷思想 不羨昏沉謂之坐 在敬壹敬居塵
離塵謂之禪外石放入處不放出謂之坐 是善堂依常光現前謂之禪外撼不動
中窄石搖謂之禪之坐 迴光返照 徹法根源謂之禪不苟逆順悟 不爲聲色糖謂之坐燭
幽則明念日月化物則力勝乾坤謂之禪扵有差別境入無差別定謂之坐扵差
別法點有差別省謂之識然作用正體如如出 縱橫得妙妙事事去礙謂之
坐禪蛤言如是詳舉非紙星能窮那伽大定去靜堂勤真如體不滅不生觀之不見
聽之不聞空而承室有而施有大包去細入無肉神通智慧光明寿量大機大用去盡
堂窮有志之士宜善叅究急着精彩心大悟為入門地一聲渓許多靈妙皆
自具足豈同那魔外道心傳受為師資以有呼得扵究竟者哉

高麗王師普濟尊者江月軒懶翁禪師休休庵主坐禪文休休庵者元蒙山和尚所居俗行處後世
懶翁禪師入江南近方時侶一篇毛退菜住康禪懶翁儒時卷末附之 丁酉五月 驪研屬尾山房 絲麓錄

※여강서도연구회 사농 전기중 선생께서 쓴 나옹왕사 행장과 어록에 드러난 내용으로 책 발간을 축하해 보내준 작품이다.

불미골(佛巖谷)

불미골(불암곡) 나옹왕사 생가터
주소 경북 영덕군 창수면 가산리 260번지

문인(門人) 각굉(覺宏)이 지은 「고려국왕사대조계종사선교도총섭근수본지중흥조풍복국우세보제존자익선각나옹화상행장」[1] 에 의하면

　스님의 휘는 혜근이고 호는 나옹이며, 본 이름은 원혜이다. 거처하는 방은 강월헌이라 하고 속성은 아씨인데 영해부 사람이다.

　아버지의 휘는 서구인데 선관서령이란 벼슬을 지냈고, 어머니는 정씨이다.

　정씨가 꿈에 금빛 새매가 날아와 그 머리를 쪼다가 떨어뜨린 알이 품안에 드는 것을 보고 아기를 가져 경신년 1320년 1월 15일에 스님을 낳았다.[2]

　지금의 영덕군 창수면 가산리 불미골(불암곡)이다. 아버지의 이름은 서구인데 선관서령이란 궁중의 음식을 관리하는 직책의 벼슬을 지냈고, 어머니는 정씨이다.

---

1) 『韓國佛敎全書』卷6, 「東國大學校出版部」1984年, p.703上. 高麗國王師大曹溪宗師禪敎都摠攝勤修 本智重興祖風福國祐世 普濟尊者諡禪覺懶翁和尙行狀.

2) 『韓國佛敎全書』卷6, 「東國大學校出版部」1984年, p.703上. 師諱慧勤 號懶翁 舊名元慧 所居室 日江月軒 俗姓牙氏 寧海府人也考 諱瑞具官至膳官暑令母鄭氏鄭夢 見金色隼 飛來啄其頭 墜卵入懷中 因而有娠 以延祐庚申正月十五日生.

태몽에[3] 어머니 정씨가 금빛 새매가 날아와 그 머리를 쪼다가 떨어뜨린 알이 품안에 드는 것을 보고 1320년 정월 보름에 나옹을 낳았다고 한다.

나옹왕사의 생가터를 살펴보기 위하여 먼저 창수면 면장님을 만났다. 차담을 한 뒤, 가산리에 거주하는 나옹왕사 성역화작업 추진위원 백순식(76세)님과 신기리에 거주하는 이준교(74)님과 가산리 이장 권선종(58)님을 모시고 나옹왕사께서 어릴 때 보냈던 생가터인 불미골을 방문하였다.

가산 저수지를 지나 0.5㎞ 산길을 가야 했다. 평소 주민들이 잘 왕래하지 않는 데다 전날 비가 와서 진흙탕 길을 가야 했다. 다행히 사륜구동차라 무사히 불미골에 도착할 수 있었다.

왕사께서 유년 시절을 보낸 곳에는 집 한 채(창수면 가산리 260번지)가 있었는데 같이 동행하였던 일행에 의하면, 200여 년 전에 인량리 종가 종택 별채를 옮겨 온 것이라 하였다.

별채에는 일련번호가 적혀 있었다. 살펴보니, '13-9-194, 건조물명: 정자[4], 불매정(不寐亭)[5]'으로 창수면지에 자세히 나타나 있었다.

불매정 주위에 이름 모를 비석이 옆으로 누워 있었는데 풀이 우거져 제대로 살펴볼 수가 없었다. 현재는

---

3) 『창수면지』 「영덕문화원」 2009년 5월, 창수면지에 의하면 "아씨부인 정씨가 동짓달 어느 날 빨래를 하러 냇가에 나와 빨래를 하던 중 우연히 참외 한 개가 물에 떠내려 오는 것을 보고 이상히 여겨 주워 먹었다. 그날부터 태기가 있어 나옹을 낳았다고 한다"라고 기록하고 있다. p.462.

4) 『창수면지』 제3장 오래 간직해 온 고장 유산, 제2절 누정(樓亭) 및 재사(齋舍)

5) 불매정(不寐亭)은 백표(白彪)공이 부친을 기리기 위해 건립한 분암(墳)庵이다. 규모는 정면 4칸, 측면 1칸, 홑처마 맞배기와집이다. 평면 구성은 어칸의 2칸 대청을 중심으로 좌우에 방을 둔 중당협실형이며, 전면에 쪽마루를 설치하였다. 얕은 기간 위에 자연석 주초를 놓고 네모기둥을 세웠으며, 가구는 대량(大樑) 위에 제형판대공(梯形板臺公)을 세워 마룻대와 장혀를 받친 간결한 3량가(三樑架) 구조이다.
   백표(白彪:1605~1684). 본관은 대흥, 자는 자피(子皮), 호는 성암(省庵), 부(父)는 선무랑 장수현감 득인(得仁), 인조 24년(1646)의 식년시에 3등 생원. 영덕문화원, 2009년, p.240~241.

정자 주위 산 100여 필지에는 백씨 시조 백문보 영해 입향조의 땅으로 되어 있다고 한다.

불미골이 성역화 되지 못한 것이 개인 땅이 아닌 문중산으로 되어 있어 여러 가지 복잡한 문제가 있을 것 같다는 생각을 하면서 불매정에서 나옹왕사의 게송 한 편을 송(誦)하고 일행들과 함께 까치소로 향하였다.

서운(瑞雲)

한 줄기 상서로운 빛, 이것을 보는가
허공을 모두 싸고 뻗쳤다 걷혔다 하나니
여기서 몸을 뒤집어 몸소 그것을 밟으며
비바람을 몰고서 곧장 집으로 돌아가리[6]

---

6) 『韓國佛教全書』卷6, 「東國大學校出版部」 1984年, p.703上.
　　瑞雲 祥光一道見也麼 包盡虛空卷舒多 於此飜身親踏着 逐風拖雨便還家

까치소(鵲淵)

까치소(작연鵲淵) 나옹왕사 탄생 설화지

주소 경북 영덕군 창수면 신기리 하천일대

까치소에 대한 「창수면지」에 나타난 내용을 살펴보자.

까치소(鵲淵)와 나옹화상(懶翁和尙)

가산리에서 인량리로 가는 옛 길인 산비탈 중간 지점에 소(沼)가 있다. 당시 나옹화상의 어머니인 정씨(鄭氏) 부인은 남편인 아씨(牙氏)가 세리(稅吏)의 횡포에 견디다 못해 도망을 쳐 버리고 만삭이 된 몸으로 남편 대신 동헌[東軒, 당시 예주부(禮州府)]으로 잡혀가던 중 이 소 위 길에서 애기를 낳았으며, 세리들은 갓난 애기를 그냥 둔 채 동헌으로 데리고 갔다.

부사(府使)의 후덕(厚德)으로 풀려 나온 부인이 급히 이곳에 당도했을 때 수십 마리의 까치들이 날개를 펴서 갓난 애기를 보호하고 있었다.

그날이 음력 정월 보름이었다고 하며, 이 애기가 자라서 고려 불교를 조선에 전한 나옹

화상이라 한다. 이 뒤부터 소 이름을 작연 또는
까치소라 부르게 되었다고 한다.[1]

　이상과 같은 내용을 「창수면지」에서 밝히고 있
다.

불미골을 동행하였던 나옹왕사 성역화작
업 추진위원 백순식(76세)님과 신기리에 거
주하는 이준교(74)님과 가산리 이장 권선종(58)님께서
나옹왕사께서 태어난 까치소의 위치를 대략적으로 말
씀하여 주시고, 까치소에 관한 내용도 상세히 설명하
여 주셨다.

　700여 년의 일들이 구전으로 전해오는 설화라 정확
한 위치를 알 수는 없다. 동행하였던 분들을 모셔다
드린 뒤, 다시 그 근처 하천을 둘러보고 나옹왕사께서
남기신 게송 한 편을 독송하고 반송정으로 향했다.

곡월(谷月)

만 골짝 깊고 그윽한 시냇물 속에
밤중의 온 두꺼비가 스스로 뚜렷하다
덩굴풀 우거진 원숭이 우는 곳에
한 줄기 맑은 빛이 영원히 차구나[2]

---

1) 「창수면지」「영덕문화원」 2009년 5월, p.461~462.

2) 「韓國佛敎全書」 卷6, 「東國大學校出版部」 1984年, p.735中.
　谷月 萬聖幽深溪水間 銀蟾夜半自團團 藤蘿縈絆猿啼處 一片淸光歷劫寒

반송정(盤松亭) 나옹왕사가 출가하면서 지팡이(반송)를 꽂은 반송
주소 경북 영덕군 창수면 신기리 반송유적지

나옹왕사는 자라나면서 근기가 매우 뛰어나고 출가하기를 청하였으나 부모가 허락하지 않았다고 한다. 이후 20세에 이웃 동무가 죽는 것을 보고 여러 어른들에게 죽으면 어디로 가느냐고 물었으나 모두들 모른다고 하여 공덕산 묘적암으로 출가하기에 이르게 된다.[1] 이러한 계기가 되어 출가하면서 심어 놓은 반송에 관한 「창수면지」의 내용을 살펴보면 아래와 같다.

반송(盤松)과 나옹화상(懶翁和尙)

신기리(新基里)에는 오래된 반송이 한 그루 있었는데, 이 나무는 나옹대사가 출가할 때 지팡이를 바위 위에 거꾸로 꽂아 놓고 "이 지팡이가 살아 있으면 내가 살아 있는 줄 알고 죽으면 내가 죽은 줄 알아라."라는 유언을 남겼다 한다.

지난 700여 년 동안 전설의 거목(巨木)으로 전해지고 있는 반송은 1965년 경에 고사(枯

---

1) 『韓國佛敎全書』卷6,「東國大學校出版部」1984年, p.703上. 骨相異常 兒旣長 機神英邁 卽求 出家 父母不許 年至二十 見隣友亡 問諸父老曰 死何之 皆曰所不知也 中心痛悼 遂投功德山妙寂菴了然 禪師所祝髮

死)했으며, 1970년 경에 이곳 주민들이 그 자리에 사당을 짓고 선사(禪師)의 초상화를 모셔 두었다.

신기리를 반송정이라 부르기도 한다.[2]

이후 2008년 10월 21일 영덕군에서 주최하고 영덕문화원과 나옹왕사기념사업회에서 주관하여, 입적하신 조계종 총무원장이신 지관큰스님께서 사적비 비문을 근찬(謹撰)하고 나옹왕사 사적비 제막과 더불어 반송기념식수를 하였다. 사적비의 내용은 아래와 같다.

愛民護國中興佛教懶翁堂慧勤禪覺王師碑銘
애 민 호 국 중 흥 불 교 나 옹 당 혜 근 선 각 왕 사 비 명

애민호국(愛民護國)으로 중생구제(衆生救濟)에 앞장섰던 나옹왕사(懶翁王師)의 전적(傳跡)에 대(對)해서는 문인각굉(門人覺宏)이 기록(記錄)한 행장(行狀)과 이색(李穡)이 찬(撰)한 양주(楊洲) 회암사(檜巖寺) 선각왕사비(禪覺王師碑)와 여주(驪州) 신륵사(神勒寺) 보제사리석종기(普濟舍利石鐘記) 보제존자탑지석(普濟尊者塔誌石) 금강산정양사삼한나옹명부도(金剛山 正陽寺 三韓 懶翁銘 浮屠) 나옹화상어록(懶翁和尚語錄) 등(等)에 자세(仔細)히 전(傳)하고 있으므로 이 비(碑)에서는 중복(重複)을 피(避)하여 왕사(王師)의 애민호국(愛民護國)과 불교중흥(佛教中興) 및 해외(海外)에서 국위(國威)를 선양(宣揚)하신 행적(行蹟)의 요해(要核)만을 기록(記錄)하고자 한다. 나무에는 뿌리가 있고 물에는 연원(淵源)이 있으며 사건(事件)에는 원인(原因)이 있듯이 인간(人間)에게도 조종(祖宗)이 있다. 위민선도(爲民先導)를 실천(實踐)하신 공동사회선지식(共同社會善知識)의 행장(行狀)을 밝혀 우리들이 살아가는 거울로 삼고자 이 비(碑)를 세운다. 왕사(王師)의 휘(諱)는 혜근(慧勤) 호(號)는 나옹(懶翁) 구명(舊名)은 원혜(元慧) 실호(實號)는 강월헌(江月軒) 속성(俗性)은 아씨(牙氏) 아버지의 휘(諱는) 서구(瑞具) 어머니는 정씨(鄭氏)부인(夫人)이니 영산군(靈山

郡) 출신(出身)이시다. 1371년(一三七一年) 8월(八月) 26일(二十六日) 공민왕(恭愍王)이 왕사(王師)로 책봉(冊封)하고 대조계종사선교도총섭근수(大曹溪宗師禪教都摠攝勤修) 본지중흥조풍복국우세(本智重興祖風福國祐世) 보제존자(普濟尊者)라는 찬호(讚號)를 올렸고 입적(入寂)한 후 우왕(禑王)이 시호(諡號)를 선각(禪覺)이라 추증(追贈)하였다. 어느 날 어머님 꿈에 금색(金色) 새매가 날아와 오색(五色)이 영롱(玲瓏)한 알을 떨어뜨려 품속으로 들어오는 태몽(胎夢)을 꾼 다음 임신(姙娠)하여 1320년(一三二0年) 1월15일(一月十五日) 경상북도(慶尙北道) 영덕군(盈德郡) 창수면(蒼水面) 가산리(佳山里) 불암곡(佛巖谷) 인근(隣近)에 작소(鵲沼) 또는 작연(鵲淵:까치소)에서 탄생(誕生)하였다. 20세(二十歲) 되던 해 서당(書堂)에서 공부(工夫)하던 동학친구(同學親舊)의 죽음을 계기(契機)로 부모(父母)의 반대(反對)를 무릅쓰고 문경(聞慶) 대승사(大乘寺) 묘적암(妙寂庵)에서 당대(當代) 명필(名筆)인 요연선사(了然禪師)를 은사(恩師)로 출가(出家)한 스님은 양가(兩家)의 홍은(鴻恩)을 보답(報答)코자 철저(徹底)히 수행(修行)하며 대원(大願)을 세워 삼보전(三寶前)에 발원문(發願文)을 지었고 지공(指空)으로부터 받은 문수최상승무생계법(文殊 最上乘 無生戒法)에 따른 육대서원(六大誓願)을 세웠으니 첫째는 모든 중생(衆生)과 함께 성불(成佛)하지 않으면 나 또한 정각(正覺)에 오르지 않을 것이며 둘째는 일체중생(一切衆生)이 겪을 모든 고통(苦痛)을 내가 대신 받을 것이며 셋째는 모든 중생(衆生)의 혼매(昏昧)함을 지혜(智慧)로 바꾸어 줄 것이며 넷째는 일체중생이 겪을 재난(災難)을 안온(安穩)으로 바꾸어 줄 것이며 다섯째는 모든 중생(衆生)의 탐진치(貪瞋痴) 삼독(三毒)을 계정혜(戒定慧) 삼학(三學)으로 바꾸어 줄 것이며 여섯째는 모든 중생(衆生)이 나와 함께 무상정각(無上正覺)에 이르도록 하여 주소서라고 발원(發願)하였다. 1344년(一三四四)年부터 4년간(四年間)의 정진(精進) 끝에 크게 깨달음을 증득(證得)하였고 1348년(一三四八年) 구법차(求法次) 중국(中國)으로 가서 북경시(北京市) 선무구(宣武區) 법원사(法源寺)에서 지공화상(指空和尙)을 친견(親見)하였다. 지공(指空)이 묻되 어디서 왔는가 고려(高麗)에서 왔습니다. 배를 타고 왔는가. 아니면 신통(神通)으로 왔는가. 신통(神通)으로 왔습니다. 그렇다면 그 신통(神通)을 나에게 보여 줄수 있겠는가. 왕사(王師)께서 지공(指空)의 앞으로 나아가 합장(合掌)하고 섰다. 지공(指空)이 또 묻기를 네가 고려(高麗)로부터 왔다하니 동해(東海)의 어느 쪽에서 보아야 한눈으로 고려(高麗)를 볼 수 있겠는가. 스님께서 아직 보시지도 않았거늘 어찌 경지(境地)를 알 수 있겠습니까. 누가 너로 하여금 이곳으로 오게 하였는가. 제 스스로 왔습니다. 무엇하러 왔는가. 고려불교(高麗佛教)와 민생(民生)을 위해서 왔습니다. 하니 지공왈(指空曰) 여금여시(汝今如是)하니 오역여시(吾亦如是)라 인가(認可)하고 곧 대중(大衆)

에 참여(參與)시켰다. 1350년(一三五0年) 8월(八月) 항주(抗州) 정자사(淨慈寺)로 가서 평산처림선사(平山處林禪師)로부터 다시 인가(認可)받고 수법제자(受法弟子)가 된 후 보타락가산(補陀落迦山)을 거쳐 아육왕사(阿育王寺)에서 오광장로(悟光長老)를 명주(明州)에서 무상(無相)과 고목화상(枯木和尙)을 1352년(一三五二年)에는 무주(婺州) 복룡산(伏龍山)에서 천암화상(千巖和尙)을 송강(松江)에서 요당(了堂)과 박암화상(泊巖和尙)등 제방(諸方)의 선지식(善知識)을 두루 친견(親見)한 후(後) 1352년(一三五二年) 10월(十月) 15일(十五日) 다시 법원사(法源寺)로 돌아왔다. 1356년(一三五六年) 10월15일(十月十五日) 원(元)나라 순제(順帝)의 명(命)으로 원도(元都)의 광제사(廣濟寺)에서 개당설법(開堂說法)을 가졌다. 1358년(一三五八年) 봄에 귀국(歸國)한 후(後) 오대산(五台山)과 한성(漢城)에서 1361년(一三六一年)에 신광사(神光寺) 구월산(九月山) 용문산(龍門山) 원적산(元寂山) 1366년(一三六六年)에는 금강산(金剛山) 1367년(一三六七年)에는 청평사(淸平寺)에서 1369년(一三六九年)에는 다시 오대산(五台山)에 주석(主錫)하였다. 1370년(一三七0年) 봄 회암사(檜巖寺)에서 수법사(受法師)인 지공화상(指空和尙)의 사리(舍利)를 전(傳)해 받았다. 그 해 4월15일(四月十五日) 광명사(廣明寺) 하안거(夏安居)에 참여(參與)하였으며 같은 해 9월(九月) 국가(國家)에서 시행(施行)하는 공부선(工夫選)을 주관(主管)하였고 1371년(一三七一年) 8월(八月) 28일(二八日) 회암사(檜巖寺)를 떠나 9월27일(九月 二七日) 순천(順天) 송광사(松廣寺)에 도착(到着)하여 주석(主錫)하던 중 1372년(一三七二年) 가을 홀연(忽然)히 너의 나라 삼산양수지간(三山兩水之間)에 절을 지으면 불법(佛法)이 대흥(大興)하리라는 지공(指空)의 지시(指示)를 회상(回想)하고는 회암사(檜巖寺)의 주지(住持)가 되어 지공(指空)의 사리탑비(舍利塔碑)를 세우고 중창불사(重創佛事)를 하였다. 1375년(一三七五년) 9월(九月) 우왕(禑王)의 즉위(卽位)와 함께 왕사직(王師職)을 사퇴(辭退)하였으나 왕(王)은 즉시(卽時) 직인(職印)과 함께 반려(反戾)하였다. 1376년(一三七六年) 4월15일(四月 十五日) 회암사(檜巖寺) 중창불사(重創佛事)의 낙성법회(落成法會)를 마치고는 다시 사퇴서(辭退書)를 상달(上達)하였다. 그 이후(以後)로 더욱 왕사(王師)의 도덕(道德)을 흠모(欽慕)하여 서울을 비롯한 제방(諸方)의 신남신녀(信男信女)가 회암사(檜巖寺)로 구름처럼 모여 들었다. 불교(佛敎)가 흥성(興盛)하는 대회상(大會上)을 시기(猜忌)한 유생(儒生)의 무리중 사헌부(司憲府) 대간(臺諫)이 서울과 가까운 거리에 위치(位置)한 회암사(檜巖寺)에 불자(佛子)들의 왕래(往來)가 계속(繼續)되어 분별(分別)없는 맹신(盲信)으로 가업(家業)을 폐(廢)할 지경(地境)에 이를까 두렵다하여 이 기회(期會)에 나옹회상(懶翁會上)에 신도(信徒)들의 접촉(接觸)을 금(禁)할 것을 주청(奏請)하였다. 마침내 교지(敎旨)를 내려 멀리 떨어진 밀양(密陽) 영원사(瑩原

寺)로 이석(移錫)케하여 호송관(護送官) 탁첨(卓擔)으로 하여금 배로 호송(護送)하던 중 피로(疲勞)를 빙자(憑藉)하여 며칠 쉬어가기를 청(請)하여 신륵사(神勒寺)에 잠시(暫時) 머물게 되었다. 1376년(一三七六年) 5월15일(五月 十五日) 진시(辰時) 가사장삼(袈裟長衫)을 갈아 입고 불전(佛前)에 향(香)을 피운 후 여주(驪州) 군수(郡守)와 대중(大衆)을 불러 앉히고 왕사직인(王師職印)을 군수(郡守)에게 전(傳)한 다음 혜명호지(慧命護持)와 애민호국(愛民護國) 그리고 출가초지(出家初志)를 잊지 말고 부지런히 정진(精進)하라고 부촉(咐囑)한 다음 조용히 입적(入寂)하시니 세수(世壽)는 57세(五七歲)요 법랍(法臘)은 38하(三八夏)였다. 입적(入寂)하실 때 오색서광(五色瑞光)이 산정(山頂)을 덮었고 왕(王)이 하사(下賜)하여 스님이 타고 다녔던 백마(白馬)는 3일전(三日前)부터 먹지 않고 슬퍼울었다고 전(傳)한다. 다비(茶毗)한 후 화장장(火葬場) 재중(灰中)에서 치아(齒牙)와 정골(頂骨) 및 사리(舍利) 155과(一五五顆)와 기도(祈禱) 끝에 다비장(茶毗場) 백보경내(百步境內)의 나뭇가지와 암상(巖上)에서 분신사리(分身舍利) 558과(五五八顆)를 수습(收拾)하여 사리탑(舍利塔)은 회암사(檜巖寺)에 치아(齒牙) 및 정골(頂骨)은 신륵사(神勒寺)에 각각(各各) 봉안(奉安)하였다. 왕사(王師)의 입적(入寂) 후(後) 632년(六三二年)을 맞이하여 장육사(莊陸寺)를 비롯한 왕사(王師)의 유적지(遺蹟地)와 사상(思想)을 새롭게 조명(照明)하기 위한 기념사업회(記念事業會)가 발족(發足)되고 즈음에 왕사(王師)께서 애민호국(愛民護國)하신 큰 덕(德)을 기리고자 김병목(金炳睦) 영덕군수(盈德郡守)의 발의(發意)와 김관용(金寬容) 경북지사(慶北知事)의 후원(後援)으로 사부대중(四部大衆)의 뜻을 모아 왕사(王師)께서 출가시(出家時) 지팡이를 꽂아 두었다고 전(傳)해 오는 반송정(盤松亭)에 이 비(碑)를 세우게 되었다. 왕사(王師) 행적(行蹟)의 요해(要核)만을 이상(以上)과 같이 약술(略述)하고 다음과 같이 명(銘)하는 바이다. 명왈(銘曰)

애민흥불(愛民興佛) 원력(願力)으로 다겁수행(多怯修行) 공덕(功德) 닦아,

대해(大海)같은 서원(誓願)으로 영해(寧海) 땅에 탄생(誕生)할 때

금색(金色) 새매 알을 주는 태몽(胎夢)으로 탁태(托胎)할세,

아서구(牙瑞具)를 아버지로 정부인(鄭夫人)을 모친(母親) 삼다

사서삼경(四書三經) 통달(通達)하여 경세지략(經世智略) 탁월(卓越)한들,

슬프도다 나의 친구 요사(夭死)함을 어이할꼬

생야일편(生也一片) 부운기(浮雲起)요 사야일편(死也一片) 부운멸(浮雲滅)일세,

출가시(出家時)에 부모만류(父母挽留) 뿌리치고 떠나갔다

사불산(四佛山)의 묘적암(妙寂庵)서 요연선사(了然禪師) 은사(恩師)삼고,
삭발염의(削髮染衣) 득도(得度)한 후 여구두연(如救頭燃) 정진(精進)하다
구법중국(求法中國) 법원사(法源寺)서 지공화상(指空和尙) 친견(親見)하고,
축착합착(築着榼着) 줄탁동시(啐啄同時) 확철대오(廓撤大悟)하신 후에
지공화상(指空和尙) 인가(認可)하되 여금여시(汝今如是) 오역여시(吾亦如是),
나옹답왈(懶翁答曰) 미즉중생(迷則衆生) 오즉진찰(悟則塵刹) 본자법신(本自法身)
평산처림(平山處林) 갱인(更印)하되 수법인연(受法因緣) 맺으시고,
문수보살(文殊菩薩) 무생계(無生戒)를 왕사(王師)께서 계승(繼承)하다
상구보리(上求菩提) 선교겸수(禪敎兼修) 육대원(六大願)을 돈발(頓發)하니,
일체중생(一切衆生) 공성불도(共成佛道) 일체중생(一切衆生) 고보대수(苦報代受)
일체중생(一切衆生) 지혜명달(智慧明達) 일체중생(一切衆生) 왕생극락(往生極樂),
일체중생(一切衆生) 삼학구족(三學具足) 일체중생(一切衆生) 동성정각(同成正覺)
광제사(廣濟寺)서 개당(開堂)하곤 구법(求法)길을 회향(廻向)하고,
전법(傳法)위해 귀국(歸國)하여 공민왕(恭愍王)의 왕사(王師)되어
공부선(工夫選)을 주관(主管)하고 애민호불(愛民護佛) 잊지않다,
세수오칠(世壽五七) 법랍삼팔(法臘三八) 왕사직(王師職)을 사임(辭任)하고
대중(大衆)에게 부촉(咐囑)한 후 가부(跏趺)하고 입적(入寂)하니,
왕사백마(王賜白馬) 절사비곡(絶飼悲哭) 오색서운(五色瑞雲) 산정(山頂)덮다
회암사(檜巖寺)에 사리탑(舍利塔)을 신륵사(神勒寺)엔 정골봉안(頂骨奉安),
왕사적후(王師寂後) 632년(六三二年) 평화(平和)적인 남북통일(南北統一)
하루속히 이루도록 해마중의 영덕(盈德) 땅에,
사부대중(四部大衆) 뜻을 모아 이 정석(貞石)을 세우노니
동해(東海)바다 고갈(枯渴)하고 허공계(虛空界)가 다하도록,
비로자나(毘盧遮那) 진법신(眞法身)이 온 국민(國民)을 지켜지다[3]

佛紀二五五二年(2008)十月 二一日   불기 2552년(2008) 10월 21일
大韓佛敎曹溪宗總務院 院長 伽山 智冠 謹撰   대한불교조계종총무원 원장 가산 지관 근찬
艸堂 李武鎬 謹書   초당 이무호 근서

---

3) 『창수면지』 「영덕문화원」 2009년 5월, p.336~339.

반송정에 가서 사적비의 내용을 메모하여 기록하였는데 「창수면지」에 위와 같은 내용이 실려 있었다. 2008년 10월 21일 반송유적지 일대에서 나옹왕사 사적비 제막 및 경축음악회를 봉행하였는데 당시 소승도 참석하여 참관하였다.

또한 2016년 10월 8일 토요일 오전 10시 반송정 일원에서 '제1회 나옹문화제 및 제9회 창수면민 체육대회'를 개최했다. 창수면이 주최하고 나옹문화제 추진위원회와 창수면체육회에서 주관하고 경상북도와 영덕군, 창수면 향우회, 나옹왕사기념사업회에서 후원하여 오늘에 이르고 있다.

나옹문화제가 나옹왕사기념사업회나 영덕군에서 주최하지 않고 창수면에서 주최하여 규모면이나 내용면에서 아쉬운 점이 많았던 행사가 아닌가 생각된다. 내년에는 좀 더 나은 문화제를 기대하면서 아쉬움을 뒤로 하고 나옹왕사께서 쓰신 게송 한 편을 송(誦)해 본다.

혜선자(慧禪者)가 게송을 청하다
애정을 끊고 부모를 하직하고 각별히 집을 나왔으니
공부에 달라붙어 바로 의심 없애라
목숨이 딱 끊겨 하늘이 무너지면
오뉴월 뜨거운 하늘에 흰 눈이 날리리라[4]

---

4) 『韓國佛敎全書』卷6, 「東國大學校出版部」1984年, p.740中.
　慧禪者求頌　割愛辭親特出來　工夫逼拶直無疑　命根頓斷虛空落　六月炎天白雪飛

연도	나이	행적
1320년(충숙왕7) 1.15	1세	부(父) 아서구(牙瑞具)와 모(母) 정씨(鄭氏) 사이에서 태어남.
1339년(충숙왕 복위 8)	20세	이웃 친구가 죽는 것을 보고 요연(了然)선사에게 출가함.
1344년(충혜왕 4)	25세	전국을 유력(遊歷)하다 회암사(檜巖寺)에서 머무름.
1348년(충목왕 3)	28세	4년간 수행 후 개오(開悟)하여 11월 원나라로 출발함.
1348년(충목왕 4)	29세	3월 13일 연경 법원사에 도착하여 지공을 만나 화두를 주고받음. 지공은 나옹의 근기를 알아보고 10년 동안 판수(板首)로 있게 함.
1350년(충정왕 2)	31세	1월 1일 지공이 법회에서 나옹을 칭찬함. 3월 나옹이 지공을 떠나 통주(通州)에서 배를 타고 4월 8일에 평강촌(平江府) 휴휴암(休休庵)에서 여름 안거함. 7월 19일 작별시 그 암자의 장로가 만류하자 스님은 그에게 게송을 지어줌. 8월 정자선사(淨慈禪寺) 몽당(蒙堂) 노스님을 알현한 후 평산처림(平山處林)과 만나서 의발을 받음.
1351년(충정왕 3)	32세	2월 2일 나옹이 평산처림을 하직함. 그 후 명주(明州)의 보타낙가산으로 가서 관음상을 참배함. 육왕사(育王寺)로 돌아와서 석가상(釋迦像)을 참배하고 설창오광(雪窓悟光) 장로와 만나서 그를 칭찬함. 설창오광을 만난 후 명주에 가서 무상범(無相範), 고목영(枯木榮)과 조우함.
1352년(공민왕 1)	33세	4월 2일 무주(霧州) 복룡산(伏龍山) 천암원장(千巖元長)과 만나고 천암과 작별한 후 송강(松江)의 요당유일(了堂惟一)과 박암(泊菴)스님 등과 만남. 그 후 연경 법원사로 돌아와 지공을 알현하고 법의 한 벌과 불자 하나와 신서(信書)를 받고 한 달을 머물다가 지공과 하직함. 그 여러 해 동안 연대(燕代)의 산천을 두루 돌아다님.
1354년(공민왕 3)	35세	무학과 지천, 법원사에서 나옹을 만남. (「묘엄존자탑명」, 「정지국사비명」)
1355년(공민왕 4)	36세	순제가 나옹을 연경의 광제선사(廣濟禪寺)의 주지로 보임하게 함. 10월 15일 광제사에서 개당법회를 함. 여름에 무학과 서산이 영암사에서 나옹을 만나고 여기서 두어 해 머물고 귀국 시 나옹과 작별함. 이때 나옹은 수서(手書)와 게송(偈頌)을 무학에게 줌. (「묘엄존자탑명」)
1357년(공민왕 6)	38세	광제사를 떠나 연계(燕薊)의 명산을 두루 다니다가 다시 법원사에서 지공과 만남.
1358년(공민왕 7)	39세	3월 23일 지공으로부터 삼산양수기(三山兩水記)를 받고 요양(遼陽)을 거쳐 평양, 동해 등 여러 곳을 유력함.
1359년(공민왕 8)	40세	여름에 무학이 천성산 원효암에 머물고 있던 나옹을 찾아감. 여기서 나옹이 무학에게 불자를 줌. (「묘엄존자탑명」)
1360년(공민왕 9)	41세	가을 오대산 상두암(象頭庵)에 거주하면서 용문산의 절승(浙僧) 고담(古潭)과 서신을 교류.

1361년(공민왕 10)	42세	왕의 요청으로 입궁(入宮)함. 10월 15일 내정에서 심법(心法)을 설함. 10월 20일 왕태후의 요청으로 신광사(神光寺)에 주석함.
1363년(공민왕 12)	44세	7월 신광사(神光寺) 주지 사퇴를 요청하고 구월산(九月山) 금강암(金剛庵)에 이주함. 7월 백문보가 나옹화상어록 서문을 지음. 10월 왕명을 받고 신광사에 돌아와 2년간 주석함.
1365년(공민왕 14)	46세	3월 개성 궁궐에 들어가 신광사 주지를 사퇴함. 그 후, 용문산(龍門山), 원적산(圓寂山) 등 제산(諸山)을 유력함.
1366년(공민왕 15)	47세	금강산 정양암(正陽菴)에 주석함.
1367년(공민왕 16)	48세	가을에 왕명으로 청평사(淸平寺)에 주석함. 겨울에 보암장로(普菴長老)가 지공이 유촉한 가사와 친서를 전함.
1369년(공민왕 18)	50세	병으로 청평사(淸平寺) 주지를 사퇴하고 오대산 영감암(靈鑑庵)에 거주함.
1370년(공민왕 19)	51세	1월 1일 사도(司徒) 달예(達叡)가 지공(指空)의 영골(靈骨)과 사리를 받들고 고려에 옴. 3월 지공(指空)의 영골에 참배하고, 오대산을 나와 광명사(光明寺)에서 안거함. 8월 3일 궁궐에 들어가 재를 마치고 설법을 함. 8월 17일 왕명으로 회암사에 주석함. 9월 16일 공부선을 실시함. 9월 18일 회암사에 머물고 있을 때 공부선 과목을 물음.
1371년(공민왕 20)	52세	8월 26일 왕사(王師)로 책봉되어 송광사(松廣寺)를 하산소로 삼음.
1372년(공민왕 21)	53세	가을에 지공의 삼산양수기(三山兩水記)를 생각해서 회암사로 이주함. 9월 26일 지공의 영골 사리를 회암사에 봉안함.
1373년(공민왕 22)	54세	1월 서운산(瑞雲山)과 길상산(吉祥山) 등을 유력하면서 제사(諸寺)를 창건함. 8월 송광사로 다시 돌아감. 9월 왕명으로 회암사로 가서 소재법회(消災法會)를 주관함.
1374년(공민왕 23) 1374년(우왕 1)	55세	봄에 회암사에 가서 절 중창을 시작함. 가을에 송광사에서 무학에게 의발을 전함.(「송광사적비」) 무학이 나옹을 이어 송광사 주지를 함. 공민왕에 이어 우왕 즉위 왕사의 인장을 반납하였으나, 왕사로 재 책봉됨.
1376년(우왕 2)	57세	4월 15일 회암사를 중창함. 나옹이 송광사에서 주석하고 있는 무학을 불러 수좌로 삼음. (「묘엄존자탑명」) 밀양 영원사(塋源寺)로 부임을 명함. 5월 15일 여주 신륵사에서 입적하여 다비함. 8월 15일 회암사에 부도가 세워짐.
1378년(우왕 4)		지공의 비가 회암사에 건립됨.(「퇴경당전서」)
1379년(우왕 5)		「신륵사 보제선사석종비」가 건립됨.(「신륵 보제선사 석종비」) 8월 16일 이색 보제존자어록서를 지음.
1383년(우왕 9)		신륵사 대장각이 건립됨. (「신륵사 대장각기」)
1384년(우왕 10)		안심사에서 지공과 나옹의 사리석종비가 건립됨. (「안심사사리석종비」)
1392(조선 태조 1)		10월 29일 무학은 왕사로 책봉되어 회암사에 주석함. (「묘엄존자탑명」)
1393년(태조 2)		9월에 무학이 지공 나옹의 탑명을 새기고 개성 광명사에서 나옹의 괘진 불사를 함.(「묘엄존자탑명」)

나옹왕사 불적답사 순례사찰 일람(一覽)

경상도

영덕군청(興德寺址)

영덕군청 절터

주소 경북 영덕군 영덕읍 군청길 116

불미골(佛巖谷)

나옹왕사 생가터

주소 경북 영덕군 창수면 가산리 260번지

영덕군에서 24㎞, 32분

까치소(작연鵲淵)

나옹왕사 탄생 설화지

주소 경북 영덕군 창수면 신기리 하천일대

영덕군에서 21㎞, 30분

반송정(盤松亭)

나옹왕사가 출가하면서 지팡이를 꽂은 반송

주소 경북 영덕군 창수면 신기리 반송유적지

영덕군에서 20㎞, 27분

서남사(西南寺)

나옹왕사 불적답사 출발 사찰

주소 경북 영덕군 영덕읍 미듬길 24

장육사(裝陸寺)

나옹왕사 창건사찰

주소 경북 영덕군 창수면 장육사1길172(갈천리 120)

영덕군에서 32.3㎞, 39분

묘적암(妙寂庵)

1339년 나옹왕사 출가 사찰

주소 경북 문경시 산북면 전두리 산 8번지
영덕군에서 144km, 3시간 13분, 도보 10분

윤필암(閏筆庵)

나옹왕사 수도 사찰

주소 경북 문경시 산북면 대승사길 183-42
영덕군에서 283km, 4시간 6분

수정사(水淨寺)

나옹왕사 창건 사찰

주소 경북 청송군 파천면 송강길 268
영덕군에서 46km, 1시간 06분

선석사(禪石寺)

1361년 나옹왕사 이건(移建) 사찰

주소 경북 성주군 월항면 세종대왕자태실로616-33
영덕군에서 162km, 2시간 44분

용흥사(龍興寺)

나옹왕사 중창 사찰

주소 경북 상주시 지천1길 223-35
영덕군에서 212km, 3시간 06분

반룡사(盤龍寺)

나옹왕사 중건 사찰

주소 경북 고령군 쌍림면 반룡사길 87
영덕군에서 173km, 2시간 41분

대곡사(大谷寺)

1368년 나옹왕사 창건 사찰

주소 경북 의성군 다인면 대곡사길 80
영덕군에서 125km, 2시간 56분

갑장사(甲長寺)

1373년 나옹왕사 창건 사찰

주소 경북 상주시 지천동 산5
영덕군에서 211km, 3시간 05분, 도보 40분

원효암(元曉庵)

나옹왕사께서 무학대사에게 불자(拂子)를 전해준 사찰

주소 경남 양산시 상북면 천성산길 727-82
영덕군에서 136km, 2시간 34분

유석사(留石寺)

1368년 나옹왕사 중창 사찰

주소 경북 영주시 풍기읍 창락리 산36
영덕군에서 138km, 2시간 19분

통도사(通度寺)

삼성각에 나옹왕사와 함께 삼화상 봉안 사찰

주소 경남 양산시 하북면 통도사로 108
영덕군에서 120km, 2시간 19분

용궁사(龍宮寺)

나옹왕사 창건 사찰

주소 부산시 기장군 기장읍 용궁길86
영덕군에서 160km, 2시간 34분

다솔사(多率寺)

나옹왕사 중수 사찰

주소 경남 사천시 곤명면 다솔사길 417

영덕군에서 278km, 3시간 53분

응석사(凝石寺)

지공·나옹·무학 수도 사찰

주소 경남 진주시 집현면 응석로 435

영덕군에서 230km, 3시간 50분

남지장사(南地藏寺)

비로자나불(보광전) 마애불상 조성

주소 대구광역시 달성군 가창면 남지장사길95

영덕군에서 150km, 2시간 20분

영원사지(瑩源寺址)

1376년 우왕禑王 왕명에 의하여 부임赴任 이석移錫사찰, 현재 폐사지

주소 경남 밀양시 활성동 112

영덕군에서 171km, 2시간 21분

천은사(泉隱寺)

나옹왕사 원불금동불감(보물 제1546호) 봉안 사찰

주소 전남 구례군 광의면 노고단로 209
영덕군에서 305km, 4시간 13분

상선암(上禪庵)

나옹왕사께서 원불금동불감(보물 제1546호)을 모시고 수도(修道) 사찰

주소 전남 구례군 광의면 방광리
영덕군에서 320km, 4시간 30분, 도보 30분

나옹사지(懶翁寺址)

나옹암(마애불) 제자들이 추모하면서 조성한 도량

주소 전남 장성군 장성읍 유탕리 하청산
영덕군에서 322km, 4시간 09분, 도보 1시간 30분

규봉암(圭峰庵)

나옹왕사 수도 사찰

주소 전남 화순군 이서면 영평리
영덕군에서 337km, 4시간 20분, 도보 1시간 40분

송광사(松廣寺)

1371년 공민왕께서 왕사로 봉한 사찰(封爲王師…謂松廣寺)

주소 전남 순천시 송광면 송광사안길 100
영덕군에서 325km, 4시간 49분

위봉사(威鳳寺)

1359년 나옹왕사 중건, 삼성석탑 조성 및 수도 사찰

주소 전북 완주군 소양면 위봉길 53
영덕군에서 309km, 4시간 18분

태조암(太祖庵)

나옹왕사 창건 사찰

 전북 완주군 소양면 송광수만로 705-102

영덕군에서 312km, 4시간 50분

학림사(鶴林寺)

나옹왕사 중창 사찰

 전북 완주군 봉동읍 추동로 231

영덕군에서 331km, 4시간 31분

대원사(大院寺)

1374년 나옹왕사 중창 사찰

 전북 완주군 구이면 모악산길 243

영덕군에서 321km, 4시간 40분, 도보 30분

나옹암(懶翁庵)

나옹왕사 수도 사찰

 전북 진안군 마령면 동촌리

영덕군에서 285km, 3시간 50분, 도보 30분

금당사(金堂寺)

나옹왕사 수도 사찰

 전북 진안군 마령면 마이산남로 217

영덕군에서 278km, 3시간 53분

봉서사(鳳棲寺)

나옹왕사 중창 사찰

 전북 완주군 용진읍 봉서안길 313

영덕군에서 315km, 4시간 26분

은적사(隱寂寺)

1373년 나옹왕사 중창 사찰

주소 전북 군산시 설림3길 49
영덕군에서 362km, 5시간 11분

보천사(寶泉寺)

1352년 나옹왕사 중창 사찰

주소 전북 군산시 서수면 축동리 151-3
영덕군에서 342km, 4시간 57분

상주사(上柱寺)

1362년 나옹왕사 중창 사찰

주소 전북 군산시 서수면 함안로 57-29
영덕군에서 342km, 4시간 57분

수덕사(修德寺)

나옹왕사 중수 사찰

주소 충남 예산군 덕산면 수덕사안길 79
영덕군에서 361km, 5시간

가야사지(伽倻寺址)

나옹왕사께서 조성한 금탑자리, 대원군 부친 남연군 묘 봉안

주소 충남 예산군 덕산면 상가리
영덕군에서 361km, 5시간

오덕사(五德寺)

나옹왕사 중건 사찰

주소 충남 부여군 충화면 오덕로 86번길 105
영덕군에서 359km, 5시간

각연사(覺淵寺)

나옹왕사 수도 사찰

주소 충북 괴산군 칠성면 각연길 451
영덕군에서 177km, 3시간 36분

창룡사(蒼龍寺)

나옹왕사 중건 사찰

주소 충북 충주시 고든골길 63-89
영덕군에서 212km, 3시간 48분

석천암(石泉庵)

나옹왕사 창건 사찰

주소 충북 괴산군 청천면 삼송리 산 25
영덕군에서 254km, 3시간 52분

가섭사(迦葉寺)

나옹왕사 창건 사찰

주소 충북 음성군 음성읍 가섭길 494
영덕군에서 233km, 4시간 02분

원통암(圓通庵)

1353년 나옹왕사 창건 사찰(나옹왕사 진영봉안)

주소 충북 단양군 대강면 황정산로 463-152
영덕군에서 153km, 3시간 30분, 도보 40분

청련암(靑蓮庵)

1373년 나옹왕사 창건 사찰

주소 충북 단양군 대강면 사인암2길 42
영덕군에서 149km, 2시간 50분

백련사(白蓮寺)

1358년 나옹왕사 중수 사찰

주소 충북 제천시 봉양읍 명암로5길 414
영덕군에서 191km, 3시간 34분

보살사(菩薩寺)

나옹왕사 수도 사찰

주소 충북 청주시 상당구 낙가산로 168
영덕군에서 231km, 3시간 56분

신륵사(神勒寺)

1376년 나옹왕사 입적 및 사리봉안 부도탑 모신 사찰

주소 경기도 여주시 신륵사길 73
영덕군에서 244km, 4시간 06분

회암사(檜巖寺)

지공, 나옹, 무학(삼화상) 부도 · 탑비 봉안사찰

주소 경기도 양주시 회암사길 281
영덕군에서 342km, 5시간 19분

칠장사(七長寺)

나옹왕사께서 심은 반송 나한전 뒤쪽 현재 생존 사찰

주소 경기도 안성시 죽산면 칠장로 399-18
영덕군에서 254km, 4시간 11분

삼막사(三幕寺)

1348년 나옹왕사 수도 사찰

주소 경기도 안양시 만안구 삼막로 478
영덕군에서 321km, 4시간 48분

석굴암(石窟庵)

석굴암 나옹스님 수도사찰

주소 경기도 양주시 장흥면 석굴암길 519
영덕에서 332km, 5시간 03분

흥왕사(興旺寺)

나옹왕사 창건 사찰

주소 경기도 여주시 북내면 당전로 345-4
영덕군에서 244km, 4시간 12분

염불암(念佛庵)

나옹왕사 주석 사찰

주소 경기도 안양시 만안구 예술공원로245번길 150

영덕군에서 314km, 4시간 25분

영월암(映月庵)

왕사께서 꽂은 지팡이 은행나무 생존 및 모친 정씨부인 천도, 중건사찰

주소 경기도 이천시 경충대로 2709번길 388

영덕군에서 256km, 4시간 09분

대성암(大城庵)

1375년 나옹왕사 중창사찰

주소 경기도 구리시 아천동 산40-6

영덕군에서 305km, 4시간 38분, 도보 40분

은적암(隱寂庵)

나옹왕사 수도 사찰

주소 경기도 안성시 서운면 청룡리 4-2

영덕군에서 282km, 4시간 40분, 도보 35분

청룡사(靑龍寺)

1364년 나옹왕사 중창 사찰

주소 경기도 안성시 서운면 청룡길 140

영덕군에서 274km, 4시간 22분

흥륜사(興輪寺)

나옹왕사 창건 사찰

주소 인천시 연수구 청량로 70번길 40-17

영덕군에서 333km, 5시간 01분

학림사(鶴林寺)

나옹왕사 수도 사찰

주소 서울시 노원구 덕릉로 129가길 241
영덕군에서 318km, 4시간 53분

화계사(華溪寺)

나옹왕사께서 명부전 지장보살, 나옹스님의 조각으로 알던 사찰

주소 서울시 강북구 화계사길 117
영덕군에서 321km, 5시간

반월암(半月庵)

나옹스님 중창 사찰

주소 경기도 안양시 만인구 석수1동 산11
영덕군에서 321km, 4시간 48분 소요

천축사(天竺寺)

지공스님이 나옹왕사께 영축산의 난야라 소개한 사찰

주소 서울 도봉구 도봉산길 92-2
영덕군에서 322km, 4시간 53분, 도보 50분

건봉사(乾鳳寺)

1358년 나옹왕사 중건 사찰

주소 강원도 고성군 거진읍 건봉사로 723

영덕군에서 281km, 5시간 11분

청평사(淸平寺)

1367년 나옹왕사께서 청평사와 복희암(산내암자) 수도 사찰

주소 강원도 춘천시 북산면 오봉산길 810

영덕군에서 309km, 4시간 30분, 도보 30분

영천사(靈泉寺)

나옹왕사 창건 사찰

주소 강원도 원주시 치악로 2006-19

영덕군에서 215km, 3시간 38분

상두암(象頭庵, 북대 미륵암)

1360년 나옹스님 보림 사찰

주소 강원도 평창군 진부면 동산리 63

영덕군에서 227km, 4시간 20분

영감사(靈鑑寺, 靈鑑蘭若)

1369년 1년 6개월 나옹왕사 수도 사찰

주소 강원도 평창군 진부면 동산리 63

영덕군에서 220km, 3시간 50분

치악산 상원사(上院寺)

나옹왕사 중창 사찰

주소 강원도 원주시 신림면 성남로 930 치안산내

영덕군에서 200km, 3시간 50분, 도보 1시간 10분

월정사(月精寺)

나옹왕사 수도사찰 · 나옹스님 공양(콩비지)사찰

주소 강원도 평창군 진부면 오대산로 374-8

영덕군에서 227㎞, 3시간 58분

오대산 상원사(上院寺)

나옹왕사께서 북대미륵암(상두암)에서 16나한 신통으로 모신 사찰

주소 강원도 평창군 진부면 오대산로 1211-14

영덕군에서 227㎞, 3시간 40분, 도보 10분

북한 사찰

묘길상암 : 강원도 회양군 내금강면 장연리 금강산 마하연 동쪽에 있었던 절

개심사 : 함경남도 신흥군 원평면 신성리 천불산에 있었던 절

개심사 : 함경북도 명천군 보촌리 칠보산에 있는 사찰

광통보제선사 : 경기도 개풍군 히선리 봉명산에 있었던 절

보현사 : 평안북도 영변군 북신현면 묘향산에 있는 절

성불사 : 황해북도 사리원시 강성동 정방산에 있는 절

안심사 : 평안북도 영변군 북신현면 묘향산에 있었던 절

장연사 : 강원도 금강군 내강리 용학산에 있는 절

조제암 : 강원도 고성군 현내면 명파리 금강산에 있는 절

신광사 : 황해도 벽성군 서석면 신광리 북숭산에 있었던 절

2부 영덕사찰 현황

삼국시대에 들어온 불교가 통일신라시대와 고려시대에 있어 왕성한 활동을 벌이다가 조선시대의 숭유억불정책(崇儒抑佛政策)으로 인하여 조선시대 말이 되면 승려들의 지위가 천민화되어 도성의 출입마저 제한 당하게 된다.

이러한 조선말의 불교는 일본 군부의 조선침략이 구체화됨에 따라 일제는 승려의 도성출입제한을 1895년 일본 승려 사노가 김홍집 총리대신에게 상서한 것을 김홍집이 고종에게 허가를 받아 승려들에게 도성출입을 하게 하여 승려들의 사회적 지위를 격상시켜 준 것은 있지만 일본 승려에 의해 이러한 일이 이루어짐으로 해서 한국 불교에 친일적인 경향을 노정시키게 되었다 할 수 있다.

현재 한국 불교 조계종의 본산제도는 1911년 일제가 조선총독부의 사찰령 7개조를 반포하고 30본산 체제를 확립시킨 것이다.

20세기 후반 한국 불교계가 직면한 변화 중 하나는 다 종단 시대를 맞이한 것이다. 물론 해방 전후부터 천태종 등 법화계열과 진각종, 총지종 등 밀교계열이 창종을 선언하기는 했지만 공식화된 것은 1962년 제정된 불교재산관리법에 의거해서 18개 종단이 불교 단체로 등록하면서부터였다.

이후 1987년 불교재산관리법이 폐지되고, 전통사찰보존법으로 대체되면서 군소종단의 분종과 창종은 줄지어 일어났다. 현재는 한국 불교의 전통 대표 종단인 조계종 이외에도 태고종, 법화종, 진각종 등 30여 개의 종단이 설립되어 사단법인 한국불교종단협의회를 결성하여 활동하고 있다.

종단이 다양화되는 상황에서 불교계의 통일성과 종단의 고유성을 조화시키는 일은 앞으로 불교계의 중요한 과제로 제기되고 있다.

현재 30여 개의 한국불교종단협의회에 결성된 종단 이외에 지금은 더 많은 종단이 창종하고 있는 실정이다.

이러한 시대적 상황에서 영덕 불교계는 영덕 지역에 소재하고 있는 사찰을 중심으로 2005년 8월 3일 범종단적으로 영덕불교사암연합회가 발족되어 75개 사찰이 소속 사찰로 등록되어 있다.

이에 영덕군 9개 읍면에 위치한 현존하는 사찰을 창건연대와 창건주, 현재의 가람과 신도수 등을 파악하여 그 현황을 살펴보면서 영덕 불교계의 현재 상황을 점검해 보고자 한다.

자비사·관음전(포항교도소법당)

경상북도 포항시 북구 흥해읍 동해대로 1003

자비사는 2007년 영덕불교사암연합회장 현담스님이 청송교도소 교화 중에 위덕대학교 불교대학원의 재학생 스님들 중심으로 종교위원에 위촉되게 하여 사회복귀과 2층 공간에 자비사 법당을 창건하였고, 관음전은 포항교도소 여사동 내에 있는 법당으로 2017년 12월 12일 대구 동해사 성민 주지스님께서 교화 중 원력을 세워 신도분들과 함께 관세음보살을 조성하여 영덕불교사암연합회장인 현담스님과 함께 점안법회를 봉행하여 오늘에 이르고 있다.

불일호국사
(5312부대 해룡연대 법당)

불일호국사는 울진 기성면 5312부대에 위치한 군 법당으로 1994년 불영사 일운 주지스님께서 신축 불사를 하여 오늘에 이르고 있다.

현재 50사단 121연대 파견 법사로는 군승49기 일 지(이준권)법사께서 가람수호와 포교일선에서 소 임을 다하고 있다.

영덕읍 사찰탐방

현재 영덕읍의 구성은 구미리, 우곡리, 삼계리, 천전리, 석리, 노물리, 오보리, 대탄리, 대부리, 창포리, 덕곡1, 2리, 화개1, 2리, 남석1, 2, 3리, 남산1, 2리, 화수1, 2리, 매정1, 2, 3리, 화천1, 2, 3리, 삼계리 등의 27개의 행정리와 17개의 법정리, 37개의 자연부락, 그리고 179개의 반으로 구성되어 있다. 1981년 6월 2일 군조례 제585호의 의하여 읍 소재지를 덕곡리 301번지에서 우곡리 310번지로 이전하여 오늘에 이르고 있다.

읍의 면적은 66.072㎢이며, 읍의 지세(地勢)는 낙동정맥(洛東正脈)이 남북으로 길게 동해와 일직선을 이루며 뻗어 내리는 관계로 서쪽은 높고 동쪽은 경사진 형태의 산지(山地)가 많은 지세이다.

읍의 주위로는 화림산(花林山), 입내산(入來山:들온산), 삿갓봉(笠峰), 고불봉 등이 펼쳐져 있으며, 이들의 산세가 동쪽 해안까지 뻗어 있어 경작지가 적으며, 해안선은 단조로우나 바다의 수심은 매우 깊다.

읍내를 지나는 주요 하천으로는 달산, 지품을 지나오는 오십천이 읍을 서에서 남으로 흘러 강구항을 지나 동해로 들어가고 있으며, 덕곡리를 가로질러 흐르는 덕곡천이 삼각주 공원 앞에서 오십천 본류와 합류하여 강구항으로 흐르고 있다.

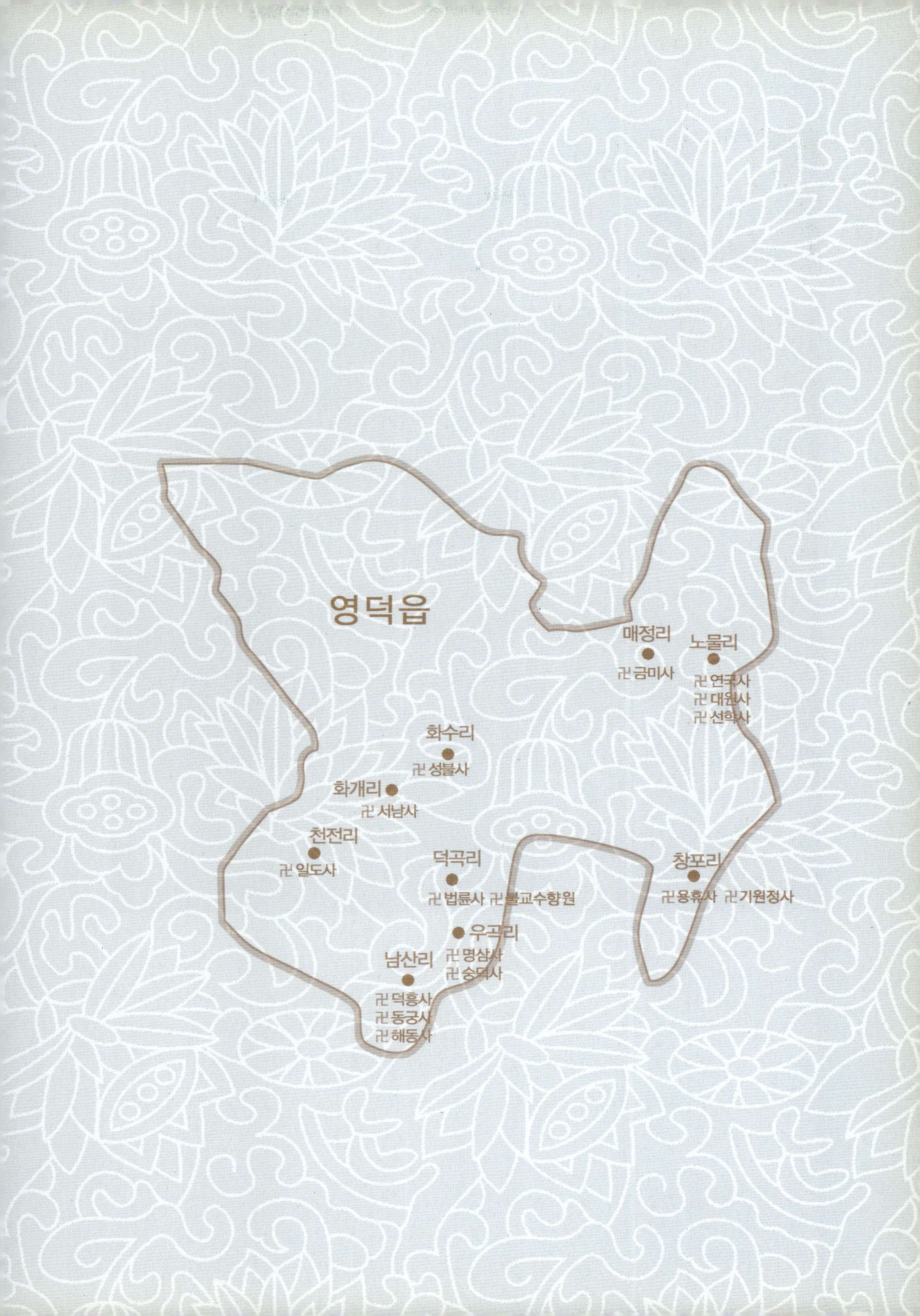

영덕읍
매정리
卍 금미사
노물리
卍 연국사
卍 대원사
卍 선학사
화수리
卍 성불사
화개리
卍 서남사
천전리
卍 일도사
덕곡리
卍 법륜사 卍 불교수향원
창포리
卍 용휴사 卍 기원정사
우곡리
卍 명삼사
卍 숭덕사
남산리
卍 덕흥사
卍 동궁사
卍 해동사

금미사 주지 동산

경상북도 영덕군 영덕읍 텃골길 32
Tel_ 733-0203 / 010-5360-7781

금미사는 2002년 6월 7일 동산 주지스님께서 창건하였다. 종단은 한국전통불교조계종에 등록하였다. 신도수는 100여 명이다. 극락전 주불은 아미타불이며 관세음보살과 지장보살을 모시고 있고 옆 단에 산신님을 모시고 있다. 전각의 1층은 주지실과 공양간으로 쓰고 있으며, 2층은 법당으로 사용하고 있다.

極樂殿

기원정사 주지 자명

경상북도 영덕군 영덕읍 창포리 산 133-1번지
Tel_ 010-9343-3001

기원정사는 2014년 자명스님께서 창건한 사찰이다. 현재 주지스님인 자명스님과 인연된 불자께서 이 땅을 시주하여 터를 잡아 불사를 하였다. 주불은 석가모니이며 노천에 삼존불과 해수관세음보살이 모셔져 있다. 해돋는 불국정토 기원정사는 현재 불사 진행 중이다. 자명스님은 문화공양주라 자임하며 음성공양으로 대중포교에 정진하고 있다.

祇精舍　海水觀音大佛
安佛事功德碑

삼성각
해수관음대불
2층 대웅전
1층 무설전
범종각
지장전
3층석탑
해돋는 불국정토 기원정사 조감도
7,500평
창건화주승 자명 010-9343-3001

대원사 주지 범아

경상북도 영덕군 영덕읍 창포리 산 133-1번지
Tel_ 010-9343-3001

대원사는 「영덕군지(盈德郡誌)」 1999년 12월 31일 조사된 군내 불교사찰 현황에는 종단은 법화종이며, 사찰명은 대원사이다. 주지스님은 지만업스님으로 현재의 범아스님이다. 창건 연대는 기록되어 있지 않으며 신도수는 100명으로 기재되어 있다.

「영덕군향토사(盈德郡鄕土史)」에 의하면 강구면 노물리 전설편에 "종교시설 사찰 명칭 : 대원사, 주지 : 심대옥, 신도수 80명, 규모 : 40평"으로 기재되어 있다. 현재 주지스님은 범아스님으로 이 도량에서 부처님을 모시고 정진하고 있다. 종단은 대한불교조계종으로 등록하였으며, 극락전에는 아미타불과 관세음보살, 대세지보살이 모셔져 있다. 전각으로는 극락전과 산신전, 요사채와 주지실 등이 있다.

극락전
ADT

덕흥사 주지 성엄

경상북도 영덕군 영덕읍 남산1길 48
Tel_ 734-1180 / 010-7537-0008

덕흥사는 「영덕군향토사(盈德郡鄕土史)」에 의하면 영덕읍 남산리 마을의 특징 사찰편에 "명칭 : 덕흥사, 주지 : 이상열(李相烈), 건축연대 : 1938년, 창건자 : 박수경(朴壽鏡)"으로 두 줄이 기재되어 있다. 「영덕군지(盈德郡誌)」 1999년 12월 31일 조사된 군내 불교사찰 현황에는 종단은 조계종이며, 사찰명은 덕흥사이다. 1999년 당시 주지스님은 이인욱스님으로 창건 연대는 1938년으로 「영덕군향토사」에 나타난 창건 연대와 일치한다. 신도수는 20명으로 기재되어 있다. 덕흥사는 영덕읍의 포교당 역할을 하는 사찰이므로 신도수가 20명이라는 기록은 착오가 있는 듯하다. 현재는 대웅전 목조 건물을 불사 하였다. 주불은 아미타불, 협시보살은 관세음보살과 대세지보살이며, 전면에 원불 소불이 조성되어 있다. 신중탱화는 오래되어 문화재로 등록되었다. 전각으로는 대웅전과 삼성각, 해탈문, 강의실, 주지실, 객실, 요사채 등이 있다.

덕흥사의 제석탱화는 2014년 경상북도 문화재자료 제617호로 지정됐다. 탱화는 4폭으로 엮은 한 폭의 비단바탕에 채색한 불화로 위태천과 제석천을 중심으로 주변에 총 9위의 권속으로 이뤄져 있고, 하단 주색 화기(畫記)에는 1828년(道光 8)에 수화사(首畫師) 금겸(錦謙)을 비롯해 5명의 보조화사가 제작했다고 기술되어 있다. 불화는 후대에 채색이 덧칠되어 있어 작품 상태가 비교적 양호하지는 않지만 화기에 의해 원 소장처와 제작자를 알 수 있는 작품이라는 의의와 더불어 조선후기 불화의 변화상을 보여주는 중요한 사례라는 점에서 문화재자료로 지정되었다.

덕흥사는 불국사 말사로서 현재 조계종의 대강백이신 무비스님과 인연이 있다. 무비스님은 이렇게 회고한다. "경북 영덕 출신인 스님은 어린 시절 고향 마을 인근에 있던 덕흥사에 자주 놀러갔다. 친구 집에 다니듯 드나들던 덕흥사에서 하루는 또래의 동자승이 경전에 나오는 글이라며 한 구절을 들려줬다.

그 동자승(대한불교조계종 32대 총무원장을 지낸 지관스님의 속가 동생으로서 영덕 서남사 중창주임)이 저와 몇몇 친구들 앞에 서더니 『초발심자경문』에 나오는 '三日修心千載寶 百年貪物一朝塵(삼일수심천재보 백년탐물일조진)'을 읊었습니다. 사흘간 마음을 닦을지라도 1000년의 보배가 되고 100년간 재물을 탐할지라도 하루아침에 티끌이 된다'는 말이에요. 그때 이 말의 뜻이 확실하게 와 닿지는 않았지만, 뭔가 저에게 울림이 왔어요. 그래서 저도 평생 마음을 닦는 사람이 되어야겠다고 생각을 했습니다."

현재 덕흥사 주지스님은 성엄스님이며 남산불교대학을 운영 중이며 영덕읍 포교당으로서의 그 역할을 다하고 있다.

동궁사 주지 지훈

동궁사는 1998년 창건된 사찰이다. 대웅전 주불은 아미타불이며 협시보살은 관세음보살과 지장보살을 모시고 있다. 대웅전 앞에는 5층 석탑이 조성되어 있으며, 전각으로는 대웅전과 산신각, 주지실, 요사채 등이 있다. 현재 주지스님은 지훈스님이다. 2016년 10월에 동궁사에 주지 소임을 맡은 비구니 스님으로 항상 온화한 자비의 미소로서 신도들을 대하고 정진하고 계신다.

명삼사 주지 **갈웅**

경상북도 영덕군 영덕읍 강영로 462-15
Tel_ 732-5700

명삼사는 대한불교천태종 사찰이다. 주불은 관세음보살이며 주지는 김효성스님이다. 천태종 총무원 홈페이지에 다음과 같이 기록하고 있다.

명삼사는 1975년 1월 1일 강구면 삼사리 유점식 불자댁에서 10여 명이 모여 첫 법회를 열고 포등분회 설립 후 1984년 6월 24일 총본산 구인사에 대한불교천태종 영덕지회로 등록 필하였다. 동년 3월 25일 전운덕 총무원장 스님이 지금의 명삼사 터 사찰부지 지정을 종정예하로부터 증명 받았다.

1989년에 경북도에 농지허가를 받고 1990년 6월 16일 군청에 건축허가를 득하고, 1990년 7월 23일 종정예하, 전운덕 총무원장을 비롯한 종도 1,200여 명이 동참하여 사찰 건립 기공식을 봉행하였다. 1993년 4월 24일 3,000여 명이 동참하여 낙성식 및 관세음보살 봉안식을 봉행하고, 1995년 7월 18일 명삼사 공덕비를 건립하였다. 초대 주지로는 용월산스님 2, 3대 정월중스님, 4대는 정거호스님, 5대 이해창스님, 6대 조용문스님, 7대 이월장스님, 8대 김도원스님, 9대 윤성화스님이며 현재는 갈웅스님이다.

1999년 「영덕군지(盈德郡誌)」 군내 불교사찰 현황에는 신도수는 200여 명으로 등록되어 있다. 불교 다른 종단들은 음력으로 대부분 법회를 봉행하는데 비해 천태종과 진각종은 양력으로 법회를 보고 있다. 명삼사 역시 매월 양력 17일 오전 11시 정기법회를 봉행한다.

법륜사 주지 법성

경상북도 영덕군 영덕읍 덕곡3길 11-1
Tel_ 734-1258 / 010-4100-3689

법륜사는 「영덕군향토사(盈德郡鄕土史)」에 영덕읍 덕곡리 마을의 특징 중 종교현황편에 보면, 청련사로 등록을 하고 있다. 건축 연대는 1938년, 설립자는 속명 채용운(蔡龍雲)이며, 규모는 법당 외 4동으로 기록하고 있다.

그 내용을 그대로 언급하면 "원래 달산면 덕산동에 있던 신라시대 고찰로써 1936(丙子)년 7월 11일 대홍수로 유실되어 1938년경 이 사찰을 현 화개 1리 마을회관 자리에 조그맣게 이건(移建)되어 있다가 1955년 현 위치로 이건되었음. 현 청련사 자리에는 일제의 신사가 있었고 해방 후

지역주민들에 의해 철거되고 그 위치에 청련사(법륜사)가 건립되었다. 그 후로 지역 주민들은 화개 1리(옛날 명칭 동밖)에 있다가 이건된 사찰이라 하여 동밖절이라고 부름"으로 기록되어 있다.

「영덕군지(盈德郡誌)」 1999년 조사된 군내 불교사찰 현황에는 "종단은 조계종이며 사찰명은 법륜사이고 현 주지스님은 박영근"으로 되어 있다. 박영근은 현 주지인 법성스님의 속명이다.

법륜사는 대한불교조계종 11교구 불국사에 등록되어 있다. 대웅전을 목조로 신축하여 법당에는 주불인 석가모니불과 협시불인 관세음보살과 지장보살을 모시고 있다. 전각으로는 주지실과 삼성각, 요사채 등이 있으며, 대웅전 앞 도량에는 9층 석탑이 조성되어 있다.

서남사 주지 현담

경상북도 영덕군 영덕읍 미듬길 24
Tel_ 734-3281 / 010-7109-3281

「영덕군향토사(盈德郡鄕土史)」에 의하면 "서남사는 주지 이복의(李福義), 신도수 약 200명, 건축 연대 서기 1963년 3월 25일, 규모 10평, 동서남북의 중간지점에 위치해 있다고 하여 서남사(西南寺)라 칭한다"라고 기록되어 있다. 그런데 『대정장(大正藏)』의 『대비로자나성불신변가지경(大毗盧遮那成佛神變加持經)』 줄여서 『대일경(大日經)』에 의하면 "진언행자는 서남 방향에 주하라"는 내용에 근거하여 서남사 사명(寺名)을 지은 것으로 볼 수 있다. 또한 「영덕군지(盈德郡誌)」 내 종교편에 1999

년의 군내 불교사찰 현황에는 창건 연대가 1962년으로 되어 있으며, 신도수는 200여 명으로 등록되어 있다. 서남사 전 주지스님인 영호스님(李福義)과 노 보살님들의 말씀을 종합해 보면, 1961년에 창건한 숭덕사(崇德寺) 주지스님(黃雲耕) 절에서 기도하던 최용서(崔龍瑞) 보살님이 덕흥사(德興寺)에서 정진 후 숭덕사로 온 영호(李福義)스님을 보고 지금의 서남사 도량으로 모시고 1962년에 창건, 사찰불사 및 신도 포교를 하였다고 한다.

현재 주지인 현담스님은 불기 2550(2006)년 음력 8월 초하루 서남사에 임명 받아 1여 년 동안 법당 증축 및 주지실 신축과 요사채 불사를 완공하였다. 2011년에 산신각 불사를 회향하고 오늘에 이르고 있다.

법당의 주불은 아미타불이며 좌우협시보살은 관세음보살과 대세지보살이다. 전각은 극락전과 삼성각, 주지실 및 공양간이 있다. 현재 현담스님은 서남사 주지와 영덕불교사암연합 회장으로 소임을 다하고 있다.

선학사 원장 보현 주지 관조

경상북도 영덕군 영덕읍 매정1길 17-9
Tel_ 733-2457 / 010-5055-6256, 원장 : 보현 010-3228-1511

선학사는 현재 원장(보현)의 말씀에 의하면 "80여 년 전 1930년대에 창건한 것으로 알고 있으며 당시 창건주는 석동이 고향인 배환일관 보살이다"라고 한다.

「영덕군지(盈德郡誌)」 1999년 12월 31일 조사된 군내 불교사찰 현황에는 종단은 법화종이며, 사찰명은 선학사이다. 1999년 당시 주지스님은 김덕인스님으로 창건 연대는 기록되어 있지 않으며 신도수는 50명으로 기재되어 있다.

전각으로는 현재 보현 원장이 원력으로 불사를 하여 대웅전과 삼성각, 주지실과 요사채 등이 있다. 대웅전에는 주불이 고불인 석가모니불(고려불의 양식)과 좌우보처는 관세음보살과 지장보살을 모시고 있다. 옆 단에는 아미타불과 지장보살이 함께 모셔져 있는데, 옛날에 지장보살을 조성한 것을 그대로 모시고 있다. 현재 종단은 대한불교승가종으로 등록

하였으며, 원장(보현)의 춘부장께서 지금으로부터 30여 년 전에 이 도량에 정진한 스님으로 인연이 되어서 가친의 원력을 이어 받아 원장(보현)도 도량을 정비하고 불은을 갚고자 전법도생하며 현재 주지인 관조스님을 모시고 정진하고 있다.

관조스님은 제방에서 정진하다가 뜻한 바 있어 이 도량에 인연되어 부처님 시봉과 타고난 손재주로 스님들과 불자들에게 차상을 제작하여 다선일미법을 전하고 있다.

성불사 주지 도천

경상북도 영덕군 영덕읍 화수1길 13
Tel_ 733-0548 / 010-9339-3299

성불사는 주지 도천스님이 1995년 대한불교전통조계종 종단에 등록을 하였다가 최근에
일붕선교종으로 종단을 옮겨 현재에 이르고 있다. 법당 주불은 아미타불이며 좌우보처는
약사여래불과 지장보살을 모시고 있다.
주지 도천스님은 기도 원력으로 신도 포교를 자신이 산에서 캔 약초를 처방하여 심신의
고통을 달래 주는 방편법으로 불자들을 제접하고 있다.

불교수향원 주지 보련심

경상북도 영덕군 영덕읍 중앙길 132-5
Tel_ 054-732-7783 / 010-2661-7793

불교수향원은 영덕읍 중앙에 위치하고 있다. 세존 응화 2562년 무진년 6월 25일 윤경희보살께서 창건하여 2005년 5월 4일 별세하신 성범스님께서 주석하고 계시다 현재에는 보련심보살께서 1990년대에 이 도량에 인연이 되어 지금까지 정진하고 있다.

용휴사 주지 지명

경상북도 영덕군 영덕읍 산80, 산79-7 영덕대게로 860
Tel_ 054-733-1620

용휴사는 원래 미타사로서 2009년 불사를 시작하여 지금도 계속 진행 중이다.
현재 주지스님은 지명스님이다.

숭덕사 주지 성진

경상북도 영덕군 영덕읍 강영로 476-13
Tel_ 732-8197 / 010-3508-0446

숭덕사는 「영덕군향토사(盈德郡鄕土史)」에 영덕읍 우곡리 마을의 특징 사찰편에 의하면 신도수는 350명 건축연대는 1961년으로 규모는 대웅전 20평, 요사채 18평 보존불상은 아미타불과 관세음보살, 대세지보살, 지장보살을 모시고 있으며, 기타 전각으로 삼성각을 기록하고 있다. 설립자는 황운경(黃雲耕)으로 되어 있다.

「영덕군지」에 의하면 "망월봉(望月峰, 300m) 속칭 고불봉. 모양이 망월(望月, 보름달)과 같다 하여 망월봉이라 불렀음. 옛날에는 망월암(望月庵)이라는 암자가 있었다"라고 기록되어 있다. 「영덕군지(盈德郡誌)」 1999년 조사한 군내 불교사찰 현황에는 종단은 조계종이며, 사찰명은 숭덕사이다.

현 주지는 위정숙, 현재 성진스님의 속명으로 기록되어 있다. 창건연대는 1956년으로 기록되어 있어 「영덕군향토사」와 「영덕군지」에 5년의 차이를 알 수 있다. 그 당시 신도수는 150여 명으로 등록되어 있다.

현재 숭덕사는 주지 성진스님께서 1990년대에 주지 임명을 받아 이 도량에 주석하면서 수행과 포교, 가람불사에 매진하여 목조 대웅전 불사를 완공하였다. 주불은 아미타불과 협시보살로는 관세음보살, 지장보살을 모시고 있다. 전각으로는 대웅전과 삼성각, 주지실, 공양간으로 되어 있다.

연국사

경상북도 영덕군 영덕읍 노물1길 18-3

연국사는 동국대학교 교수로 재직하고 계시는 김호성 교수님의 조모께서 원력을 세워 1950년대에 창건하였다. 당시 신도수는 150명으로 영덕군지에 기재되어 있다. 교수님의 말씀에 의하면 "조모께서 창건하여 칠성신앙을 위주로 하여 신도들을 포교하였으며 사명도 칠성각으로 간판을 걸고 정진하였다. 조모께서 3형제를 위하여 지극정성 기도하였으며 삼형제 이름도 별 성(星)를 넣어 위에 큰 형님이 김칠성, 둘째 형님이 영덕 부읍장을 지낸 김재성이고 본인이 김호성이라고 하였다."고 전한다.

칠성각의 사명이 시절인연에 의하여 연국사로서 바뀌어 근자에 동진 주지스님께서 주석하면서 법당 내 주불이 아미타불과 관음세지 양대보살을 모시고 있어 가람을 수호하였으나 국가의 에너지 시책에 의하여 수자원공사에서 원자력발전소 건설을 위하여 부지를 매입하여 모시던 부처님은 다른 사찰로 이운되고 절은 폐사되었다.

일도사

경상북도 영덕군 영덕읍 천전길 80-29
Tel_ 732-5823 / 010-4451-5822

일도사는 현대불교신문에 2002년 11월 16일 극락보전 상량식 및 12m 산신대불 점안법회의 기사가 언급되고 있음을 볼 때 2002년에 창건한 것으로 볼 수 있다.

창건주인 일도스님은 일본에서 정진하다가 고향인 영덕 달산 근처 영덕읍 천전에 와서 일도사 터를 잡아 불사를 하였다. 한때는 세계불교박물관이라 하여 세계 10여 개국에서 인연 따라 모셔온 불상 200여 점과 탱화, 1억 2천에서 5천만 년된 화석과 종유석 등 30여 점, 각종 동물석상을 전시하였다.

현재는 창건주 일도스님은 입적하고 주지가 몇 번 교체되고 재가불자께서 매입하여 인연되어 가람을 외호하고 있다. 극락보전에는 아미타불을 주불로 관세음보살과 지장보살을 모시고 있다. 전각으로는 극락보전과 주지실, 일주문, 종무소 등이 있다.

해동사 주지 현각

경상북도 영덕군 영덕읍 남산리 산 60-9
Tel_ 734-4886 / 011-516-4886

해동사는 주택을 개조하여 지금의 주지인 현각스님께서 1993년 원력을 세워 부처님을 모시고 창건하였다. 2013년에 산신각 불사는 회향하였으며, 대웅전과 요사채 불사 모연 중에 있다. 현재 한 건물에 법당과 주지실을 사용하고 있으며 대웅전 주불은 아미타불이며 협시보살로는 관세음보살과 대세지보살을 모시고 정진하고 있다. 종단은 대한불교 일붕선교종으로 2018년 무술년에 대웅전 불사원력 결실의 해로 삼아 기도 정진하고 있다.

강구면 사찰탐방

현재의 면의 구성은 강구1, 2, 3, 4리, 오포1, 2, 3리, 화전1, 2리, 상직1, 2, 3리, 원직1, 2리, 금호1, 2, 3리, 금진1, 2리, 삼사리, 소월리, 하저리로 나누어 22개 행정리와 10개의 법정리, 29개의 자연부락과 115개의 반으로 이루어져 있으며, 면 소재지는 동해대로 4526이다. 면적은 36.81㎢이다.

지세는 낙동정맥이 남북으로 길게 뻗어 내린 관계로 서쪽은 높고 동쪽은 경사진 지세를 가지며, 군의 젖줄인 오십천이 금호와 원직리 일대에 넓은 들을 만들면서 동해로 유입되고 있다. 또한 이 강의 하구에는 천연의 어항인 강구항이 있어 동해안 일대의 주요한 어업기지의 하나로 성황을 이루고 있다.

지계는 남쪽으로 남정면과 접하고 있으며, 서북쪽으로 영덕읍과 접하고, 서쪽으로는 달산면과 이어지며, 동쪽으로는 동해와 접하고 있다.

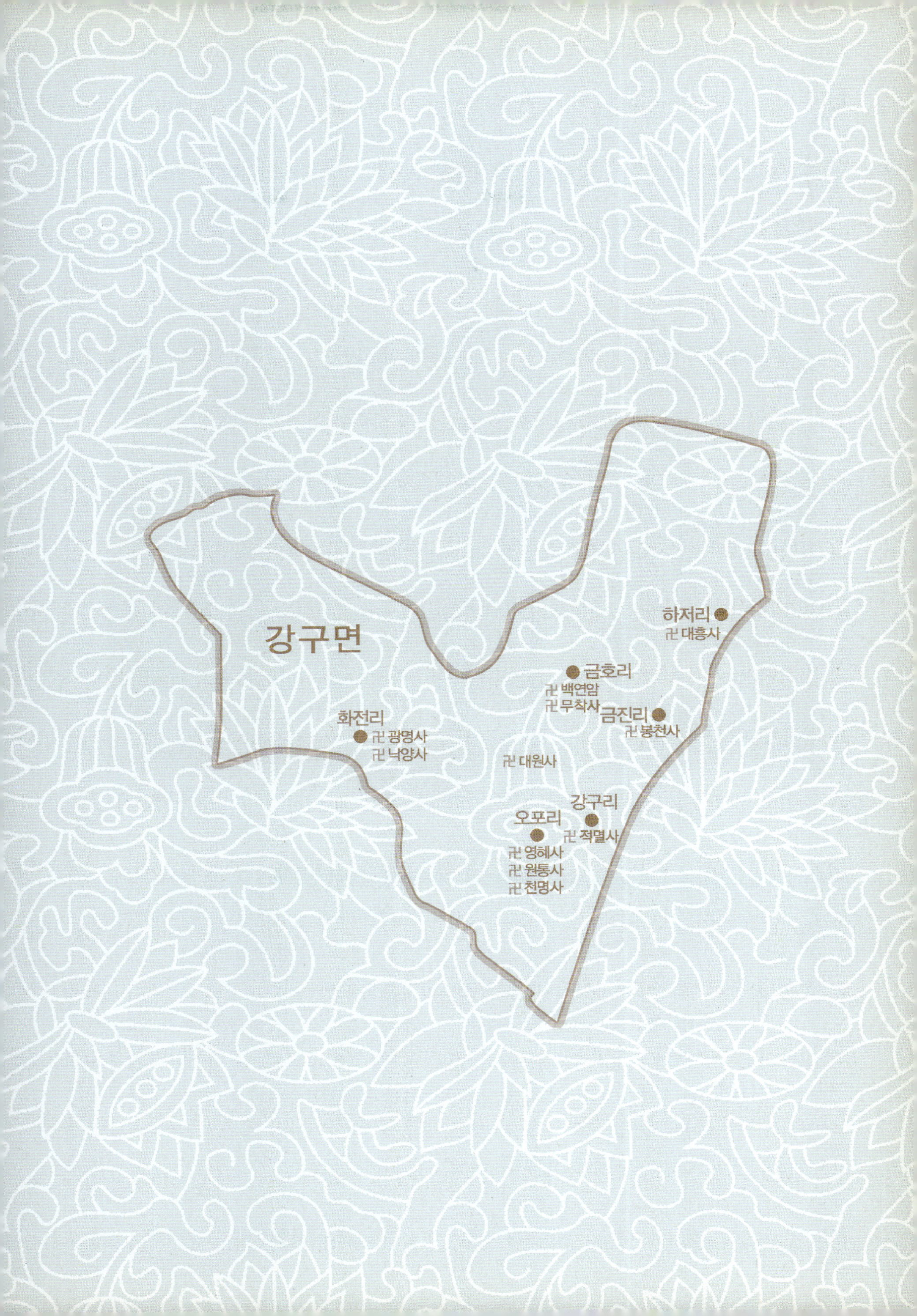

강구면
하저리
卍 대흥사
금호리
卍 백연암
卍 무착사
금진리
卍 봉천사
卍 대원사
강구리
오포리
卍 적멸사
卍 영혜사
卍 원통사
卍 천명사
화전리
卍 광명사
卍 낙양사

광명사 주지 **보광**

경상북도 영덕군 강구면 화전3길 18-5
Tel_ 734-1859 / 010-9623-1859

광명사는 현 주지인 보광스님께서 2006년에 창건하였다. 주불은 아미타불이며 협시보살로는 관세음보살과 지장보살을 모시고 있다. 전각으로는 대웅전과 삼성각, 주지실 및 공양간이 있다. 보광스님께서는 조계선종 특별교구로서 종단의 비구니회장 소임을 맡고 있으며, 현재 영덕불교사암연합회 총무소임을 맡아 왕성한 활동을 하고 있다.

스님의 성정이 관세음보살과 같아 항상 주위에 사람들이 끊이지 않으며 인품에 감화되어 불법에 귀의하고 있다. 광명사 사찰 뒤편에 현재 포항과 영덕 고속도로 공사가 한창 진행 중이며, 현장 책임자께서 스님의 성품에 감화되어 사찰 주차장이 협소함을 해결하여 주고 자신도 불법에 귀의 광명사 불자가 되었다. 2017년 11월 30일 현재 아미타대불 점안법회를 성대히 봉행하여 광명사 인근 지역 불자들의 귀의처가 되고 있다.

현재 주지인 초현스님이 2003년 창건하였으며, 종단은 대한불교일월종에 등록되어 있다.
법당은 컨테이너로서 미타삼존불인 아미타불과 관세음보살, 대세지보살이 모셔져 있다.

대원사

주지 **공덕림(김애순)보살**

경상북도 영덕군 강구면 직천2길 36-30 원직리 503-1
Tel_ 054-734-0090 / 010-8826-4134

대원사는 2012년에 공덕림(김애순)보살께서 창건하였다. 강구파출소 옆에서 방편포교를 17년 하고 백마가 들어오는 꿈을 꾸고 이 자리에 불사를 하여 현재에 이르게 되었다. 주불은 석가모니와 좌우보처는 관세음보살과 지장보살이며, 노천에 해수관세음보살이 정좌하고 계신다.

상주 영덕고속도로에서 유일하게 보이는 사찰로서 전각과 도량이 깔끔하게 정리되어 있어 '도량청정무가예'임을 알 수 있다.

대흥사 주지 지원

경상북도 영덕군 강구면 하저1길 3-35
Tel_ 010-4746-1599

「영덕군지(盈德郡誌)」 1999년 12월 31일 군내 불교사찰 현황에 신도수는 20여 명으로 등록
되어 있다. 당시 주지는 진선이이며, 종단은 조계종에 등록되어 있다.

2013년에 발행된 『강구면지』에 의하면 "대흥사는 삼보 조계종 소속으로 김해 운암사(雲巖
寺)의 말사인데 1960년초 진순이(陳順伊)스님이 영천 은해사에 출가해 계시다가 강구면 하
저리로 와서 조그마한 암자를 지어 점안함을 시작으로 대흥사를 창건하였다.

진순이스님은 연세 많은 노승과 같이 대흥사를 창건하였는데 5년 후 노승이 입적하고 진
순이스님이 단독 운영하다가 노환으로 입적하게 되어, 2009년 7월에 문덕환 지원(智圓)스님
이 인수하여 관리하고 있다."라고 되어 있다.

주지는 지원스님으로 삼보조계종에 등록되어 있고 대웅전에는 비로자나불과 석가모니불,

아미타불, 관세음보살, 대세지보살, 지장보살이 모셔져 있다. 전각으로는 대웅전과 산신각, 요사채가 있다.

지원스님은 이전에 절까지 차가 들어올 수 없는 도로를 확장하고 도량을 일신하였다. 또한 빈 농토를 얻어 유기농 채소를 재배하여 신도들에게도 나누어 주시는 자비행을 보였다.

무착사 주지 해봉

경상북도 영덕군 강구면 금호1길 40(금호1리 181번지)
Tel_ 054-733-8872 / 010-2883-1051

무착사는 2016년 5월 20일 주지 해봉스님께서 창건하였다. 해봉스님께서는 대한불교조계
종 직지사로 출가하여 현재는 대한불교 응공 조계종단에 등록하여 정진하고 있다.
법당에 주불은 아미타불, 관음세지 양대보살을 모시고 있다.

백연암

경상북도 영덕군 강구면 금호리
Tel_ 010-8827-4757

백연암은 백연보살이 창건하였다.
원래 약수터 있던 자리로서 법당을
지었다.

봉천사 주지 지공

경상북도 영덕군 강구면 영덕대게로 297-25
Tel_ 733-6336 / 010-5414-7277

봉천사는 1998년 창건하여 현재에 이르고 있다. 주지 지공스님이 2006년에 이 도량에 와서 수행 정진하고 있다. 종단은 생활불교조계종에 등록되어 있다. 대웅전의 주불은 석가모니불이며, 좌우협시불은 관세음보살과 지장보살을 모시고 있다. 한 건물에 법당과 주지실, 공양간을 사용하는 인법당이다.

영혜사 주지 능견

경상북도 영덕군 강구면 오포2길 19
Tel_ 054-733-0640 / 010-7351-5252

「영덕군향토사」에는 "영혜사(永慧寺) : 세미곡(谷)에 있으며 5불봉안(佛奉安)"으로 되어 있
다. 「영덕군지」의 영덕군 불교사찰 현황에 의하면, 창건연대는 1956년으로 기재되어 있
다. 2013년에 발행된 『강구면지』에 의하면, 역대 주지로는 김우광스님(1962~1968), 종훈스
님(1968~1971), 성길스님(1971~1973), 휴정스님(1973~1988), 보각스님(1988~1994), 진락스님
(1994~1995), 법정스님(1995~1995), 종문스님(1995~1999), 평심스님(1999~2011), 명강스님
(2011~)으로 기록하고 있으며 총무원 자료에 의하면 "포항시 송라면 중산리 보경로 483번
에 거주하는 최무삼(1941년생)씨는 영혜사는 약 100여 년 전(1910년 경) 당시 대처승 윤관
하(尹寬河)스님이 창건하여 김우광스님께 맡기고 송라면 보경사에서 기거하였다고 한다.
그러나 1950년 6.25 한국 전쟁 후 낙오병들의 약탈에 못이겨 다시 강구면 오포리로 가서

원통사(圓通士)를 창건하였다고 전해 왔지만 기록을 확인할 수 없고 최무삼씨는 관하스님의 외손이다"라고 기록하고 있다.

영혜사는 강구면의 포교당 역할을 하였으며, 불교가 활성화 되었을 때는 불교학생회가 조직, 운영되었으며 지역불교 인재양성에 이바지한 사찰이다. 영혜사는 대한불교조계종 제11교구 불국사 말사이며 현재 주지스님은 능견스님이다.

원통사 주지 무연

경상북도 영덕군 강구면 오포5길 29
Tel_ 733-4395 / 010-5060-0719

2013년에 발행된 『강구면지』에 의하면, 원통사는 1954년 2월 15일 비구 대처 정화시 보경사 부주지 스님이셨던 윤관하화상께서 오포리 559번지에 점안 기도처로 시작하여 그후 1985년 5월 20일 강중철(姜重哲)화상께서 오포리 405-3번지에 요사체를 건립하고 1985년 6월 4일 장택진(張澤鎭)화상께서 오포리 산25-1번지에 법당을 창건하여 오늘에 이르고 있는 한국불교 태고종파의 절이며 역대 주지스님은 다음과 같다.

윤관하스님(1954~1962), 강중철스님(1962~1974), 장택진스님(1974~1998), 민성천스님(1998~2000), 김혜봉(2001~)으로 기록하고 있다. 이에 『영덕향토사』에 "원통사는 오두곡(烏頭谷)에 있으며 3불봉안"으로 기록하고 있다. 법당의 주불은 석가모니불이며 협시보살로는 관음세지 양대보살이다. 특이한 점은 주불단이 두 단으로 되어 있어 아미타불과 관세음보살, 대세지보살, 지장보살이 모셔져 있다. 경내에 석탑이 있다. 현재 주지는 무연스님이다.

적멸사 주지 일성

경상북도 영덕군 강구면 신흥길 24-13
Tel_ 733-3797 / 010-8854-8154

적멸사는 원래 사명이 대각사이다. 빈 폐가를 수리하여 2001년에 주지 일성스님께서 부처
님을 모시고 도량을 창건하였다. 종단은 재단법인 관음종에 등록하였다가 최근에 대한불
교 사단법인 조계선종으로 등록하였다.

주불은 아미타불이며 협시보살로서는 관세음보살과 지장보살이다. 일성 주지스님께서는
사중이 넉넉하지 않으면서도 인연 있는 스님들에게 뜨개질한 털모자나 목도리를 손수 만
들어 보시행을 전하고 있다.

천명사 (혜정원)

경상북도 영덕군 강구면 오포7길 8-3

천명사 혜정원은 2014년 창건으로 되어 있다. 스님과 신도들을 만날 수 없었고 3층 석탑과 천수천안 관자재보살의 돌로 된 석물만 보이고 잡초로 우거져 어떠한 연고로 이렇게 방치하고 있는지 알 수가 없다.

천수천안
관자재보살

남정면 사찰탐방

구한말 영덕현 외남면 1914년에 지방제도 변경에 의하여 남정면으로 개칭, 지역 특성으로는 영덕군의 관문으로 군 소재지로부터 18km 남쪽에 있다. 위치는 포항과 영덕 중간에 있으며, 주민들의 경제 활동 수준이 높고 개성이 매우 강하다. 장사해수욕장 피서객(연간 10만여 명)과 온천 이용객(월 1만3천명), 경보화석박물관(연간 16만여명)으로 관광 소득이 점차 증가하고 있다.

남쪽으로 송라, 서쪽으로 죽장·달산, 북쪽으로 강구와 연접 면적으로는 73.3㎢이다. 농경지로는 7.5(10%), 임야는 61.3(84%), 가구 및 인구 1,465가구 : 농가 674(46%), 어가 293(20%), 기타 498(34%) 행정구역 행정리는 22개리 자연부락 26개소.

1914년의 부군도(府君島) 통폐합 때에는 구계동(龜溪洞 : 구배리), 원척동(元尺洞), 부흥동(富興洞 : 원척리, 비물리, 신흥리, 자부랑리의 일부를 통합), 장사동(두천동, 오산동, 신흥동 일부를 통합), 부경동(阜境洞 : 고부, 지경), 회동(晦洞 : 골곡, 상회동, 하회동의 일부를 통합), 사암동(士巖洞 : 다사라, 적암), 쟁암동(쟁암, 동동), 봉전동(鳳田洞:와화), 도천동(도천리), 양성동(洋城洞)의 11개 동으로 구성되면서 남정면이라 하였으나, 1934년 4월 1일에 강구면이 신설되면서 영덕면에 속하였던 남정동(南亭洞 : 남역), 남호동(南湖洞 : 역전리), 우곡동(羽谷洞 : 고만당, 원구동), 중화동(中禾洞 : 사동, 화무, 상화, 하와, 원동의 일부를 통합)의 4개 동이 이속되어 15개 동으로 남정면을 구성하게 되었다.

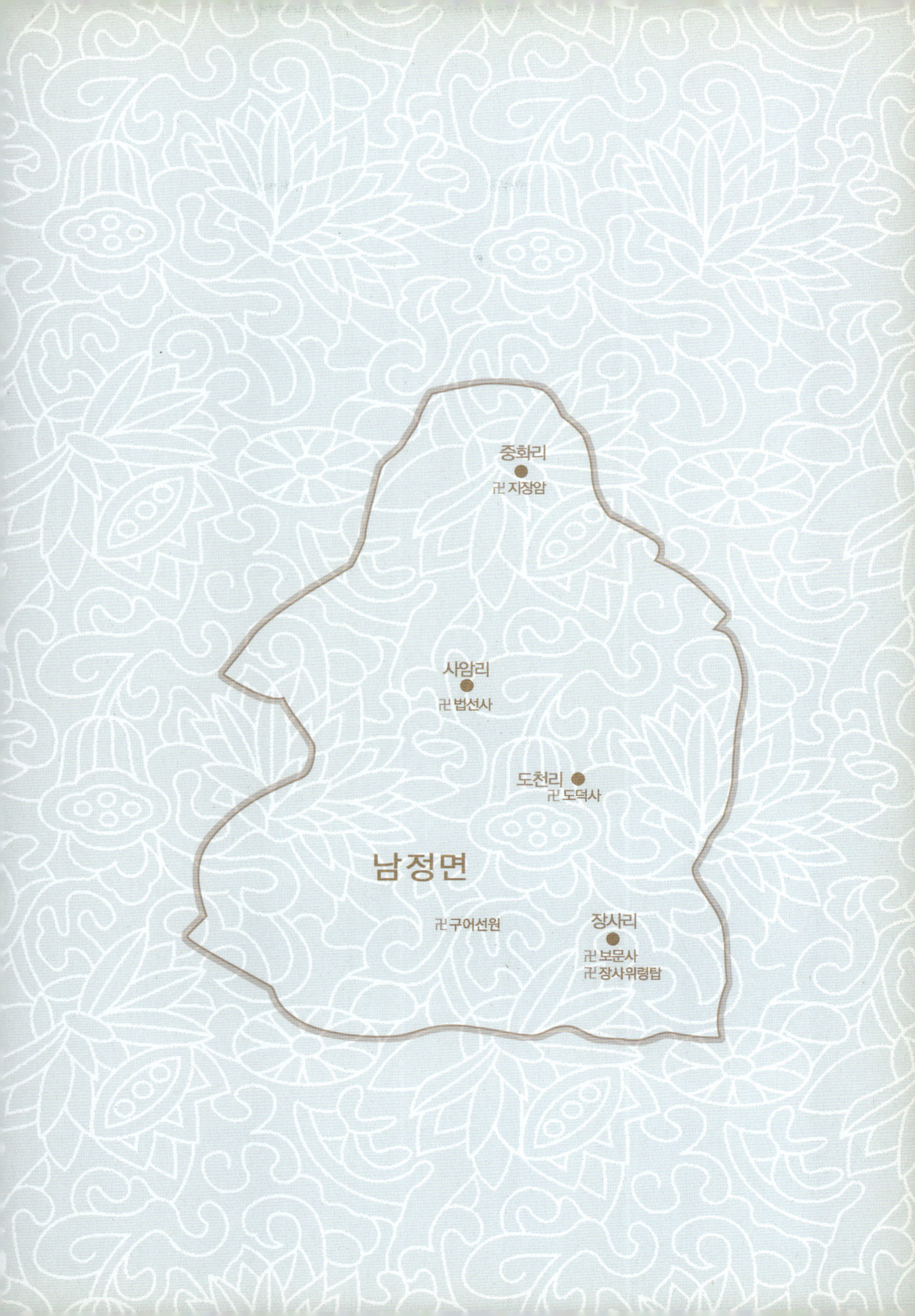

중화리
卍 지장암
사암리
卍 법선사
도천리
卍 도덕사
남정면
卍 구어선원
장사리
卍 보문사
卍 장사위령탑

구어선원

경상북도 영덕군 남정면 회리 596번지

구어선원은 2017년에 불사를 하여 현재 아란야(阿蘭若 āranya) 적정처(寂靜處)로서의 자리
매김을 하고 있다.

도덕사 주지 대덕화

경상북도 영덕군 남정면 산정로 220-41
Tel_ 732-0170 / 010-7750-9200

도덕사는 「영덕군지(盈德郡誌)」 1999년 12월 31일 조사된 군내 불교사찰 현황에는 종단은 조계종이며, 사찰명은 도덕사이다. 1999년 당시 주지스님은 김창욱스님으로 현재 최근에 열반한 법정스님의 속명이다. 창건연대는 1969년이며 신도수는 300명으로 기재되어 있다. 이는 조사에 착오가 있는 듯하다. 종단은 창건 이래로 대한불교법화종에 등록하였으며, 신도수는 역시 300여 명, 창건한 법정스님은 2013년 음력으로 5월 6일 열반하였으며, 지금은 스님을 모시던 보살님이 수계 득도하여 부처님을 시봉하고 있다. 법명은 대덕화이며 2006년 수계하였다고 한다. 대웅보전에는 주불인 석가모니불과 관세음보살, 문수보살을 모시고 있으며 소불 아미타불도 법당에 모셔져 있다. 입구에 나무석가모니불과 나무관세음보살의 명호를 돌에 새겨 조성하였다. 전각으로는 대웅보전과 종각, 요사채 및 주지실이 있다. 대웅보전 앞에는 5층 석탑과 석등, 그리고 해수관음이 모셔져 있다.

법선사 주지 **혜명**

경상북도 영덕군 남정면 산정로 791-15
Tel_ 732-5579 / 010-3174-3141

「영덕군지(盈德郡誌)」 1999년 12월 31일 조사된 군내 불교사찰 현황에는 종단은 조계종이
며 법선사이다. 1999년 당시 주지는 신도학스님으로 창건연대는 1963년이며, 신도수는 100
명으로 기재되어 있다.

현재는 혜명 주지스님이 주석하고 있고 종단은 원효종이다. 대웅전에는 아미타불과 관세
음보살, 대세지보살을 모시고 있으며, 옆 단에는 석가모니불과 지장보살도 모시고 있다.

전각으로는 대웅전과 산신각, 주지실 및 요사채가 있다. 법당 앞에는 삼층석탑이 조성되어
있다.

보문사 주지 휴정

경상북도 영덕군 남정면 양성길 160
Tel_ 733-7275 / 733-1617

보문사는 「영덕군지(盈德郡誌)」 1999년 12월 31일 조사된 군내 불교사찰 현황에는 종단은
대한불교조계종이며, 사찰명은 보문사이다. 1999년 당시 주지스님은 이원명스님으로 현재
휴정 원로스님의 속명이다. 창건연대는 1988년이며 신도수는 80명으로 기재되어 있다.

보문사 경내 안내문에 보문사에 관한 글을 인용해보면 "백두대간 동대산 자락, 동해안을
지척에 둔 쪽지골, 휴정큰스님의 발원으로 2532(1988) 7월 11일 고즈넉한 자리 양지바른 곳
에 부처님을 모시고 인근 신도들과 함께 첫 법회를 열어 개산일로 기념하였습니다. 이후
1992년 9월 2일 현재의 대웅전 불사를 시작하여 5월에 입구 교량을 설치하고, 1995년 6월
11일 단청불사를 마지막으로 대웅전을 완공하였습니다. 연이어 1998년 6월에 주지실을 완
공하고 2001년 6월 석등, 2006년 4월 삼층석탑 불사를 하였습니다. 휴정큰스님의 발원과

신도들의 기도로 일구어진 보문사는 개산일부터 함께 해 온 보문회와 근래에 젊은 불자들로 구성된 바라밀회가 있으며, 부처님의 가르침을 배우고 수행하고자 하는 기도와 정진의 도량입니다. 이제 각자의 인연으로 보문사에 오신 모든 불자, 중생들의 발원이 모두 이루어지길 합장합니다. 아제아제 바라아제 바라승아제 모지사바하. 2006년 5월"

또한 "영덕군을 비롯한 인근 포항지역을 생활권으로 하는 청년 불자들이 불기 2548(2004)년 석가탄신일을 기하여 휴정스님을 모시고 정기적으로 법문을 청하고자, 보문바라밀회를 결성하여 7월 11일 첫 법회를 가진 후 매월 한 차례씩 정기적으로 법회를 열고 있습니다"라고 하여 지금까지 법회를 열고 있음을 알 수 있다.

현재 대웅전 앞에는 3층 석탑이 조성되어 있고 대웅전의 주불은 석가모니불과 문수보살, 보현보살을 모시고 있으며 전각으로는 대웅전과 주지실, 요사채 등이 있다.

장사위령탑

경상북도 영덕군 남정면 동해대로 3592(장사리)

■ 장사 상륙 작전

장사위령탑 조성은 1950년 9월 15일 인천상륙작전을 성공시키기 위하여 772명의 학도병
중심으로 장사상륙작전을 감행, 그때 희생된 영령들의 극락왕생을 발원하고 유적지 성역
화를 위하여 양평 청운사 석일산스님의 원력에 유격동지회원들과 함께 모금하여 1991년 9
월14일 상륙작전지였던 장사리 해안에 위령탑을 조성하였다. 위령탑의 비문은 서경보큰스
님의 글씨로서 전면은 장사상륙작전전몰용사위령탑이 쓰여 있고 후면에는 게송이 있다.
이러한 인연으로 영덕불교사암연합회에서는 매년 9월 13일 위령제를 봉행하고 14일 기념
식에 동참하고 있다.

▲장사상륙작전에 참전한 학도병들

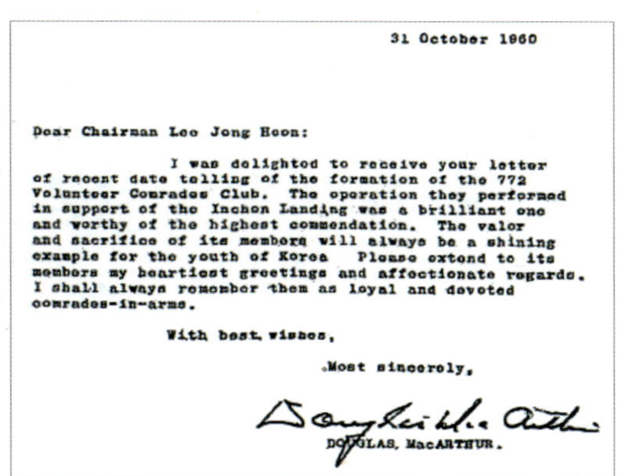

31 October 1960

Dear Chairman Lee Jong Hoon:

    I was delighted to receive your letter
of recent date telling of the formation of the 772
Volunteer Comrades Club. The operation they performed
in support of the Inchon Landing was a brilliant one
and worthy of the highest commendation. The valor
and sacrifice of its members will always be a shining
example for the youth of Korea Please extend to its
members my heartiest greetings and affectionate regards.
I shall always remember them as loyal and devoted
comrades-in-arms.

With best wishes,

Most sincerely,

DOUGLAS, MacARTHUR.

▲장사상륙작전 맥아더 장군 친서

지장암 주지 **향일**

경상북도 영덕군 남정면 중화리365
Tel_ 734-5954 / 010-5443-9083

지장암은 1996년 성범스님이 창건하였다. 창건 당시 종단은 한국불교태고종으로 등록되었으나 2012년 9월에 이 도량에 온 향일 비구니 스님이 수행 정진하고 있다. 대웅전에는 주불인 석가모니불과 관세음보살과 지장보살이 모셔져 있으며, 법당 앞 도량에는 석불 지장보살을 모시고 있다.

전각으로는 대웅전과 산신각, 요사채, 최근에 신축한 주지실 등이 있다. 현재 지장암 주지스님은 사찰 주변 도량을 일신하고 목탁소리가 경내에 울려 퍼져 중화골의 불심을 심어 주고 있다.

달산면 사찰탐방

금황사
만국사
약천사
옥천사
용암사
청련사
해암사

군의 서부에 위치한 면의 면적은 73.52㎢이고, 지세와 지계는 서쪽으로 낙동정맥이 남북으로 달리면서 대궐령(大闕嶺), 양설령(兩雪嶺), 돌시산, 삿갓봉, 팔각산(八角山) 등을 만들어 주어 명승절경을 이루고 있으며, 동쪽은 강구면과 남정면, 남쪽은 남정면과 포항시 죽장면, 서쪽은 청송군 부동면, 북쪽은 본군의 지품면과 접하고 있다.

면내를 지나는 소하천은 포항시 북구 죽장면 상옥리와 청송군 부동면 내룡리에서 발원하는 대서천과 봉산 성암에서 발원하는 소서천(小西川)이 있으며, 대서천이 흘러내리는 곳을 대곡(大谷)이라 하며, 소서천이 흘러내리는 곳을 소곡(小谷)이라 불리고 있다.

특히, 대서천이 흘러내리는 주변지역을 옥계계곡이라 하여 1983년 9월 29일에 지방기념물 제45호로 지정 되었다.
옥계계곡은 인근의 팔각산과 더불어 명승절경을 이루고 있어, 여름에는 전국 각지에서 많은 휴양객들이 찾아오고 있으며, 봄 가을에는 수많은 등산객들이 이곳을 찾아 들고 있다.

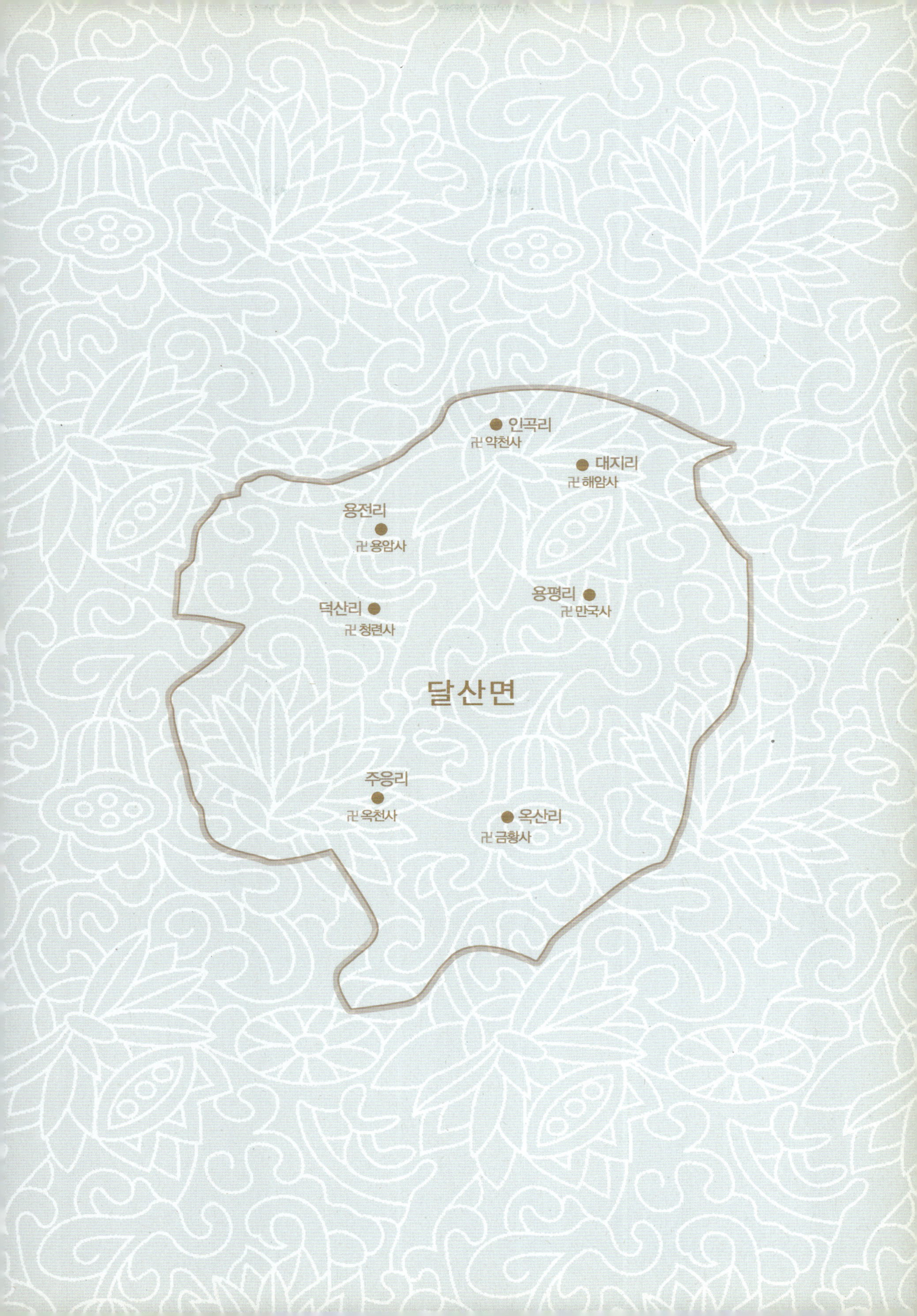

인곡리
卍 약천사
대지리
卍 해암사
용전리
卍 용암사
용평리
卍 만국사
덕산리
卍 청련사
달산면
주응리
卍 옥천사
옥산리
卍 금황사

금황사 주지 **청산**

경상북도 영덕군 달산면 팔각산로 856-108
Tel_ 010-7388-1010

금황사는 주지 청산스님께서 1999년 창건하였으며 현재는 부산 금강선원에 주석하고 있다. 금황사는 주불로서 석가모니불과 좌우 보살님으로는 관세음보살, 지장보살을 모시고 있다. 전각으로는 대웅전과 흙집으로 지어진 산신각, 요사채, 주지실 등이 있다.

만국사 주지 **대원**

경상북도 영덕군 달산면 용평리 144-12
Tel_ 054-733-2259 / 010-9504-7259

만국사는 2008년 현재 주지인 대원스님께서 대한불교일원종 단을 설립하면서 창건하였으며 가람 불사와 신도 포교에 소임을 다하고 있다. 본존불은 석가모니불이며 좌우 협시불은 관세음보살과 지장보살을 모시고 있다.

스님께서는 본인이 손수 대웅전과 요사채 불사를 하여 신도 분들에게 불사금을 받지 않고 회향하였다. 사시불공을 꼭 올리고 있으며 부처님께서 드신 공양을 드시면서 정진하고 계신다.

약천사 주지 **약명**

경상북도 영덕군 달산면 인곡2길 8-4
Tel_ 733-1599 / 010-5476-0787

약천사는 2005년 약명 주지스님께서 창건하였다. 스님께서는 삼보조계종에 등록하였으며 전각은 약사전과 산신각이 있다. 약사전에는 주불로는 약사여래부처님과 좌우 협시보살로 관세음보살과 지장보살을 모시고 있다.

약사전 바로 옆 한 건물에 산신각이 있어 산신을 모시고 있다. 또한 약명스님은 강구 시내에 포교당을 열어 중생 교화에 한 걸음 다가가고 있다. 현재는 사단법인 대한불교 조계선종 감찰원장 소임을 맡고 있다.

殿師藥

閣神山

옥천사 주지 현찬

경상북도 영덕군 달산면 주응1길 8-77
Tel_ 732-3888 / 010-3531-9388

「영덕군향토사(盈德郡鄕土史)」에 의하면 "마을 서쪽에 계곡을 절골이라 칭하였는데 연대 미상이나 천덕사(天德寺)라는 절이 있었다고 전해왔으며, 1961년에 유옥동(劉玉洞)이라는 늙은 보살이 와서 옛 천득사지(天德寺祉)에다 절을 창건하고 옥천사(玉泉寺)라 부르고 대지 1,000여 평에다 대웅전 법당 산신각 요사 주방 등 부속 건물 5동이 있다"라고 기록되어 있다.

「영덕군지(盈德郡誌)」 영덕군 불교사찰 현황에는 "1968년 이연옥보살이 창건하여 이후 삭발 출가하여 현재는 사제인 현찬스님이 그 법을 이어 가고 있다. 전각은 대웅전과 산신각, 주지실과 공양간이 있다"라고 되어 있다.

「달산면지(達山面誌)」의 기록에 의하면, 사찰 대지는 천여 평이며 건물로는 대웅전, 산신각, 요사채, 주방 등 부속 건물이 5동이 있다. 신도수는 약 300명이며 1981년 현 주지는 현찬스님이다"라고 기록하고 있다.

주지 현찬스님은 영덕읍에 룸비니 어린이집을 운영한 적이 있고, 현재 인재 불사에 매진하고 있다. 또한 스님의 수행력이 바탕이 되어 이룬 서각 실력이 뛰어나다.

용암사 주지 지엄

경상북도 영덕군 달산면 용전리 424-4
Tel_ 010-4043-8385

용암사는 창건주 이난이보살이 2001년 창건하였다. 달산면 용전은 이난이보살의 시가(媤家)로서의 인연으로 터전을 잡았다. 용전은 영덕군 전 군수인 김우연 군수의 고향으로 정월 초하루에는 용암사 위쪽 갓바위에 기도소원을 빌곤 하였다고 한다. 2007년 4월 13일 현담스님이 무허가 건물을 양성화시켜 사찰허가를 득했으며, 2011년에 주지인 지엄스님이 이 도량에 들어와 도량을 일신하였다. 대웅전의 주불은 아미타불이다. 기도 불자가 많으며 최근 주왕산 분소가 확정되어 등산코스로도 일품이다.

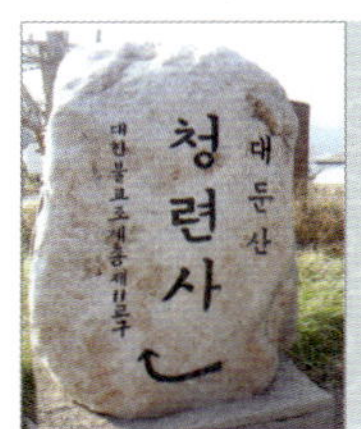

청련사 주지 혜강

경상북도 영덕군 달산면 덕산 736
Tel_ 733-5567 / 010-2929-8872

「영덕군향토사(盈德郡鄕土史)」의 기록에 의하면 "신라고찰로서
당시 사찰이 12동이었으나 1936년 병자년(丙子年) 7월 12일 절을
증축하여 낙성식을 하였는데 그날 밤 대홍수로 산사태가 나서
전 사찰이 파괴 수몰되었으며, 승려 22명이 사망하고 생존자는
한 사람 뿐이었다고 한다.
이런 환란을 당하게 된 이유는 낙성식 당일 승려 중 한 사람이
살생한 개고기를 먹어 하늘로부터 천벌을 받아 폐사가 되었다고
전해지며 현재의 사찰은 1954년 중건되어 청련사(靑蓮寺)로 현존
하고 있다"라고 기록되어 있다.

1999년 「영덕군지」의 청련사에 관한 기록이 있는데 살펴 보면, 청련사는 달산면 덕산리 736번지에 위치한 사찰로 신라시대에 창건되어 건물이 12동이나 되는 거찰이었다고 한다. 그러나 사찰의 창건에 대해서는 정확한 연대를 알 수 없다.

「신증동국여지승람」, 「야성읍지」, 「경상북도영덕군읍지」 등에는 그 이름이 보이지 않는다. 「영영승람」의 〈사찰조〉에 "청련사는 대궐산에 있다(靑蓮寺在大闕山)"는 것과 「교남지」에 "청련사는 덕산동 대궐산에 있다(靑蓮寺在德山洞大闕山)"라는 기록만 보인다.

일제시대에 청련사는 경주 기림사의 말사로 있었다고 한다. 군내 불교사찰 현황에는 창건 연대를 1960년으로 기록하였으며 신도수는 150여 명으로 등록하고 있다.

2010년 6월 발행한 「달산면지(達山面誌)」의 기록에 의하면 "1964년에 송광명화(宋光明華) 보살이 그의 전 재산과 시주로 청련사를 세워 현재에 이르고 있다. 대웅전에는 아미타불과 협시보살로서는 관세음보살과 지장보살이 모셔져 있다. 법당 옆에는 삼층석탑이 모셔져 있으며 대웅전 좌측에는 2008년에 완공한 오백나한전이 모셔져 있고 주지실과 객실, 요사채 등이 있으며 신도수는 500명이다"라고 하였다.

현재 주지는 혜강스님이다.

해암사 주지 **도연**

경상북도 영덕군 달산면 대지리 398
Tel_ 054-732-3553 / 010-3508-3553

「영덕군향토사(盈德郡鄕土史)」에 의하면 "해암사는
1935년 이청학(李靑鶴)이 창건한 절을 현 주지 윤복
득(尹福得)이 인수 확장하여 해암사(海庵寺)로 승격
시켰으며, 신도들이 주지의 공(功)을 기리기 위하여
1988년에 대웅전 앞 뜰에 공덕비를 건립하였다"라고
되어 있다. 「영덕군지(盈德郡誌)」 1999년 12월 31일 군
내 불교사찰 현황에는 신도수는 200여 명이며, 종단
은 조계종으로 등록되어 있다.

「달산면지(達山面誌)」의 기록에 의하면, 해암사는
1955년에 건립한 원통전(圓通殿)과 1974년에 건립한
산령각이 있다. 신도수는 약 70~80명이라 한다.

현재 윤복덕보살은 건강이 여의치 않아 요양원에 머물고 사위가 대한불교법화종에 등록하였으며, 불기 2553(2009)년 3월 15일 수계 득도하여 도연이란 법명을 받았다.
현재 가람외호와 선농일치에 주력하고 있다. 법당은 원통전, 주불로 관세음보살을 모시고 있고 그 밖에 여러 부처님이 모셔져 있다.

지품면 사찰탐방

2004년 8월 26일 현재 면의 구성은 삼화1, 2리, 오천1, 2리, 용덕1, 2리, 송천1, 2리, 도계1, 2리, 신양리, 눌곡리, 낙평리, 신안리, 속곡리, 율전리, 옥류리, 수암리, 복곡리, 원전리, 지품리, 기사리, 황장리, 신애리를 합쳐서 24개의 행정리와 19개의 법정리, 54개의 자연부락과 85개의 반으로 구성되어 있다. 면 소재는 신안리 186-4번지이다.

면적은 150.27㎢이며, 지세는 대둔산, 맹동산이 서북쪽에 높이 솟아 있어 서북쪽은 산세가 험하지만 동으로는 점차 낮아지는 형세를 하고 있다. 면을 가로질러 오십천 원류(原流)가 지나가고 있으며, 이 유역을 따라 충적지가 형성되어 있어서, 논농사와 과수원 농사가 주로 이루어지고 있다. 그러나 산지가 많은 관계로 논농사보다 밭농사가 많이 이루어지고 있는 것이 지품면의 특색이다.

지계는 서쪽으로 청송군 진보면, 부동면과 접하며, 북쪽은 영양군 석보면과 남쪽은 달산면과 접하고 있다. 동북으로는 영해면과 축산면과 접하며, 동쪽은 영덕읍과 접하고 있다.

대흥사
무량사
영탑사
용운사

지품면
기사리
㉔ 무량사
㉔ 대흥사
신안리
㉔ 용운사
눌곡리
㉔ 영탑사

대흥사

경상북도 영덕군 지품면 기사길 104

대흥사는 1993년 대한불교원융종 종정인 일공스님이 창종하여 원융종에 등록하고 3여 년 주석했다. 그 후 송원노스님이 임명 받아 수행 정진하다가 2013년 종단으로 복귀하고 지금은 도량이 비어 있다.

뒷산 돌산에 산신각이 있고 법당과 요사를 함께 쓰고 있는 인법당이다.

무량사 주지 해월

경상북도 영덕군 지품면 기사길 224
Tel_ 732-4068 / 010-6303-4069

무량사는 2001년 주지 해월스님이 창건하여 대한불교총화종에 등록하였다. 법당인 무량수전(無量壽殿)에는 주불인 아미타불과 협시불인 관세음보살, 지장보살이 모셔져 있고, 법당 좌우에는 원불이 모셔져 있다. 다른 전각으로는 주지실과 공양실이 있다. 신도수는 400명으로 기록하고 있다.

해월스님은 사암연합회 집행부 소임을 맡지는 않았지만 말없이 후원하여 연합회 주관 법회 봉행에 큰 힘을 실어 주고 있다. 해월스님은 비구니 스님으로 무량수전 대 불사를 이루어내는 등 원력이 대단하다.

영탑사 주지 범초

경상북도 영덕군 지품면 눌곡1길 38
Tel_ 733-9679 / 010-9668-0159

영탑사는 1993년 나한스님이 영덕사로 창건하여 조동종에 등록하여 수행 정진하다가 현재 주지스님인 대한불교조계종 승려 범초스님이 와서 사찰명을 영탑사로 개명하였다.

2012년에 발행한 「지품면지(知品面誌)」에는 "영탑사는 2009년도에 건립된 사찰로, 사내(寺內)에 5층 석탑이 있다. 창건 시주인은 김원규보살이라 하며, 소속 종단은 조계종이고 현재 신도수는 200명이고 주지는 손대용스님이다. 법명은 범초(凡超)이다"라고 기록하고 있다. 범초스님은 도량에 5층 석탑 봉안과 대웅전의 주불인 아미타불과 협시불인 관세음보살, 지장보살을 새롭게 조성하여 도량을 일신하였다. 또한 삼존불사리탑 조성시주 공덕비와 영탑사 창건시주 공덕비 제막을 하였다.

스님은 현재 신도의 시주로 대웅전 뒤쪽 산을 매입하여 삼성각 불사를 원만히 회향하였으며 수행과 포교, 가람불사의 원력을 세우고 있다.

용운사 주지 정준

경상북도 영덕군 지품면 신안리 302
Tel_ 054-732-3379 / 010-8663-9215

용운사는 「영덕군향토사(盈德郡鄕土史)」에 "주지는 백기태(白基泰), 1959년 건축하고 규모는 목조 와가(瓦家) 13평, 불상은 삼존불(三尊佛)인 석가모니불, 관세음보살, 대세지보살을 봉안하였다. 등록번호 72호 신도수 150명"으로 기록되어 있다.

「영덕군지(盈德郡誌)」 1999년 군내 불교사찰 현황에는 "주지는 구정호(정준)스님이며 창건연대는 1959년으로 동일하며 신도수는 140여 명이며, 종단은 조계종으로 등록되어 있다."고 기록되어 있다. 대한불교조계종 제11교구 불국사 말사로 등록되어 있으며 주지스님께서는 본사가 용주사이고 열반하신 전강큰스님의 상좌로서 현재 가람외호와 선농일치의 모범을 보여주고 계신다.

佛
사리봉안
기도정진도량

축산면 사찰탐방

현재의 축산면은 본래 영해부에 소속되어 영해부사의 관할을 받던 곳으로 1896년까지는 영해부(寧海府)의 남면(南面)으로 1896년 이후로는 영해군의 남면이었다.

1789년의 「호구총수」에 의하면 축산육리, 축산진리(丑山津里), 양장리(羊腸里), 차유진경정육리(車鍮津景汀陸里), 경정진리(景汀津里), 고곡리, 상반포원포리, 하반포리, 부곡리, 칠성리, 복기암웅창리, 대동리, 백일동묘곡리, 원고리(元皐里), 오금리(梧琴里)의 15개 리로 구성되어 있었다.

이후 1899년의 「경상북도영해군읍지」에 의하면 영해부의 남면은 축산(丑山), 양장〈良(羊)庄(場, 腸)〉, 경정(景汀), 지경(地境), 차유(車鍮), 고곡(古谷), 반포(反浦), 수일정(守一亭), 부곡(釜谷), 아삼(牙三), 복기암, 웅창(熊倉), 대곡(大谷), 화전(花田)의 14개 리로 구성되어 있었다. 이후에 정신방(貞信訪), 와고동(瓦皐洞), 원포동(元浦洞), 동로동(東魯洞), 도동(道洞)과 묘곡면의 대곡동(大谷洞), 니전동(泥田洞), 망전(網田), 조항산(鳥項山) 등이 합쳐져 1914년 3월 1일 부군면 폐지로 인한 행정구역 변경 때에 도곡동(陶谷洞:반포, 정신방), 기암동(奇巖洞:기암, 아삼), 부곡동(釜谷洞:부곡, 원포), 고곡동(古谷洞), 대곡동(大谷洞: 대곡, 동로), 상원동(上元洞:와고, 수일정, 원포), 경정동(景汀洞:경정, 차유, 지경), 조항동(鳥項洞), 축산동(丑山洞:축산, 양장), 화천동(華川洞:웅창, 도동), 칠성동(七星洞:칠성, 니전, 화전, 망전)의 11개 동으로 개편되면서 면명을 축산면이라 하였다.

이후 1963년 8월 23일에는 군조례 제43호에 의하여 축산면 출장소가 축산항에 설치되었으며, 1988년 5월 1일에는 군조례 제972호에 의해 동을 리로 개칭하였다. 1993년 6월 29일에는 화천리를 영덕읍에 이속시켰다.

축산면
상원리
㊎ 연화사
축산리
㊎ 영명사
고곡리
㊎ 고경사
경정리
㊎ 효심사
㊎ 문수정사
기암리
㊎ 약사암

고경사 회주 법수 주지 혜진

경상북도 영덕군 축산면 고곡리 102
Tel_ 054-732-4104 / 010-5910-6375, 010-4769-2479

고경사는 『축산면지』에 의하면 "고경사는 배명란보살이 창건하여 부처님을 시봉하다 열반한 이후 현 주지스님이신 묘관당(妙觀堂) 법수스님이 1978년 이 도량에 들어와 오늘에 이르고 있다. 약 2.080㎡의 대지에 129㎡의 대웅전이 있고 산신각과 요사채, 주지실이 있으며 대웅전에는 석가모니불과 문수보살 보현보살을 모시고 도량에는 약사여래불을 모시고 화강암으로 조성된 삼층석탑이 우뚝 서 있으며 지역의 인재 양성을 위한 고시원을 운영하고 있다."라고 한다.

현재 법수스님께서는 30여 년의 불사를 회향하고 회주로 후원에서 정진하고 계시며 주지는 혜진스님이다. 고시원은 시대의 흐름에 따라 연로하신 재가불자들의 고경실버원으로 요양 보호시설로서 그 역할을 다하고 있다.

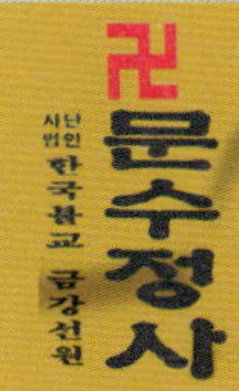

문수정사 주지 보현

경상북도 영덕군 축산면 경정3길 36
Tel_ 852-6185 / 733-6200 / 011-522-6185

문수정사는 1997년 유발승인 강보현스님이 창건하였다. 사단법인 한국불교 금강선원에 등록하고 있다. 사찰이 바로 동해 바다가 보이는 곳에 위치하고 있어 풍광이 뛰어나다.

대웅전의 주불은 석가모니불을 모시고 있다.

보현스님은 안동에도 수행 공간이 있어 안동과 영덕을 오가며 포교에 열성을 보이고 있다.

大雄殿

문수정사
문수정사
SECOM
SECOM

약사암 주지 홍재

경상북도 영덕군 축산면 영축로 609-14
Tel_ 733-5602 / 010-3721-0893

약사암은 「영덕군지(盈德郡誌)」의 1999년 군내 불교사찰 현황에 의하면, "종단은 태고종으로 창건 연대는 없으며 주지는 진경찬(현담)스님으로 신도수는 30명"으로 기재되어 있다. 담당 공무원의 착오로 법화종을 태고종으로 기재하였고 창건연대는 기록을 하지 않았으나 2003년에 건축물 관리대장에 기록되어 있다.

현재는 홍재 원로 주지스님이 주석하고 있다. 대웅전에는 아미타불 삼존불과 우측단에 약사여래불이 모셔져 있다. 대웅전 앞 주련 글씨는 한석봉 글씨라고 한다. 약사암 초입에 약사여래불 석불이 조성되어 있으며, 전각으로는 대웅전과 산신각, 주지실, 객실과 요사채가 있다. 사찰규모는 대지1,060㎡, 대웅전66㎡, 산신각16㎡, 요사채83㎡이다.

연화사 주지 수예

경상북도 영덕군 축산면 영축로 919
Tel_ 733-7881 / 010-2540-0027

연화사는 『축산면지』에 의하면 "연화사는 약 1,060㎡의 대지 위에 대웅전, 요사채, 공양실 등 시설로서 1990년 초 혜공(관명: 정순옥)스님이 창건하였고, 현재는 상좌 수예(관명:임혜진)스님이 수행 정진하고 있다. 혜공스님은 경남 산청군 삼장면 내에 소재하고 있는 대원사(大源寺) 도안암(道安庵) 일명 도암토굴(道庵土窟)에서 수행하던 중 연화사를 창건하였다. 연화사 대웅전의 주불은 석가모니불이며 협시보살로 관세음보살, 대세지보살을 모시고 있다.

영명사 주지 동진

경상북도 영덕군 축산면 축산리 산 169
Tel_ 054-732-4337 / 010-5052-8526

영명사는 불자들이 이룩한 신도 절로서 종단은 대한불교법화종 동해교구에 등록하고 있다. 「영덕군지(盈德郡誌)」의 1999년 12월 31일 현재 군내 불교사찰 현황에 종단은 법화종으로 창건 연대는 1961년으로 기록하고 있다. 당시 주지는 황은식스님으로 신도수는 300명으로 기재되어 있다. 2009년도에 오신 도일스님께서 대웅전 건축불사를 마치고 이후 동진스님께서 오셔서 대웅전과 천불전 단청불사를 회향하여 오늘에 이르고 있다.

대웅전에는 주불인 아미타불과 관세음보살, 대세지보살이 모셔져 있다. 전각으로 대웅전과 산신각, 용왕전, 주지실 및 공양간이 있다. 대지로는 15,910㎡ 대웅전의 규모는 목조기와로서 49.6㎡ 천불전이 불록조 아연기와로 26.4㎡ 공양간 168.0㎡ 삼성각9.9㎡이다.

현재 주지는 동진스님으로 영덕불교사암연합회 부회장으로서 그 소임을 맡고 있으며, 신도포교와 수행정진에 본분사를 다하고 있다.

大雄殿

효심사 주지 담연

경상북도 영덕군 축산면 경정3길 41
Tel_ 734-1031 / 010-5413-0141

효심사는 주지 담연스님이 1999년 10월에 이 도량에 터를 닦고 불사를 시작하였다. 종단은
대한불교조계종 금산 효심사 분원으로 등록하였다. 대웅전에는 주불인 아미타불과 관세
음보살, 대세지보살을 모시고 있다.

대웅전 위쪽에 아미타불 대불이 있고, 대웅전 앞마당에는 해수관세음보살 석불을 조성하
여 널리 동해바다에서 어업에 종사하는 분들의 정신적인 귀의처가 되고 있다. 전각으로는
대웅전과 산신각, 주지실, 요사채 등이 있다.

영해면 사찰탐방

현재 면의 구성은 성내1, 2, 3, 4, 5리, 괴시1, 2, 3리, 대진1, 2, 3리, 사진1, 2, 3리, 연평1, 2리, 벌영1, 2리, 원구1, 2리, 묘곡1, 2리, 대1, 2리로 24개의 행정리와 9개의 법정리, 그리고 자연부락 32개와 117개의 반으로 구성되어 있으며, 면 소재지는 성내리 671-5이다.

북부 4개 면의 중심지인 영해면의 면적은 63.97㎢이며, 2005년 12월 31일 현재 세대수는 3,337세대이고 인구는 7,900명인데, 이중에 남자는 3,755명이며, 여자는 4,145명이다.

면의 지세는 서북쪽으로 낙동정맥이 남북으로 달리면서 등운산, 칠보산, 상대산, 형제봉, 대소산, 망월봉 등을 만들어 주어 이들 산들이 병풍처럼 영해평야를 감싸고 있는 지세이다. 또한 면내에 흐르는 소하천으로는 등운산과 울령에서 발원하는 서천과 맹동산에서 발원하는 남천이 원구 앞에서 송천(松川)과 합류하여 동해로 흘러 들어간다.

또한 면내에 흐르는 소하천으로는 등운산과 울령에서 발원하는 서천과 맹동산에서 발원하는 남천이 원구 앞에서 송천(松川)과 합류하여 동해로 흘러 들어간다. 해안선은 상대산, 대소산, 망월봉 등의 산세가 해안까지 펼쳐져 바위가 많으며 경사가 급하다. 농경지대의 대부분은 밭보다 논이 많은 형태이다. 이들 논은 대개 송천유역을 중심으로 펼쳐져 있으며, 예로부터 이들 지역을 중심으로 논농사가 발달하였다.

영해면 사찰탐방

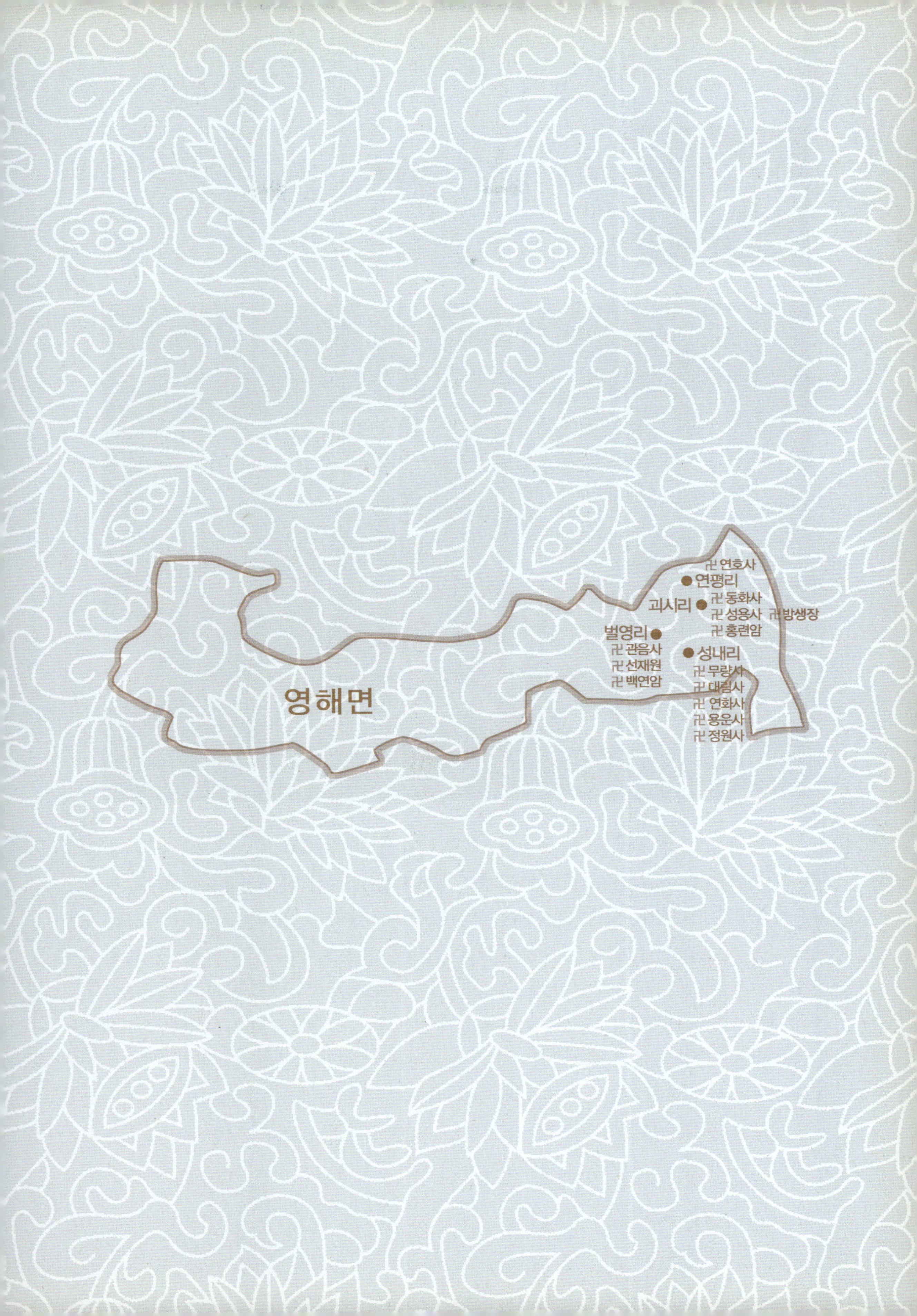
영해면
연호사
연평리
괴시리
동화사
성용사
방생장
홍련암
벌영리
성내리
관음사
무량사
선재원
대림사
백연암
연화사
용운사
정원사

관음사 주지 경선

경상북도 영덕군 영해면 벌영3길 12-9
Tel_ 732-0141 / 010-3703-2537

관음사는 「영덕군향토사(盈德郡鄕土史)」에 영해면 벌영1리 유적 및 전설편에 자세하게 기술하고 있다. 그대로 옮겨보면 "관음사 : 영해(寧海) 관음사(觀音寺)는 조계종파(曹溪宗派)로 서기 1932년 6월 17일 창건하였는데 당시 창건주는 김보성(金寶聲) 씨다. 현재는 자원(慈元) 이병길(李炳吉) 주지가 있고 건물은 구한옥(舊韓屋)으로 삼동(三棟)이라 대웅전이 5간(間) 용화전(龍華殿)이 3간(間) 요사(寮舍)가 3동(間) 독성각(獨聖閣)이 1간(間) 주지실 1간(間)이다. 보존 불상은 아미타불이며 지장·관세음보살이 우편에 좌(坐)하고 대세지보살이 좌편에 좌(坐)하고 있다. 보존문화재는 우불좌상우(右佛坐像右) 상중하(上中下)로 되어 있다"라고 기록하고 있다. 보존불상 중 주불 아미타불과 협시보살인 지장관세음보살은 지장보살인지 아니면 관세음보살인지 확인이 필요할 것 같다.

「영덕군지(盈德郡誌)」의 1999년 12월 31일 현재 군내 불교사찰 현황에 의하면, "관음사는 1939년으로 창건하였으며 종단은 조계종에 등록하였다. 당시 주지로는 김상용스님이며 신도수는 100명"으로 기록되어 있다. 창건 연대가 「영덕군향토사」 자료와 「영덕군지」의 자료에 7년이란 기간 차이가 있다. 1999년 당시 주지 김상용은 무원스님이다. 현재 주지스님은 2008년 불국사에서 임명받아 온 비구니 스님으로 경선스님이다. 주지 경선스님은 대웅전 단청과 산신각 단청불사를 기도정진으로 회향하였다. 대웅전 주불은 아미타불이며 협시보살은 관세음보살과 대세지보살이다. 전각으로는 대웅전과 삼성각, 독성각 등이 있다.

대림사

경상북도 영덕군 영해면 성내리 20
Tel_ 732-1882

대림사는 「영덕군지(盈德郡誌)」의 군내 불교사찰 현황에 의하면, "1968년에 김보성(金寶聲) 스님이 창건하였으며 1981년도 주지스님은 주영례(朱永禮)였으며 1999년도에는 김신일스님이며 종단은 미륵종에 등록하였으며 신도수는 100명"으로 기록되어 있다.

전각은 대웅전과 산신각 그리고 요사채가 있다. 대웅전의 주불은 아미타불이며 협시보살로는 관세음보살과 대세지보살이다. 현재 주지는 공석이며 부처님을 시봉하던 스님과 보살은 입적으로 사찰 주위에 잡초가 무성하여 제행무상을 느끼게 하고 있다.

동화사 주지 등명

경상북도 영덕군 영해면 호지마을길 45-2
Tel_ 732-1329 / 010-2615-1329

「영덕군지(盈德郡誌)」의 군내 불교사찰 현황에 의하면, "1974년으로 창건하였으며 종단은 법화종에 등록하였고 신도수는 150명"으로 기록되어 있다.

현재 창건주인 등명(남상연)보살이 사찰을 운영하고 있다. 종단은 한국불교총화종이며 법당 주불은 아미타불이다. 협시보살은 관세음보살과 대세지보살이 모셔져 있고, 묘법연화경을 수지 독송 신행하고 있다. 전각은 대웅전과 산신각, 요사채 등이 있다.

무량사는 「영덕군지(盈德郡誌)」에 1999년 12월 31일 군내 불교사찰 현황에는 신도수는 100
여 명이고, 창건 연대는 기재되어 있지 않다. 당시 주지는 남상연으로 기록되어 있으나 기
록상 착오가 있는 것 같다.

현재 대한불교조계종 11교구 불국사 말사로 등록하고 현 주지인 현암스님이 2000년 4월 8
일 주지로 임명 받아 현재에 이르고 있다.

원래는 사명(寺名)이 성낙사로서 창건주 노학도스님이 1984년 창건하였다고 한다. 현암스님
은 수행과 신도 포교와 더불어 도량을 일신하였다.

극락전에 상호가 아주 원만한 삼존불 중 주불인 아미타불과 좌우 협시보살로 관세음보살,
지장보살을 모시고 있다. 응진전에는 삼존불과 16나한이 거룩한 상호를 띠고 불자들을 맞

이하고 있다. 또한 산신각의 전각이 있으며, 주지실과 공양간이 있고 도량에는 석불 지장
보살과 5층 석탑을 조성하여 불자들의 귀의처가 되고 있다.
현재는 영덕군에서 군비 보조를 받아 지역문화사랑방을 운영하여 영해에 거주하는 불자
들과 일반인에게 문화 혜택을 제공하고 있다.

선재원(미륵사) 주지 지언

경상북도 영덕군 영해면 벌영2길 24
Tel_ 054-734-2911

「영덕군지(盈德郡誌)」의 1999년 12월 31일 현재 군내 불교사찰 현황에는 사명(寺名)이 선재원으로 등록되어 있다. 선친인 운산(김유현)스님이 1965년에 창건한 것으로 되어 있고 대한불교법화종으로 등록을 하였다. 당시 신도수는 70명이다. 운산스님의 아들인 지언스님이 임제불교조계종에 등록하고 미륵사로 사명을 개명하였다.

주불은 아미타불이며 협시보살은 관세음보살과 대세지보살이 모셔져 있고 대웅전과 산신각, 주지실, 공양간 등이 있다. 지언스님은 선농일치를 주장하며 농사도 겸하고 있다.

백련암 주지 평심

경상북도 영덕군 영해면 벌영길 165-34
Tel_ 010-4047-4690

백련암은 2000년 현 주지인 평심스님이 창건하였다. 불국사 말사인 강구 영혜사에서 10여 년 수행 정진과 신도 포교를 하였다. 그 원력으로 극락전 불사를 마무리하고 시절인연으로 이곳 백련암에서 조용히 수행 정진하고 있다. 극락전에는 주불인 아미타불만 모셔져 있다. 전각으로는 대웅전과 요사채가 있다.

성용사

경상북도 영덕군 영해면 괴시리 101
Tel_ 732-1368

성용사는 「영덕군지(盈德郡誌)」에 군내 불교사찰 현황에는 창건 연대가 1975년이며, 1999년 12월 31일 현재 주지는 유인준스님으로 되어 있다. 유인준은 명중스님의 속명이다. 또한 그 당시 신도수는 200여 명으로 기록되어 있고, 종단은 법화종으로 등록되어 있다.

현재 주지는 공석이며 스님을 시봉하던 보살이 절을 운영하고 있다. 전각은 대웅전과 요사채, 주지실 등이 있으며 도량에 5층 석탑이 있다.

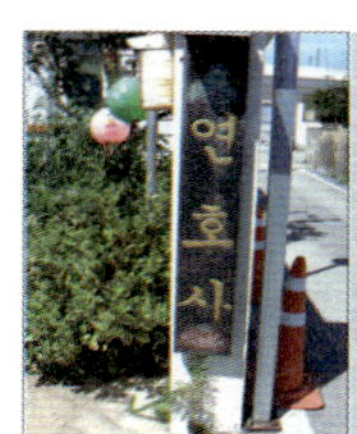

연호사 주지 동준

경상북도 영덕군 영해면 연평4길 34
Tel_ 054-733-3792 / 010-5427-7038

연호사는 2000년 동준 비구니 스님이 창건한 사찰이다. 대한불교조계종에 등록된 사찰이다. 대웅전에는 주불인 석가모니불과 협시불로 관세음보살과 지장보살을 모시고 있다. 전각으로는 대웅전과 요사채가 있다.

절이 들어서기 전에는 이웃 간 사소한 언쟁들이 많았으나 스님이 주석하고부터 스님의 성품이 어질고 맑아 지역 사람들로부터 호응을 받아 스님을 중심으로 화합하여 정이 넘치는 동네가 되었다고 마을 사람들이 말하고 있다.

연화사 주지 다우

경상북도 영덕군 영해면 318만세길 90-16
Tel_ 732-1595 / 010-9835-6363

연화사는 「영덕군지(盈德郡誌)」의 1999년 12월 31일 현재 군내 불교사찰 현황에 의하면, 사명(寺名)은 태양사로 되어 있으며, 1974년 손재수(孫在秀)스님이 창건한 사찰로, 당시 원효종으로 등록하였다. 1999년도에는 윤석영스님이 있었으며 신도수는 180명으로 기록되어 있다.

이후 현각스님이 주석하여 신도 포교의 원력을 세우고 정진하다가 대도시로 인연이 되어 가고 혜진스님께서 도량 중창불사를 하고, 인연 있는 다우스님에게 주지를 맡겨 놓았다. 혜진스님은 2011년에 이 도량에 와서 사명을 연화사로 개명하고 대한불교선각종에 등록하였다. 현재 주지는 다우스님이다. 대웅전 주불은 아미타불이며 좌우보살은 관세음보살과 대세지보살이다.

卍
연화사
大雄殿
好白其中霹妙旨
南方壬马選佛場

大雄殿
好白其中霹妙旨
南方壬马選佛場

영덕불교사암연합회 방생장

경상북도 영덕군 영해면 영덕대게로 2660
Tel_ 010-3787-5611

대각사 보각원로스님의 원력으로 창건된 방생장이다. 영덕불교사암연합회가 전국의 각 사찰에서 동해안 영덕으로 성지순례를 오는 불자들을 맞이하여 방생의 참 뜻을 전달하고 새기기 위하여 2017년 7월에 문을 열었다.

용운사 주지 **적광**

경상북도 영해면 성내 23-9
Tel_ 732-9464

용운사는 「영덕군향토사(盈德郡鄉土史)」에서 '영해면 성내 1리 마을의 역사 영해초등학교'에 관한 기록 밑에 두 줄로 언급하고 있다. 그 내용인즉 "용운사(龍雲寺)는 한국불교천태종으로 서기 1974년 주지 윤보살이 창건, 신도는 250명, 목조건물로 와가(瓦家) 16평"으로 기록되어 있다. 현재 주지스님인 적광스님은 전통불교조계종 소속으로 사찰은 한국불교태고종으로 등록되어 있다.

1999년 12월 31일 현재 「영덕군지(盈德郡誌)」에 군내 불교사찰 현황에는 창건 연대가 1974년이며 창건주는 윤선희로 되어 있으나 윤선이가 맞다. 또한 그 당시 신도수는 200여 명으로 등록되어 있다. 전각으로는 대웅전과 산신각, 요사채 등이 있다. 대웅전에는 아미타불과 기타 소불들이 있다. 스님은 영해 시가지를 다니면서 상인들과 주민들에게 직접 생활방편 불교법을 실천하고 있다.

정원사 주지 성안

경상북도 영덕군 영해면 318 만세1길 46-5
Tel_ 733-2019 / 010-2034-4313

정원사는 2012년 성안 주지스님이 창건한 사찰로서 종단은 대불교조계종에 등록하였다.
주불은 석가모니불과 협시불로 지장보살을 모시고 있다. 전각으로는 대웅전과 주지실을
함께 쓰는 인법당이다.
주지 성안스님은 울진에도 포교당을 개원하고 있어 영덕과 울진을 오가며 불법을 홍포하
고 있다.

大韓佛教 大佛 조계종
출입문
2층
정원사 법당2층
010-2034-4313

홍련암 주지 만귀

경상북도 영덕군 영해면 호지마을1길 24-35
Tel_ 733-7836 / 010-9491-7836

홍련암은 백종호의 고려대학교 석사학위 논문의 『괴시리 전통마을의 문화경관 해석』에 의하면 "괴시리 홍련암의 특징은 마을과 아주 인접하여 주민들이 언제든 종교시설을 이용할 수 있도록 하였다. 홍련암의 내력은 원래 이곳에 오래된 사찰이 있던 곳으로 거의 폐사된 상태로 있다가 1970년대 조계종에서 이곳을 복원하여 홍련암이라 하였다."라고 기록하고 있다.

이후 현재 주지 만귀스님이 시절인연에 의해서 1994년에 중창하여 현재의 사격을 갖추었다. 주불은 아미타불, 좌우 협

시보살은 관세음보살과 지장보살이며 도량에 약사불이 모셔져 있다. 도량은 넓지 않으나 고풍스럽고 정갈하며 괴시 전통마을 제일 위쪽에 자리잡아 영해와 병곡 시가지가 내려다 보여 전망이 좋고 아름다운 곳에 자리 잡고 있다. 전각은 대웅전과 삼성각, 주지실인 적묵당과 요사채가 있다.

 주지 만귀스님은 목은 이색 유물관과 영덕 불루로드 길을 방문하는 분들과 지역 불자들에게 절 샘의 맑은 물로 끓인 깊은 차를 대접하여 다선일미(茶禪一味)법을 전해 주고 있다.

창수면 사찰탐방

2006년 3월 1일 현재 면의 구성은 인량1, 2리, 가산1, 2리, 신기1, 2리,신리1,2리 갈천1, 2리, 창수1, 2리, 미곡1, 2리, 오촌1,2리 삼계1, 2리, 수리, 인천1, 2리, 보림리, 백청리로 23개의 행정리와 13개의 법정리, 그리고 44개의 자연부락과 76개의 반으로 이루어져 있다. 면 소재지는 신기리 56-4번지이다. 면 소재지는 가산1리와 인량2리에도 있었으며, 현 신기리로는 세 번째 이전이다.

군의 서북쪽에 위치한 창수면의 면적은 152.29㎢이며, 2006년 3월 1일 현재의 세대수는 1,018세대이고 인구는 2,166명으로 남자는 1,029명, 여자는 1,137명이다.

지세는 낙동정맥이 남북으로 지나가는 가운데에 위치한 관계로 산세가 웅장하면서 험하다. 특히 울진 온정의 백암산(白岩山) 지맥과 등운산이 동북에 뻗어 있어 해안으로부터 불어오는 해풍을 막아주는 역할을 하고 있다. 서북쪽은 읍령(泣嶺), 맹동산(萌童山), 삼승령(三僧嶺), 독경산(讀經山) 등이 솟아 있어 명승절경을 만들어주고 있다.

창수면 사찰탐방

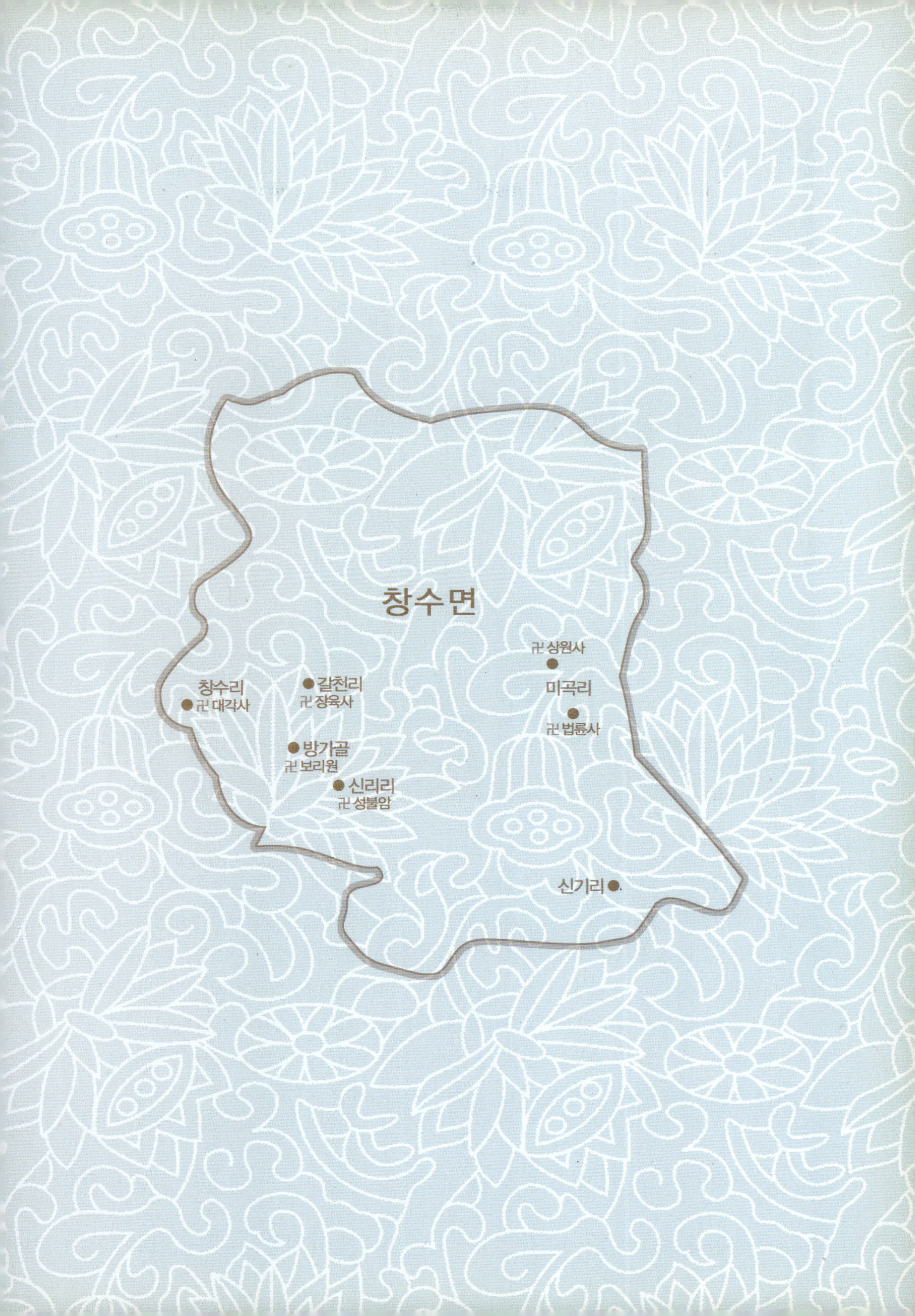

창수면
창수리
대각사
갈천리
장육사
방가골
보리원
신리리
성불암
상원사
미곡리
법륜사
신기리

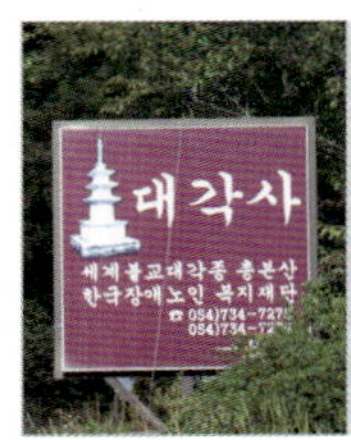

대각사　주지 **보각**

경상북도 영덕군 창수면 창수4길 21
Tel_ 734-7275 / 010-3787-5611

대각사는 2012년에 창건된 사찰이다. 영덕군과 영양군의 경계 지점에 사찰이 위치해 있다. 종단은 세계불교대각종 총본산이며, 현재 주지 보각원로스님은 대각종 종정예하로서 그 소임을 다하고 있다. 법당은 현대식 건물인 조립식 건물로 지어져 있고, 대웅전 내에는 관세음보살과 16나한이 모셔져 있다. 16나한은 주지스님께서 경기도 이천에 계실 때 도공으로서의 실력으로 직접 빚은 작품이다. 전각은 대웅전과 주지실 및 요사채 등이 있다. 세계불교대각종 총본산 조감도에서 주지스님의 원력을 엿볼 수 있다. 현재 스님께서는 대웅전을 목조로 50여 평의 건축을 설계를 하여 대작불사를 진행 중에 있다.

산신각
대웅전
지장전
명부전
다보탑
석가탑

법륜사 주지 무일

경상북도 영덕군 창수면 미곡1길 91-22
Tel_ 733-8253 / 010-2008-0377

법륜사는 원래 칠양사에서 세심사로 2000년 만덕스님이 창건하여 지금의 주지인 무일스님이 법륜사로 사명(寺名)을 개명(改名)하였다. 대웅전의 주불은 아미타불이며, 협시불은 관세음보살과 지장보살을 모시고 있다. 도량에는 석불로 지장보살이 조성되어 있다. 전각으로는 대웅전과 주지실을 인법당으로 쓰고 있으며, 현재 무일 주지스님께서는 선농일치를 주장하여 동네 빈 땅을 경작, 자급자족하고 있으며 정진하면서 틈틈이 익힌 붓글씨가 수준급이다.

보리원 주지 혜능

경상북도 영덕군 창수면 창수길 104
Tel_ 733-0882

보리원의 창건 연대는 정확히 알 수 없다. 현대식 2층 건물로 지어져 있으며 보리원 간판에 종단은 대한불교조계종이라고 쓰여져 있다. 보리원 원장 혜능스님께서는 통도사 울산포교원 람림학당에서 정진하고 있다. 스님께서는 불심도문 스님을 은사로 출가해 동국대 불교학과를 졸업하고 한국역경학회 회장, 팔공총림 영산율원 강사, 해인총림 해인율원 원장을 역임하였으며 다수의 불교 번역서를 출간하기도 하였다.

상원사 주지 **대원**

경상북도 영덕군 창수면 미곡2길 6-44
Tel_ 732-7746 / 010-4572-7770

상원사는 현 주지인 대원스님이 2008년 꿈에 현몽을 받은 자리에 터를 매입하여 상원사를 창건하였다. 경내 대웅전 옆 계곡에 자연석의 돌미륵이 있다. 대웅전에는 주불로 미륵불과 좌보처는 비로자나부처님 우보처는 약사여래불, 아미타불을 모시고 있다. 전각으로는 대웅전과 산신각, 용왕전, 주지실, 공양간 등이 있다. 스님은 대한불교미륵용화종에 등록되어 있다.

삼성각

大雄殿

성불암_(구 관음사) 주지 정공

경상북도 영덕군 창수면 신리리 416
Tel_ 010-5714-7872

성불암은 원래 사명이 관음사로서 창건연대는 정확하게 알 수 없으며 『영덕군지』에 의하면 "종단은 조계종이며 주지는 김영복이고 신도수는 30명"으로 기록되어 있다.

2009년 이 도량에 온 보안보살은 영덕과 영양을 오가며 직접 농사를 지어 절을 운영하였으며 현재 주지는 정공스님이다. 스님께서는 은해사로 출가하여 제방에서 정진하시다가 2017년 7월에 인연이 되어 현재 이 도량에서 정진하고 있다.

대웅전에는 아미타불, 약사여래불, 관세음보살이 모셔져 있다. 전각으로는 대웅전과 산신각, 요사채 등이 있다. 정공 주지스님께서는 성불암을 찾는 신도분들과 불자들에게 신심을 증장시키고자 달마를 그려 무보시로 법향을 드러내고 있다.

장육사 주지 효상

경상북도 영덕군 창수면 장육사1길 172
Tel_ 732-6289 / 010-4539-7207

장육사는 「영덕군향토사(盈德郡鄕土史)」에 기재되어 있는 내용을 보면 "고려 공민왕 4년 (서기1355) 경에 창건된 창수면 갈천리에 위치한 사찰이다. 나옹왕사가 창건하여 이곳에서 수도하였다 하며 석가모니불을 봉안하고 대웅전, 종각, 홍련암이 있었으나 지금은 대웅전, 산운각(山雲閣), 금당(金堂)만 남아 있으며 근래에 나옹선사(懶翁禪師)의 화상(畫像)을 도난당하였고 건칠보살좌상(乾漆菩薩坐像)은 서기 1989년 보물 제993호로 지정되었다"라고 기록하고 있다.

1999년 12월 31일 현재 「영덕군지(盈德郡誌)」 군내 불교사찰 현황에는 "종단은 조계종으로 사찰명은 장육사이다. 현 주지는 김귀득이며, 창건연대는 고려말로 기재하고 있으며, 신도 수는 100명"으로 기록하고 있다. 또한 「창수면지(蒼水面誌)」에는 창건연대는 「영덕군향토사』에 나타난 내용과 일치하며 "조선 세종 때(1418~1450) 운서산에 산불이 크게 나서 대웅전을 비롯한 모든 건물이 전소했으나 곧 중창하였고, 선조 25년(1592) 임진왜란 때 폐허가 된 채 명맥만 이어 오다 운서(雲棲) 이현규(李鉉圭, 1860~1909)가 가산을 모두 바쳐 중수하였다고 한다. 그 뒤 주지 권성기가 폐사된 평해 광암사의 유물을 옮겨 와서 산신각과 금당을 짓고 신도들과 합심하여 중건을 완성하였다고 한다.

현재 장육사는 정면 3칸, 측면 3칸의 대웅전(경상북도 유형문화재 제 138호)과 정면 5칸, 측면 2칸의 맞배지붕의 홍원루, 산신각, 홍련암, 미유암(전, 花雲閣), 종각, 탐진당(探嗔堂)(선실), 육화당(요사채), 삼륜당(공양간) 등이 있다. 이 중 종각은 2001년 건축하였다고 한다. 2007년 4월에 관음전을 신축하고 대웅전에 봉안했던 건칠보살좌상(보물 제993호)을 이곳에 봉안했으며, 대웅전에는 그 자리에 청동관음상을 새로 조성하여(2007) 봉안하였다. 즉 중앙에는 석가본존상, 좌측에는 청동관음상, 우측에는 대세지보살이 봉안되어 있다"라고 기록하고 있다.

현재 장육사 효상 주지스님은 원력을 세워 템플스테이(Temple Stay) 운영사찰로서 내외국인을 대상으로 불교수행을 체험할 수 있는 기회를 제공하고 있으며 108순례, 33관음성지순례를 봉행하였고, 현재는 28지장성지순례길을 열고 있다. 장육사는 불국사 말사로 등록되어 있다.

병곡면 사찰탐방

2006년 10월 현재 병곡면의 구성은 삼읍리, 금곡1, 2, 3리, 백석1, 2리, 병곡1, 2리, 영1, 2, 3, 4리, 거무역리, 아곡리, 원황1, 2리, 이천리, 각리1, 2, 3리, 사천리, 신평리, 송천1, 2리와 1990년 1월 3일에 종전에 휘리를 덕천리로 고쳐 총 25개의 행정리와 14개의 법정리, 그리고 38개의 자연부락과 106개의 반으로 구성되어 있으며, 면 소재지는 병곡리 125-3번지이다.

병곡면은 군의 북쪽 관문으로 면적은 66.06㎢이며, 2006년 10월 현재 세대수는 1,675세대로 인구는 3,584명이며, 이중 남자는 1,659명, 여자는 1,925명이다.

면의 지세는 낙동정맥이 남으로 달리며 칠보산, 등운산이 산줄기를 동해바다에 던지며 넓게 산자락을 펼쳐주어 동해안에서는 드물게 넓은 평야를 만들어 주고 있다.

산세가 바다에까지 내려오므로 바다의 수심은 매우 깊은 편이다. 해안선은 단조로우나 군내의 다른 해안이 바위로 이루어진 것과는 달리 병곡면 해안은 명사이십리의 깨끗한 모래로 이루어져 있어 피서객과 관광객이 많이 찾아오는 명소가 되고 있다.

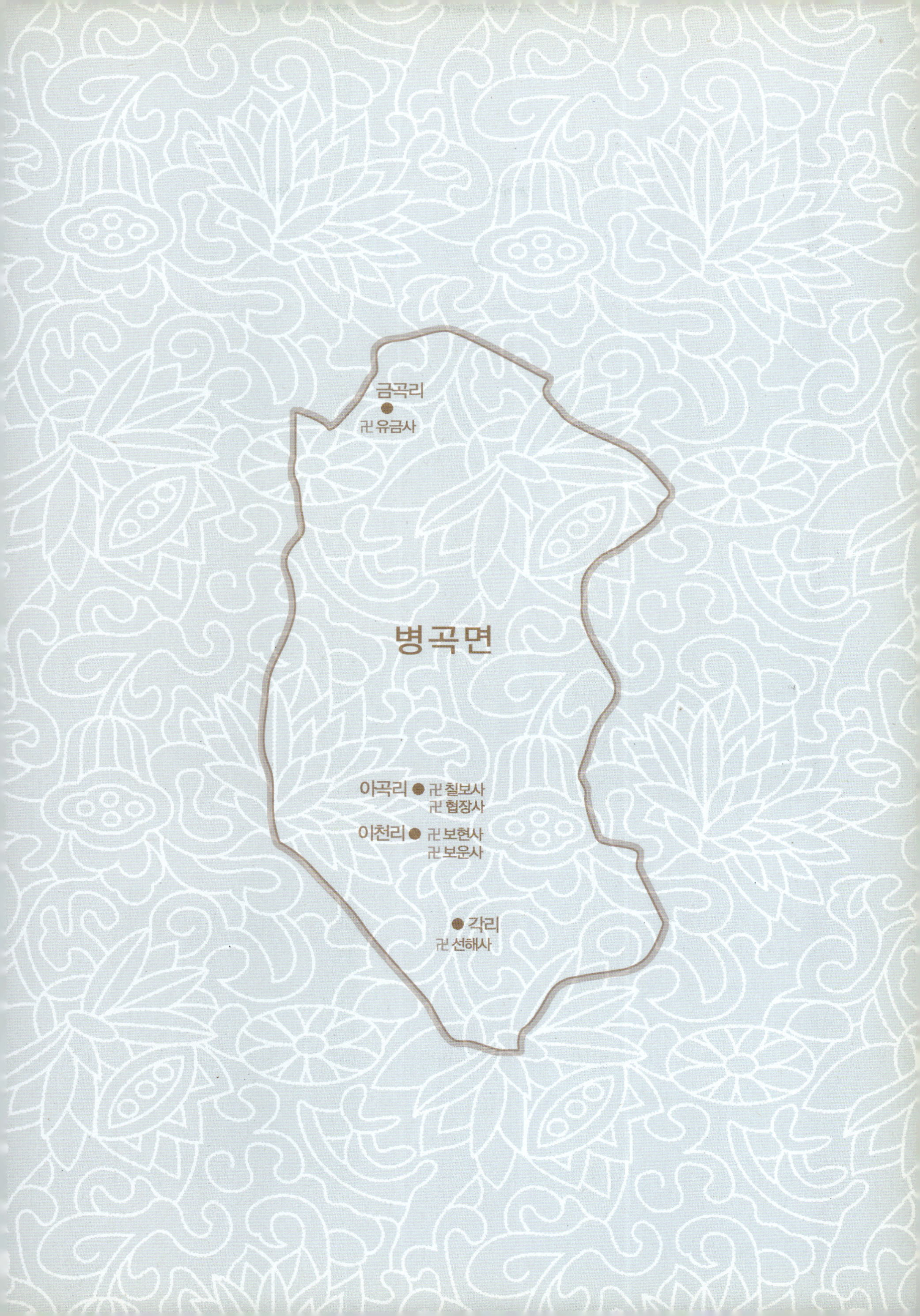
금곡리
卍 유금사
병곡면
아곡리 卍 칠보사
卍 협장사
이천리 卍 보현사
卍 보운사
각리
卍 선해사

보운사 주지 월산

경상북도 영덕군 병곡면 이천길 213-2
Tel_ 070-8844-0946 / 010-8995-5415

보운사는 「영덕군향토사(盈德郡鄕土史)」의 기록 내용을 보면 "서기 1960년대 본동(本洞) 거주 황명달(黃命達)이 일생의 소망과 참회의 의지로 창건한 사찰로서 칠보산(七寶山)의 보자(寶字)와 등운산(騰雲山)의 운자(雲字)를 따서 보운사(寶雲寺)라 명명(命名)하고 자신이 주지가 되어 불공에 전념하다가 생애를 마쳤다. 그 후 나정환(羅正煥)이 이 사찰의 책임자가 되어 현재 신도 약 120명이 내왕하고 있다"라고 기록하고 있다.

또한 「영덕군지(盈德郡誌)」의 1999년 12월 31일 현재 군내 불교사찰 현황에 의하면, "창건 기록은 없으며 종단은 법화종에 등록하였다. 당시 주지는 황충경스님으로 신도수는 10명"으로 기록되어 있다. 현재는 한국불교태고종에 등록되었다고 사찰 간판에 기재하고 있다. 대웅전에는 주불인 아미타불과 관세음보살, 대세지보살을 모시고 있다. 전각으로는 대웅전과 산신각, 주지실, 요사채 등이 있다. 산신각 외벽을 자연석으로 쌓아 덮고 그 위에 탑을 조성하였다.

현재 주지는 월산스님이다. 스님께서는 이 도량에 와서 공양간을 확장하고 사찰 주위 잡목을 벌목하여 양기를 불어넣어 도량을 일신하였다

2004년 보현사는 주지 지연스님이 창건하였다. 종단은 대한불교미타종에 등록하였다. 처음에는 비닐하우스에 부처님을 모시고 있었고, 전기가 없는 곳에 전기불사를 회향하고 현재 컨테이너와 조립식을 결합하여 만든 곳에 부처님을 모시고 있다.

스님과 신도들이 합심하여 대웅전 불사의 원력을 세워 절 뒤쪽 땅을 매입하여 대웅전 불사를 이루고자 동분서주하고 있다. 대웅전 주불은 아미타불이며 관세음보살과 지장보살이 모셔져 있다. 전각으로는 대웅전과 요사채 및 주지실 등이 있다.

선해사는 2011년에 지명스님이 창건하였다. 현대식 건
물인 조립식을 이용하여 법당과 요사채 불사를 하였
다. 무량수전의 주불은 아미타불이며 협시보살은 관세
음보살과 지장보살을 모시고 있다. 이후 2016년 9월에
주지 만월도(김수민)보살께서 매입하여 현재에 이르고
있다.

유금사 주지 해관

경상북도 영덕군 병곡면 유금길 208-5
Tel_ 732-2501 / 010-9216-3398

유금사는 「영덕군향토사(盈德郡鄉土史)」에 기재되어 있는 내용을 보면 "서기 537년 신라 선덕여왕 20년 자장법사가 창건한 사찰이다. 경주 불국사의 말사로 대웅전, 서운루, 종각, 산왕각, 장화부인신영각(莊華夫人神靈閣) 등 건물을 갖추어 수십 명의 승려가 거처하는 큰 절이었다고 한다. 그런데 연대 미상인 어느 날 주지승이 불국사에서 법회를 마치고 돌아오는 도중 이 절 앞의 용소(龍沼)를 건널 무렵 갑자기 광풍(狂風)이 일고 자욱한 안개 속에 두 마리의 용이 엉켜 꿈틀거리고 있기에 주지승이 요괴망측(妖怪妄測)하다 하고 꾸짖었더니 순식간에 뇌성벽력이 일어나고 폭우가 쏟아져 거대한 산사태로 사찰이 완전히 폐허가 되었다는 전설이 있다. 그 후 조선조 중엽에 재건하였으나 이번에는 대화재로 수난을 당하고 조선조 말엽 1865년에 중수하여 현재 대웅전, 향로전, 누운루, 산왕각, 3층 석탑 등이 그 옛날 원형이라 하여 금불(金佛, 阿彌陀佛), 석불(石佛, 觀世音菩薩), 회불(灰

佛, 大勢至菩薩)과 석가모니진영(釋迦牟尼眞影) 등이 보존되어 있고 신도 약 250명이 협력하여 1974년 대웅전과 여타 건물을 중수 하였으며 요사를 신축하고 7번 국도에서 본사 진입로를 확장하는 등 사찰 보존에 힘쓰고 있다. 그리고 3층 석탑은 높이 3.2m이며 건소(建造) 당시는 두부(頭部)가 자기(磁器)였다고 하는데 지금은 모조석(模造石)이며 대웅전 중수시(重修時) 앞뜰에서 뒤뜰로 이건(移建)할 무렵 탑 안에서 금불상이 발굴되어 국보로 지정함과 동시 중앙박물관에 보관되어 있으며, 이 석탑도 보물 제674호로 지정되었다. 또한 이 절 초창기에 심은 것으로 추정되는 사찰나무 한 그루가 지금도 싱싱하고 고고하게 그 모습을 자랑한다"라고 기재되어 있다.

「영덕군지(盈德郡誌)」에 기록한 것이 「영덕군향토사」의 내용과 일치하며 뒷 부분인 "유금사는 일제시대인 1911년 조선총독부 사찰령에 의하여 전국의 사찰이 30본사와 말사로 구성될 때 장육사와 함께 영천 은해사의 말사로 소속되어 있었다. 현재는 불국사의 말사로 신도수는 600여 명에 이르는 대찰로 발전하였다"라고 기록하고 있다. 2011년에 발행한 「병곡면지(柄谷面誌)」에는 "현존하는 건물로는 대웅전을 비롯하여 향로전(香爐殿), 누운루(棲雲樓), 삼성각(三聖閣), 3층 석탑, 요사채 등이 있다. 주불은 석가모니불과 관세음보살, 지장보살을 모시고 있으며 1973년에 보수하였는데, 이때 천장 속에서 금서(金書)가 발견되어 이 건물이 1627년에 건립되었음을 확인했다. 문화재로는 통일신라시대 때의 삼층석탑(보물 제674호) 1기가 있다. 원래 대웅전 앞에 있던 것을 대웅전 뒤뜰로 옮겼으며, 이전할 때 탑 속에서 금불상이 발견되어 현재 서울 국립중앙박물관에서 보관하고 있다"라고 기록하고 있다.

2017년 영덕군으로부터 의뢰를 받아 지난 5월부터 한 달간 유금사에서 3층 석탑(보물 제674호)의 틈이 벌어지고, 한쪽으로 기울어짐에 따라 이를 해체, 이전 복원하고자 보수사업에 대한 발굴조사 중에 탑의 남동쪽에서 국보급 9세기경에 제작된 통일신라시대 금동여래입상 1구와 호신불금동여래입상 1구가 출토되는 경사가 있었다. 대웅전인 금당 자리도 확인되어 대대적인 불사가 진행되길 발원해 본다.

현재는 이 도량에 15여 년 전 불국사에서 임명받고 온 주지 해관 비구니 스님이 수행정진과 신도포교, 가람불사에 매진하고 있다.

칠보사 주지 인덕

경상북도 영덕군 병곡면 아실길 197-57
Tel_ 732-2728 / 011-521-0733

칠보사는 「영덕군향토사」에는 "1950년 2월 보살 황희(黃嬉)가 창건하여 유지 관리하고 있는 사찰이며, 신도 120명이 석탄절 등 명절에는 성황을 이룬다"라고 기록되어 있다. 또한 2011년에 영덕문화원에서 발행한 「병곡면지(柄谷面誌)」에는 「영덕군향토사」와 같이 1950년 2월 창건하여 2000년 현 주지인 인덕스님이 인수 확장하고 칠보사로 개명하였다고 한다. 대지는 약 1,500평이며 2000년에 새로 건립한 대웅전에 아미타삼존불을 모시고 있다고 기록하고 있다. 또한 인덕스님의 구술 내용에 의하면, 용왕전은 아곡리가 배의 형국이므로 세웠다고 한다.

「영덕군지(盈德郡誌)」의 군내 불교사찰 현황에는 부흥사로 기재되어 있고 창건연대는 기록되어 있지 않다. 사찰 내 창건주 비명에 의하면 1943년 2월 황희스님의 창건으로 기록되어 있다.

현재 주지인 인덕스님이 1993년 이 도량에 임명받아 도량을 일신하여 법당과 삼성각, 용왕
전과 요사채 불사를 하였다. 주불은 아미타불이며 좌우보처는 관세음보살과 석가모니불
을 모시고 있으며, 지장단에는 지장보살을 모시고 있다. 도량에는 약사여래불이 모셔져 있
다.

협장사

경상북도 영덕군 병곡면 원황 2리

협장사는 「영덕군향토사」의 병곡면 원황 2리 사적유물편에 "마을 중앙에 위치하고 있으며 건평 30평, 목조와가(木造瓦家)인 이 건물은 원래 일본식 건물로 마을회관이었으나 현대식으로 신축함으로써 전 회관 건물을 주지 김유한(金有漢)에게 1984년 3월 5일자 매도(賣渡)한 것이 사찰이 되었다. 주불은 석가모니불, 재단윤리보살, 미륵보살, 약사불, 관세음보살이며 신도는 약 100명이다"라고 기록되어 있다. 지난 20여 년 전 주지인 김유한스님이 원적(圓寂)에 든 후 폐사 되었다.

3부 영덕불교사암연합회 봉축법회

- •2005년   영덕군청 공무원 불자회 창립총회
- •2006년   소년소녀가장돕기 자비탁발법회
- •2007년   포항교도소 위문법회
- •2009년   가뭄 극복과 군민을 위한 기원대법회
- •2009년   6.25 민간인 희생자 유족회 천도재
- •2009년   국회의사당 방문
- •2009년   제30회 장사상륙작전 전몰용사 합동위령제
- •2010년   제31회 장사상륙작전 전몰용사 합동위령제
- •2010년   한국 전쟁전후 민간인 희생자 합동위령제
- •2011년   경북 동해안 승가공동체 결연 협약식
- •2011년   제32회 장사상륙작전 전몰용사 합동위령제
- •2012년   부처님오신날 포항교도소 봉축대법회
- •2013년   영덕 효요양병원과 양해각서 체결
- •2013년   영덕불교 파라미타 축구클럽 창단식
- •2013년   대마도 추계 역사기행
- •2013년   도곡 군부대 봉축법회
- •2014년   행복한 문화예술 한마당(봄꽃향기 오감제)
- •2014년   영덕불교문화발전연구원 개원식 및 현판식

- **2014년** 제35회 장사상륙작전 참전용사 합동위령제 전승기념식
- **2014년** 중국 관음도량 및 지장도량 불적답사
- **2015년** 제 36회 장사상륙작전 전몰용사 추모위령제
- **2015년** 울릉도 성불사 일웅선원 성지순례
- **2015년** 영덕대대 추계 봉축법회
- **2015년** 영덕군 교육발전기금 전달
- **2016년** 포항교도소 자비사 법당 10주년 봉축법회
- **2016년** 추계 성지순례
- **2017년** 나옹왕사 불적답사길 출판기념법회
- **2017년** 제주도 성지순례
- **2017년** 포항교도소 부처님오신날 봉축법회
- **2017년** 부처님오신날 시가 장엄물 점등법회
- **2017년** 50사단 121연대 불일호국사와 영덕불교 파라미타 친선축구대회
- **2017년** 제38회 장사상륙작전 전몰용사 합동위령제
- **2017년** 제주도 성지순례
- **2017년** 대한불교조계종 포교사단 포항교도소 지원법회 및 교화공연
- **2017년** 포항교도소 여사동 관세음보살 원불점안법회

언론 보도 자료

50여명의 불자 회원들이 참석한 가운데 검소하고 조촐하게 치뤄졌다.

영덕군청 불자회(회장 김성하) 창립법회가 2005년 10월 20일 오전 11시 영덕읍 남산동에 위치한 덕홍사 대웅전에서 열렸다.

이날 영덕군청 불자회 임성장(문화예술계장)의 사회로 법회가 열렸으며, 김성하 회장과 이상엽 부회장 등 임원은 창립 불자회 준비를 위해 덕홍사 대웅전에서 행사를 진행했다.

김병목 영덕군수 내외분은 영불회 창립법회를 축하하기 위하여 참석하였으며, 김성락 남정면장 내외도 참석하여 영불회 창립 행사를 도왔다.

법회순서는 삼귀의, 찬불가, 반야신경, 경과보고(이상엽 부회장)에 이어 회장단 선출이 있었다. 임시회장인 박노일 씨의 사회로 회원들의 추천과 동의를 얻어 김성하(건설과장) 회원이 회장에 선임되었으며, 부회장 이상엽(사회계장), 총무 임성장(문화예술계장)으로 임원진을 선출하였다.

김성하 회장은 취임사에서 "지금 지역이 매우 어려운 형편이며, 특히 방폐장 유치 관계로 공무원들이 어려움에 처해 있는 가운데 많은 분이 참석하여 주셔서 감사하다. 영불회 창립을 축하해 주기 위해 참석하신 김병목 영덕군수 내외분께도 진심으로 감사드린다. 그리고 영불회를 위해 도움을 주신 윤정용 부군수께도 이 자리를 빌어 감사 인사드린다. 영불회 활동은 공직생활에 어려움과 고통이 있을 때 마음의 평화를 얻고 나아가 자신을 절제하고 국가와 자역사회를 이끌어나가는 공직자로서의 자세를 다시 한번 가다듬는 시간을 갖는 의미있는 일이다.

특히 덕홍사와 많은 인연이 있다. 울진 청년회 불교회장으로 활동할 당시 덕홍사와 인연을 맺었다. 30여 년을 불자로 활동을 했다. 그때 함께 활동하던 동료들이 지금까지 함께 할 수 있는 인연을 소중하게 생각한다. 앞으로 그 인연으로 다함께 깊은 불심으로 함께 활동할 수 있기를 바란다"라고 말했다.

이날 김병목 영덕군수는 다음과 같은 축사의 말씀을 전했다.

"오늘 영덕군청 불자회 '영불회(盈佛會)' 창립법회를 개최하게 된 것을 매우 뜻깊게 생각하며, 사대부중과 함께 마음속 깊이 봉축 드립니다. 아울러 오늘 창립법회를 위하여 준비에 애써주신 불자회 여러분과 오늘 법회를 빛내주기 위하여 자리를 함께하신 영덕불교사암연합회 회장 덕명스님과 여러 주지스님들께 깊은 감사를 드립니다.

봉축(奉祝)한다는 말의 의미를 한번 살펴보면, 봉축한다는 뜻은 큰 깨달음으로 중생들이 번뇌와 고통에서 벗어나게 하고 희망과 용기를 주신 부처님의 높은 공덕을 기리는데 있다고 생각합니다. 부처님의 가르침이 이 땅에 전래된 이래 오늘에 이르기까지 불교는 우리 겨레와 호흡을 같이하면서 찬란한 민족문화를 꽃피워 왔습니다. 또한 국난과 역사적인 시련기에는 나라를 지키고 민족정기를 수호하며, 국민 통합을 이루어내는 데 힘의 원천이 되어 왔습니다.

이는 불교계 지도자 및 불자 여러분께서 어려울 때마다 사자후를 토하시면서 이 땅의 밝은 기운을 일으켜 우리들에게 깊은 불심을 심어주었기에 충분히 가능했다고 생각합니다.

지금 우리 군은 사회 경제적으로 매우 어렵고 중요한 시기에 와 있으며, 이런 시기일수록 우리 모두가 호국 불교정신을 지역 발전의 애향심으로 승화시켜 나간다면 지금의 현실을 무난히 극복하고 밝은 미래를 향해 새롭게 전진할 수 있는 기회가 주어질 것으로 확신합니다.

아무쪼록 오늘 창립법회를 통해 우리 모두가 부처님의 가르침에 감사하고 호국의 불교정신을 다시 한번 되새기는 소중한 시간이 되었으면 합니다."

이날 창립법회는 영덕불교사암연합회 회원 스님들과 50여 명의 영불회 회원들만 참석한 가운데 검소하고 조촐하게 치러졌다.

〈영덕 봉화뉴스_ 이화자 기자〉

영덕불교사암연합회는 불기 2550(2006)년 12월 9일 영덕시가지, 강구시가지, 영해시가지 등을 돌며 소년소녀가장돕기 자비탁발법회를 봉행하여 영덕 탁발 : 634,000원, 강구 탁발 359,000원 영해 탁발 : 391,000원 등 탁발기금 1,384,000원과 쌀 530kg을 마련하여 2007년 1월 5일 영덕군청 사회복지과를 통해 소년소녀가장 가정에 전달했다.

동참 안내문

귀의삼보하옵니다.

부처님께서 매일 아침마다 일곱 집을 다니시면서 탁발, 즉 밥을 빌어서 공양을 하셨습니다. 한 사람이라도 더 복을 짓게 하기 위하여 매일 일곱 집을 탁발 하셨던 부처님의 자비심을 우러러 공양 올립니다. 그러나 부처님의 자비정신을 저희 영덕불교사암연합회에서는 연말을 맞아 소년소녀가장돕기 자비탁발법회를 봉행하고자 이렇게 여러분 곁으로 다가왔습니다. 이러한 법석에 복과 지혜를 기리는 마음으로 많은 동참바랍니다.

소년소녀가장돕기 자비탁발
영덕사암련, 첫 대외활동... 130만원 모금

12월 9일 오후 2시. 영덕 강구시장에 염불소리와 함께 지역 스님들의 탁발행렬이 나타났다. 영덕불교사암연합회(회장 덕명)가 한 사람이라도 더 복을 짓게 하기 위해 매일 일곱 집을 탁발하셨던 부처님의 자비정신을 이어 소년소녀가장돕기 자비탁발에 나선 것.

이날 행사는 지난해 출범한 영덕불교사암연합회가 처음 갖는 대외 활동이어서 그 의미가 남달랐다. 경찰의 도움을 받아 공식적으로 나선 소년소녀가장돕기 탁발법회에는 보문사, 덕흥사, 영명사 등 영덕군 10여 개 사찰 스님과 신도 30여 명이 동참했다. 오전 10시 서남사에서 고불식을 가진 후 시작된 탁발행렬은 12까지 영덕읍내를 돌고 오후 2시부터 4시까지는 강구시장을 돌았다. 또 10일에는 영해지역까지 지났다.

9일과 10일 이틀간의 모금액은 모두 130여 만원, 노력에 비해 성과가 좋지 않은 것은 지역경제가 어려운 탓도 있겠지만 영덕 지역의 불교세가 그만큼 약하다는 반증이기도 하다. 일반적으로 바닷가 지역은 주민들이 기복적 타력 신앙에 의존하려는 경향이 높아 불교세가 약한 편이지만 지난 해까지만해도 사암연합회조차 결성되지 못했던 지역이어서 그 영향이 큰 듯 보였다. 그래도 영덕불교사암연합회의 첫 대외활동은 고무적이라는 평가다. 의아하게만 생각했던 지역민들도 탁발 의미를 생각하며 부처님의 가르침을 실천 할 수 있는 기회를 갖게 되어 기뻐했고, 자비탁발법회에 따라나선 불자들도 용기와 신심이 고조됐다.

해동사 신도회 총무 김미숙(39) 불자는 "처음에는 부끄러워 어쩔 줄 몰랐지만 활동하면서 자심감도 갖게 되고 부처님의 가르침을 실천하는 기쁨이 어떤 것인지를 알게 됐다"고 말했다.

영덕사암연합회장 덕명스님은 "첫 활동이라 미흡한 점이 많고 모금액도 예상외로 적었지만 지역에 부처님의 가르침을 알리는 첫 걸음이었다는데 큰 뜻을 두겠다"며 "이 활동을 계기로 지역불교 발전을 위한 다양한 활동을 모색해 나가겠다"고 말했다.

영덕불교사암연합회는 동지 때 쌀을 더 모아 탁발 모금액과 함께 영덕군청을 통해 지역의 소년소녀가장들에게 전달할 예정이다.

〈현대불교_ 배지선 기자〉

불우이웃 위한 탁발법회 열어 성금 모아
연말 어려운 이웃돕기 지역 전 불교계 동참
대한불교조계종 사찰과 영덕불교사암연합회

연말연시를 맞아 소외된 이웃들을 돕기 위한 선행에 지역 불교계도 적극 앞장서 자비의 높은 덕을 실천해 미담이 되고 있다. 지난 9일과 10일 이틀 동안 서남사(영덕읍), 원통사(강구면), 덕흥사(영덕읍) 등 군내 13개 불교계의 영덕불교사암연합회(회장 덕명스님)는 연말을 맞아 지역내 소년소녀가장돕기를 위한 자비탁발법회를 영덕, 강구, 영해지역에서 봉행하였다.

"부처님께서도 매일 아침마다 일곱 집을 다니면서 탁발(托鉢, 밥을 빌어서 공양)하셨던" 자비정신을 우러러 사암연합회 소속 주지스님들과 신도 등 약 30여 명이 참석하였다. 사암연합회 총무 현담(顯潭 서남사 주지) 스님은, "앞으로 매년 동짓날을 기준으로 연말에 지역의 어려운 소년소녀가장돕기 행사를 정기적으로 펼칠 계획"이라고 말했다.

한편 대한불교조계종 영덕사찰에서도 200만원 상당의 불우이웃돕기 성금을 영덕군에 기탁하였다. 지난 12일 동궁사, 숭덕사, 영혜사 등 7개 영덕사찰 주지스님들은 '자비의 쌀 보내기'의 일환으로 쌀 60포(10kg, 100만원 상당)와 유류대 100만원을 지역 내 불우이웃 가정과 노인 양로 시설에 전해 달라며 군에 기탁하였고 앞으로도 매년 연말 불우이웃돕기 기금을 마련할 계획이다.

이 같은 불교계의 연말연시 불우이웃돕기 행사는 예년에는 잘 볼 수 없었던 일이었는데 이번 탁발법회 및 쌀보내기 행사는 지역민들과 함께 하는 불교계의 위상정립에 좋은 계기가 될 것으로 보인다.

〈영남일보_ 남두백 기자〉

소년소녀가장돕기 자비탁발법회
영덕군불교사암연합회서 9∼10일 영덕, 강구, 영해서

영덕군불교사암연합회(회장 덕명스님)에서는 오는 9∼10일 양일간 소년소녀가장돕기 자비
탁발법회를 개최한다. 군내 회원사 스님들과 신도 등 30여 명이 진행하는 이 법회는 9일
오전 10시 서남사를 출발하여 영덕읍내를, 그리고 오후 2시에는 강구지역을, 다음 날은 영
해지역에서 개최한다.

탁발법회는 석가모니 때부터 있었던 법회로 석가모니께서 제자들과 함께 일곱 집 정도를
돌아 공양을 하던 것에서 유래하였는데, 이는 베푸는 자들을 통하여 자신을 낮추려는 법
회이다. 이번 탁발법회는 스님들께서 거리를 자나기만하고 탁발법회의 취지 등을 인쇄한
유인물을 신도들이 나눠주어 이에 동참을 원하는 사람들이 일정 금액을 시주하면 된다.

한편 이를 통해 모여지는 시주금은 이웃의 불우한 소년소녀가장을 위해 쓰여지게 되는데
각박한 현실에 훈훈한 인정을 나누는 계기가 되기를 기대하고 있다.

〈영덕고향신문〉

영덕불교사암연합회 교도소 봉축법회 주관

영덕불교사암연합회는 포항교도소가 개소되고 이후 총무 현담스님이 포항교도소 종교위원으로서 매월 법회를 주관하고 있다. 또한 매년 4월 8일 부처님 오신날 이전에 교도소 봉축법회를 주관하여 봉행하였다.

2007년 12월 12일 연말을 맞아 포항교도소 불교분과위원회(위원장 법상스님)와 영덕불교사암연합회 회원 스님들과 함께 합동으로 교도소 수형자를 위하여 떡과 과일, 과자, 우유 등을 준비하여 위문법회를 봉행하였다. 이날 행사는 1부 연말봉축법회, 2부 수형자 노래자랑대회 순으로 진행됐다.

가뭄 극복과 군민을 위한 기원대법회

영덕불교사암연합회(회장 법성스님)는 2009년 4월 15일 오후 영덕읍 화개리 무릉산 아래 오십천변에 마련된 야외무대에서 기우제 법회를 봉행했다.

이날 기우제는 오후 1시 영덕불교사암연합회 총무 서남사 현담스님의 사회와 장육사 주지 효상스님의 집전으로 기우제식을 시작으로 삼귀의례, 찬불가, 헌향 및 헌다에 이어 강우를 비는 발원문 낭독과 봉행사, 기원문 낭독, 불국사 회주 성타큰스님의 법어와 통수식 및 기우의식을 3시간 가량 진행했다.

이날 법회는 부처님 오신날을 앞둔 영덕군내 각 사찰, 암자에서 50여 명의 스님들과 신도 군민 등 1,000여 명이 동참하여 가뭄 극복과 군민의 평안을 기원했다. 기우제를 봉행하고 1시간 만에 단비가 내렸다.

영덕군, 가뭄 극복과 군민을 위한 기원대법회
영덕불교사암연합회 주관 대규모 기우제…

계속되는 극심한 가뭄으로 용수난이 심화되고 있는 영덕에서 15일 오후 영덕불교사암연합회(회장 법성스님)가 주관하는 대규모 기우제가 봉행됐다.

영덕읍 화개리 무릉산 아래 오십천변에 마련된 야외무대에서 거행된 불교식 기우법회는 오후 1시 기우제식을 시작으로 삼귀의와 찬불가, 헌향 및 헌다에 이어 강우를 비는 발원문 낭독과 봉행사, 군수와 군의장의 기원문 낭독, 불국사 회주 성타큰스님의 법어와 통수식 및 기우의식을 끝으로 세 시간 가량 진행됐다.

이번 법회는 부처님 오신날을 앞둔 영덕군내 각 사찰, 암자에서 가뭄 극복과 군민의 평안을 기원하는 뜻에서 발원하게 되었는데 김병목 영덕군수는 기원문을 통해 "빠른 시일 내 비가 내려 가뭄을 이겨내고 인간과 자연이 하나된 생명체로 조화를 이루며 건강하게 살아가기를 소망했다"고 말했다.

〈FM-TV 표준방송_ 정화자 기자〉

봉 가뭄극복과 군민을 위한 행
기원대법회
봉 가뭄극복과 군민을 위한 행
기원대법회

봉
가뭄극복
기원대법회

6.25 민간인 희생자 유족회 천도재

2009년 4월 24일 6.25 민간인 희생자 유족회가 주최하고 영덕불교사암연합회에서 주관한 6.25 민간인 희생자 천도재를 봉행하였다. 이날 유족회의 자비로 치러진 본 행사에서 영덕불교사암연합회는 10여 명의 집행부 스님들이 자발적으로 동참하여 그분들의 넋을 위로하고 극락왕생을 발원하였다.

비가 오는 가운데 오십천에서 봉행된 위령재는 날씨만큼 참석한 모든 분의 마음도 편치 않았다. 12시에 유족회의 고유의식을 마치고 참석한 영덕불교사암연합회 회원 스님들은 영가를 모시는 대령의식과 고인들의 영혼과 유주 무주 인연 있는 모든 영혼들을 청정케 하는 관욕의식과 삼보를 모시는 삼보통청, 신중퇴공 그리고 유족회에서 차려 놓은 음식을 흠향하고 회향하는 관음의식을 봉행하고 회향하였다.

사진_ 박청태 作

국회의사당 방문

영덕불교사암연합회 회원 스님들은 2009년 6월 22일 영덕을 지역구로 모범적인 의정활동 중인 불자 국회의원 강석호 의원 사무실을 격려 차원에서 방문하였다. 국회의사당을 둘러보고 오찬을 함께하고 회원 스님들 간에 영덕불교 발전을 위해 화합의 모습을 보이며 회향하였다.

봉행사

반갑습니다. 영덕불교사암연합회장 법성입니다.

오늘 "제30회 장사상륙작전 전몰용사 합동위령제"를 맞아 먼저 참전하시다 순국한 용사들의 극락왕생을 발원합니다. 아울러 김영재 유격동지회장님과 유격동지회원 여러분, 유가족들에게 무한한 존경과 감사를 드립니다.

본 행사를 위하여 이 자리에 참석하신 불국사 주지 성타큰스님, 해동불교 임제종 석지암 종정큰스님, 일붕선교종 총무부장 용운스님, 해인사 전 주지 도일큰스님, 강석호 한나라당 국회의원님, 이 행사를 주최하신 김병목 영덕군수님, 정하태 경주보훈지청장님, 대한민국 육탄용사호국정신선양회 허평환 총재님, 유법안 사무총장스님, 파파하 주한태국대사관 국방무관님, 김운한 전 38사단장님, 국방부 유해발굴단 이용석 과장님, 경상북도 전몰군경 유족회 전열상 도지부장님, 경상북도 전몰군경미망인회 박조술 도지부장님, 경상북도 상이군경회 배천태 도지부장님, 지역 기관단체장님과 함께 자리하신 모든 사부대중에게 감사드립니다.

1950년 9월 14일 새벽 5시 40분쯤 펼쳐진 장사상륙작전은 인천상륙작전 하루 전 북한군의 눈을 동해로 돌리기 위해 펼친 위장 작전으로 학도병 800여명 중 200여명의 젊은 학도병이 전사한 전투입니다. 이러한 고귀한 희생이 오늘의 우리들이 있게 한 것입니다.

장사상륙작전은 영덕에 거주하는 사람들의 일부만이 이 전투의 실상을 알고 있고 불교계에서도 1991년 장사상륙작전 전몰용사 위령탑을 일붕 서경보큰스님의 증명으로 경기도 양평 청운사 일산스님의 원력에 힘입어 장사상륙작전유격동지회에서 위령탑을 조성하여 세워 오늘에 이르는 것입니다.

이러한 장사상륙작전에 희생된 학도병들의 영혼을 부처님의 자비정신에 입각하여 천도법회를 봉행하여 그분들의 영혼을 천도하여 이 땅에 살고 있는 모든 분들이 편안하고 복된 삶을 누릴 수 있도록 천도불사를 봉행 주관하게 되었던 것입니다. 희생된 전몰용사들의 왕생극락을 발원하옵고 참전용사와 유가족 여러분께 감사와 위로의 말씀을 드리며 동참하신 사부대중에게 감사의 말씀드립니다.

영덕불교사암연합회장 법성 합장

제
30
회
전몰용사
합동
위령제

언론 보도 자료

영덕불교사암연합회
장사상륙작전 전몰용사 합동위령제 봉행

영덕불교사암연합회가 어제 오전 영덕 장사 전몰장병 위령탑에서 6.25당시 장사상륙작전에서 희생된 학도 호국 영령들의 천도를 위한 전몰장병 위령제를 봉행했습니다. 영덕불교사암연합회 법성스님, 불국사 주지 성타스님을 비롯한 지역의 스님 70여 명이 참석한 가운데 9시 30분부터 산화한 호국 영령들의 극락왕생을 위한 천도재를 지내고 천도재가 끝난 뒤 11시부터는 각계 인사와 천오백여 군민들이 함께한 가운데 추념식을 가졌습니다. 추념식에는 김병목 영덕 군수를 비롯한 단체장과 지역 국회의원인 강석호 국회의원, 오경준 경주 보훈지청장 등 각계의 호국단체 관계자들이 참석했습니다. 올해로 31주기를 맞는 영덕 장사상륙작전 전몰용사 호국위령제는 그동안 영덕군에서 주최해오다 지난해부터 영덕불교사암연합회가 행사를 열어 오고 있습니다. 영덕군이 위령제를 지역 불교계로 행사 주최를 넘겨준 데에는 장사에 있는 전몰장병 위령탑을 세운 것에서 비롯됩니다. 장사상륙전 전몰용사 위령탑은 영덕 장사 해수욕장 솔숲에 자리하고 있습니다. 이 탑은 1991년 서경보스님과 경보스님의 제자 일산스님이 당시 뜻을 같이했던 스님들과 함께 한국전쟁이 일어난 1950년을 기억하자는 의미에서 1,950만원의 건립기금을 마련해 건립했습니다.

이 사실은 잘 알려지지 않고 있었습니다. 지난해 영덕불교사암연합회가 위령제를 준비하면서 자료들을 정리하는 과정에서 이 같은 사실들을 확인했습니다.

이런 사실들을 밝혀낸 영덕불교사암연합회는 그동안 각계에서 열어 오던 장사상륙작전 추모행사를 불교계 중심으로 개최하겠다고 영덕군에 요구했고, 이를 받아들이면서 지난해부터 지역 불교계가 추모제를 주최하게 됐습니다. 장사상륙작전은 1950년 9월 15일 인천상륙작전을 속이기 위한 양동작전으로 이 전투에서 당시 군번도 없는 772명의 대원들이 전투에 참가한 뒤 산화 했는데 영덕군은 앞으로 240억원의 예산을 들여 장사해수욕장 일대를 장사상륙작전 승전기념공원으로 조성해 나갈 계획입니다.

〈BBS 대구불교방송_ 천구봉 기자〉

영덕 장사상륙작전 전몰용사 합동위령제

영덕군은 지난 14일 남정면 장사해수욕장에서 제31회 장사상륙작전 전몰용사 합동위령제를 거행했다. 영덕군이 주최하고 영덕불교사암연합회(회장 법성스님)가 주관한 이날 행사에는 김병목 영덕군수, 김영재 장사상륙참전 유격동지회장 및 회원과 유가족 등 주요인사와 지역 주민 700명이 참석했다. 김병목 영덕군수는 추념사에서 "장사상륙작전은 인천상륙작전에 비해 참전용사들이 정규군이 아니라는 이유 등으로 전사(戰史)에도 제대로 기록되지 않고 모르는 사람이 많았지만 학술세미나를 개최하고 다큐멘터리를 제작하여 전국에 방영하는 등 장사상륙작전을 알리는데 다각도로 노력하고 있다"면서 올해는 「장사상륙작전 백서」를 발간할 계획이라고 밝혔다. 특히 전국 최대 규모의 '장사상륙작전 전승기념공원'이 오는 2013년 완공돼 세계적 수준의 호국공원이 조성되면 장사상륙작전의 의미를 다시 한번 되새기고 아울러 영덕은 호국충절의 고장으로 동해안 시대를 열어나갈 것이라고 말했다.

〈경북일보_ 최길동 기자〉

언론 보도 자료

영덕불교사암연합회 주관
6.25 민간인 희생자 유족회 천도재 봉행

한국전쟁 전후 경북 영덕 지역에서 억울하게 희생된 양민들의 명복을 빌어주기 위한 합동위령재가 지난 11일 오전 영덕문화체육센터에서 봉행됐다.

올해로 두번째인 합동위령제에는 각급 기관단체장과 유족 등 200여 명이 참석, 고인들의 원혼을 달래고 유족들의 명예 회복을 위해 엄숙히 진행됐다.

행사는 영덕불교사암연합회(회장 혜강스님)의 영가천도재와 고유재, 합동위령재로 이어졌다. 마지막 순서에서는 진실화해를 위한 과거사정리위원회 박성환 행정관리국장과 박재홍 영덕부군수, 5312부대 2대대 김남욱 대대장, 영덕불교사암연압회 혜강스님이 차례로 추도사를 낭독했다.

박 국장 등은 추도사에서 "다시는 이 같은 비극으로 슬픈 과거사를 남기지 말아야 하며 국가의 지속적인 협조와 노력이 절실하다"고 말했다.

이날 합동위령재에서 헌화분향을 위해 제단 앞에 선 유족들은 억울하게 희생된 부모 형제를 그리다 오열해 주위의 눈시울을 붉히기도 했다.

영덕보도연맹사건은 한국전쟁 발발당시 양민 270여명이 빨치산과 내통했다며 국군 제 3사단 23연대 소속군인과 경찰에 의해 집단 살해된 사건이다. 이 사건과 관련, 진실화해를 위한 과거사정리위원회는 지난 2008년 11월 14일 이들 유족들에게 국가가 사과하라는 진실규명 결정서를 내렸다.

합동위령재에서 배무일 유족회 대표와 40여명의 유족들은 "뒤늦게나마 민간인 희생자 합동위령제를 봉행하게 돼 다행"이라며 "위령탑 건립이 시급한 과제"라고 말했다.

〈대구일보_ 이진석 기자〉

영덕불교사암연합회 천도제 봉행

제2회 한국전쟁전후
영덕민간인 희생자 합동위령제
일시:2010. 11. 12(금)오전11시   장소:영덕문화체육센터
근
조
국가는 진실규명과 책임을 다하라
고인들의 명복을 빕니다

제2회 한국전쟁전후
민간인 희생자 합동위령제
고인들의 명복을 빕니다

제2회 한국전쟁전후
영덕민간인 희생자 합동위령제
일시:2010. 11. 12(금)오전11시   장소:영덕문화체육센터

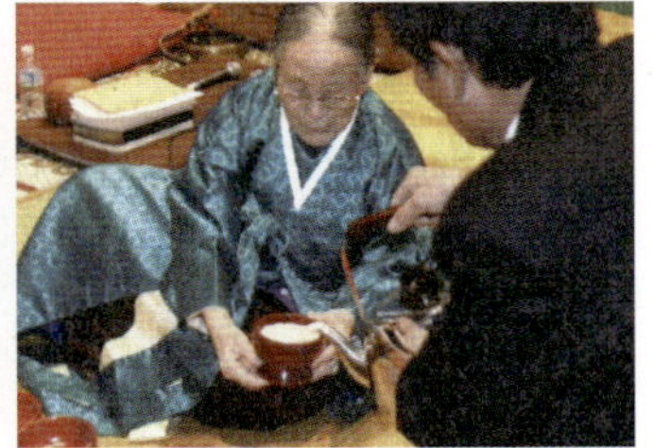

경북 동해안 승가공동체 결연 협약식

언론 보도 자료

경북 동해안 불교계가 상생을 위해 지역 불교 역량을 결집한다

포항을 비롯한 영덕, 울진불교사암연합회는 9월 15일 울진 불영사에서 결연 협약을 체결했다. 협약식에는 포항불교사암연합회장 효웅, 영덕불교사암연합회장 혜강, 울진불교사암연합회장 일운스님 등이 참석했다. 이번 협약은 불교세가 강하다고 알려진 경북에서 포항시장의 성시화운동 등 종교편향으로 인해 갈등을 초래했던 과거를 되풀이하지 않기 위한 교권수호 측면이 강하다. 경북 동해안권 사암연합회 3곳은 이날 '경북 동해안 승가공동체'라는 이름 아래 상호 교류와 협력 강화를 협약했다.

협약에 따르면 포항, 영덕, 울진사암연합회는 지역 내 불교 현안이 생길 경우 연합회 차원에서 공동 대응할 방침이다. 또 1년 2회 정기모임을 통해 지역 내 사회문제와 불교계 현안 정보를 공유하고 대처 방안을 논의한다. 포항불교사암연합회장 효웅스님은 "상대적으로 불교세가 강한 경북이지만 실상 공공기관 요직에는 기독교 인사가 많다"며 "공공영역에서 일어난 종교차별 문제를 지역 불교계가 연대해 미연에 방지하면 사회갈등을 불식시킬 수 있다"고 말했다.

〈법보신문_ 최호승 기자〉

경북동해안 승가공동체
결연 협약서

포항불교사암연합회·영덕불교사암연합회·울진불교사암연합회는 경북동해안지역 불교계의 역량을 결집하여 상호 교류와 협력 강화를 통하여 상생을 위해 노력하고 협조할 것을 협약한다.

1)포항·영덕·울진지역 불교 현안이 발생하면 지역 불교 연합회 차원에서 공동 대처한다.

2)포항·영덕·울진사암연합회는 정기모임을 통해 지역과 불교 현안들을 교류하고 정보를 공유한다.

2011년 9월 15일

포항불교사암연합회장	영덕불교사암연합회장	울진불교사암연합회장
보경사 주지 효웅	청련사 주지 혜강	불영사 주지 일운

제32회 장사상륙작전 전몰용사 합동위령제

동참 안내문

1950년 6월 25일 북한군 남침으로 9월 낙동강 방어선까지 위협을 받고 있을 때 유엔군에서 인천상륙작전을 성공시키기 위하여 하루 전 장사상륙작전을 감행하여 장렬히 순국한 용사들의 충혼들과 유주 무주 고혼들의 극락왕생을 발원하고 아울러 생존한 참전용사와 유가족을 위로 격려하여 숭고한 호국정신을 계승하고자 영덕불교사암연합회에서 동체대비의 정신으로 이 법석을 마련하고자 합니다.

이에 당시 작전에 참전하신 젊은 학도병의 나라사랑하는 정신의 마음으로 본 위령제의 원만 회향을 위하여 자비심을 구하고자 합니다. 많은 동참 부탁드립니다.

삼가 조국을 구하시기 위해 산화하신 호국 영령들의 영전에 분향 합장 하오며 오늘 위령제를 주최하여 준비해주신 김병목 영덕군수님을 비롯한 관계자 여러분들께 깊은 감사의 말씀을 드립니다.

아울러 오늘 위령제를 주관하신 영덕불교사암연합회 회장 혜강스님과 현담 총무 스님을 비롯한 지역 대덕스님과 불자 여러분들께도 감사의 말씀을 드립니다. 또한 함께 참석해주신 울진사암연합회 회장 일운스님, 포항사암연합회장 효웅스님을 비롯한 대덕스님들과 신도들께도 감사의 말씀을 드립니다.

앞으로 우리 영덕군이 호국 영령들의 가호아래 아름답고 살기 좋은 고장으로 발전할 수 있도록 우리 4만 영덕군민들과 함께 노력하겠습니다.

국회의원 강석호 분향 합장

제32회 장사상륙작전 전몰용사 합동위령제 거행

경북 영덕군(군수 김병목)은 22일 오전 남정면 장사해수욕장에서 제32회 장사상륙작전 전몰용사 합동위령제를 거행했다고 밝혔다.

6·25 참전 호국영령들의 넋을 기리고 장사상륙작전의 역사적 의의를 되새기기 위해 실시됐다. 영덕군이 주최하고 영덕불교사암연합회(회장 혜강스님)가 주관했다.

이날 법회에는 1부 천도의식, 2부 본식에 영덕불교사암연합회 총무 스님(현담)의 사회로 본 의식을 진행하였다. 참석내빈은 김병목 군수를 비롯 대한불교조계종 원로의원 월탄큰스님, 김영재 장사상륙참전 유격동지회장 및 회원, 유가족 등 주요인사와 주민 1,000여명이 참석했다.

'장사상륙작전'은 교착상태에 빠진 6·25 전쟁 타개책으로 맥아더 장군이 계획한 '인천 상륙작전'을 성공하기 위한 양동 작전 중 하나로 10대 학도병 유격대원 772명이 구국을 위해 죽음의 혈투를 벌인 중요한 작전이었다.

지난 2007년부터 영덕군과 유족동지회가 추모음악회, 학술세미나, 특집다큐멘터리 방영 등의 노력을 펼친 결과 역사적 사건으로 재평가 받으면서 지난해 국가보훈처로부터 240억 원의 사업비를 확정 받아 장사상륙작전 전승기념공원(V-park) 조성사업이 현재 추진 중이다. 현재 실시 설계 중인 기념공원은 6만8000㎡ 부지에 LST전시관(2700톤), 추모의 광장, 추모탑 등을 오는 2013년까지 완공할 계획이다.

김병목 군수는 "대규모 기념공원조성 사업이 본격적으로 추진되고 있는 상태에서 거행되는 이번 위령제는 그 의미가 남다르다"며 "앞으로 대한민국을 대표할 세계적인 '호국정신 계승 전적 관광지'로 만들어 역사 교육의 장으로 활용할 계획"이라고 말했다.

〈뉴시스_ 강진구 기자〉

부처님오신날 포항교도소 봉축대법회

영덕불교사암연합회는 포항교도소가 개소되고 이후 총무 현담스님이 포항교도소 종교위원으로서 매월 법회를 주관하고 있으며, 또한 매년 4월 8일 부처님오신날 이전에 교도소 봉축법회를 지원하고 동참하였다.

이번 불기 2556년 부처님오신날을 맞아 포항교도소에서도 불교분과위원회(위원장 법상스님)와 영덕불교사암연합회의 회원 스님들과 함께 합동으로 교도소 수형자를 위하여 법회를 주관하고 등불을 밝혀주고 관욕단을 마련하여 각자의 죄를 참회하고 염주와 떡, 과일, 과자, 우유와 합장주 300를 수형자 관욕의식 때 손목에 걸어주는 등 준비한 물품을 나누며 부처님오신날 봉축법회를 봉행하였다.

이날 행사는 1부 개식, 삼귀의례, 찬불가, 육법공양, 발원문, 법어, 석가모니 정근, 관욕의식, 사홍서원, 산회가에 이어 2부 수형자 노래자랑으로 이어졌다.

불기2556년(사월초파일)포항교도소
부처님 오신날 봉축 대법회

우리 모두가 부처님오신날 등불을 밝혀 행복한 세상을 만들어 갑시다.

원래 사찰연등축제는 고려시대 연등회와 조선시대 관등놀이의 전통을 이어가는 민속축제로 마음의 어둠을 밝혀 지혜와 자비가 넘치는 사회를 발원하고 각자의 소원성취를 기원하는 의식을 오늘날의 축제로 승화시킨 행사입니다.

위와 같이 연등불을 밝히는 것은 절에서는 사월초파일에만 밝히는 것이 아니라 사찰의 각 행사가 있을 때마다 연등을 밝혀왔습니다. 등불은 어두운 밤과 같은 현실 속에서 우리 모두가 길을 잃고 헤맬 때, 길을 밝혀 주는 생명의 빛입니다.

우리들은 살아가면서 탐하는 마음, 성내는 마음, 어리석은 마음의 세 가지 옳지 못한 마음인 삼독심으로 인하여 욕망과 분노에 사로잡히면 이성과 사리판단력이 흐려져 현재 삶의 옳고 그름, 행복과 불행을 분별하지 못합니다.

이러한 어두운 무명 속을 헤매는 것, 이것이 곧 어리석음이며 이 어리석음을 깨뜨려 주는 것이 지혜의 등불인 것입니다. 불교에서의 어둠은, 즉 사물의 있는 그대로를 보지 못하고 진리에 어두워서 사물에 통달치 못하고 사물과 현상이나 도리를 확실하게 알지 못하는 것을 말합니다.

이러한 있는 그대로의 모습을 보지 못함으로서 어둠속에 헤매는 자신이 연등을 달고 지혜의 연등불을 밝힘으로서 너와 내가 하나임을 자각하는 동체대비의 마음으로 알고 또한 부처님께서 깨달으신 진리에 다가가기 위해서 부처님 오신날에 우리 모두가 연등을 밝히는 것입니다.

2500년 전 삼계의 대도사이시며 우리들의 위대한 스승이시며 지혜의 선각자이신 부처님께서는 번뇌와 무명 속에서 고통 받고 있는 인간과 모든 중생을 제도하기 위해 우리 곁에 오셨습니다.

한량없는 복덕과 대비의 원력으로 우리 모두가 완전한 인격체임을 선언하신 부처님께서는 완성된 지혜를 혼자만의 것으로 여기지 않으시고 차별 없는 대비의 원력 등불로 참 생명의 가치를 우리들에게 밝혀주셨습니다. 이러한 부처님의 가르침을 통해 우리 모두 연등불 밝혀 자신의 자성(自性)불을 밝히고 지역사회를 밝혀 모두가 행복한 복된 나날이 됩시다.

영덕불교사암연합회장 현담 합장

영덕 효요양병원과 양해각서 체결

영덕불교사암연합회는 영덕 효요양병원과 2013년 6월 23일 연합회 회원 각 사찰과 사찰 신도 입원시 치료비 감액 우대, 사찰 요청시 구급차 및 간호원 파견 협력, 사찰의 건강강좌 요청시 의료인 지원 등을 내용으로 하는 양해각서를 체결했다.

양 해 각 서

- 아 래 -

1. 사찰 신도님 입원시 치료비 감액 우대
   (단, 주지스님 확인된 불자에 한함)

2. 사찰 요청시 구급차 및 구급요원(간호사) 파견협력

3. 사찰의 건강강좌 요청시 강사(양, 한방의료인) 지원

2013년 6 월 23일

현 담

영덕 효요양병원
경북 영덕군 영덕읍 영덕로 72-12
병원장 이 종 철

영덕불교 파라미타 축구클럽 창단식

봉행사

귀의삼보하옵니다.

먼저 영덕불교 파라미타 축구클럽 창단식에 동참하시고 힘을 보태주신 본 법성스님과 강석호 국회의원님, 영남불교임정회장 준제스님, 지역의 영덕불교사암연합회 회원 스님과 포항불교사암연합회 및 임정회 회원 스님들, 백호진 문화관광과장님, 권일광 창수부면장님, 조형동 농협장님과 점심 공양 준비하신 서남사 보덕화 회장님과 회원 보살님들 모든 분들께 감사의 예를 올립니다.

또한 본 축구클럽 김호학 감독님, 정병우 코치님, 유영호 총무님, 김명수 간사님 등 회원님들께 감사의 예를 올립니다. 일일이 모든 분들을 호명은 다 못하지만 당일 참석하신 사부대중에게 감사의 예를 올립니다.

존경하는 축구를 사랑하는 사부대중 여러분!

영덕불교 파라미타 축구클럽을 결성하기까지 많은 시간들이 필요했습니다. 전통적으로 영덕 지역은 축구에 관심이 있는 분들이 많고 또한 타 종교에는 일찍부터 두 팀을 결성하여 지역사회에 포교를 하고 있었습니다.

이러한 환경이었지만 소승이 2년여 동안 조기회에 적극적으로 동참하면서 여기에 자연스럽게 불자들이나 종교가 없는 분들이 불자축구클럽을 만들어 달라는 요청과 시절인연에 의하여 이루어진 것입니다.

소승이 영덕불교축구클럽을 결성하면서 슬로건을 내세웠던 것은 축구를 통해 개인의 건강한 삶과 가정의 행복한 삶을 만들어가고 나아가 지역사회를 맑히고자 원을 세웠던 것입니다.

또한 계칙(戒飭)을 만들어 축구가 단순히 운동이 아닌 수행으로서의 개인의 행복과 가족의 행복 모든 분들의 행복을 이끌어가는 한 축을 만들고자 한 것이기 때문입니다.

이러한 발원이 창단식 회향에 즈음하여 부처님 전에 염원하고 다시 한 번 영덕불교 파라미타 축구클럽에 동참하시고 염력을 보내주신 모든 분들에게 감사드립니다. 모두들 행복하십시오.

영덕불교사암연합회장 현담 합장

영덕불교 파라미타 축구클럽 계칙(戒飭)

하나. 우리는 축구수행을 통해 회원 상호간에 화합을 최우선 덕목으로 여기길 발원한다.

하나. 우리는 축구수행을 통해 순간순간 나 자신이 누구인가를 통찰하길 발원한다.

하나. 우리는 축구수행을 통해 심신을 닦아 호연지기를 길러 불교적 안목을 넓히길 발원한다.

하나. 우리는 축구수행을 통해 불교적인 삶을 살며 나와 남이 하나임을 자각 자비심이 길러지길 발원한다.

하나. 우리는 축구수행을 통해 건강한 삶과 행복한 가정을 이루며 나아가 모든 이들이 행복한 사회가 이루어지길 발원한다.

영덕불교 파라미타 축구클럽 회원 일동

영덕불교 파라미타 축구클럽 회원 명단

• 명예단장 : 법성스님, 강석호 국회의원　•단장 : 현담스님							
• 감독 : 김호학　•코치 : 정병우　•총무 : 유영호　•총무차장 : 김명수							
현담스님	010-7109-3281	서남사		권순탁	011-521-2834	중장비기사	13번
김호학	010-5097-5241	영덕군청	33번	최두환	010-2866-9508	영덕소방서	9번
신종락	016-733-2020	택시	18번	김명수	010-9959-7979	친구인력	12번
김성락	010-2507-7117	영덕군청	29번	황치모	010-4665-9199	싱크공장	28번
박기순		경상매일	17번	이승진	010-2961-4210	대현물류	50번
김영규	010-7516-4640	삼성화재		박영철	010-4670-4849	영덕레미콘	54번
정영환	010-2603-0772	일화수펜션	25번	김하기	010-8584-5073		
김관태	010-2522-8909	주간영덕	8번	신창훈	010-8579-0007	서희건설	43번
신일경	011-829-5645	개인택시		박혁만	010-6270-5167	대현물류	10번
정병우	010-9380-9692	복사꽃가든	32번	박국현	010-6509-4442	형제샷시	11번
박기만	011-524-4077	삼성판넬	7번	장진성	010-9378-1784	동부화재	6번
유영호	010-3056-0505	비전광고	14번	강유호	010-6559-9306	시대광고	
이기희	010-3012-2047	리베라호텔		박상기	010-4174-4824	대게도매	22번
권순학	010-8584-7130	영덕군청	30번	신창민	010-9380-1356	영덕산림조합	
정해도	010-3805-7168	동해카센터	15번	김도연	010-2942-4982	영덕렉카	19번
이상욱	010-5539-7360	자영업	21번	차해영	010-8548-9088	영덕고	5번
박기철	010-9589-7766	형제고물		박영철	010-9925-0725	제일수산	
박기복	010-6533-8579	형제꽃집	20번	송차두	010-4501-3502	과수원	
김진규	010-3890-7431	신선활어	31번	박병주	010-3818-6429	영덕경찰서	26번
김동원	010-3687-0229	델컴퓨터	42번	임동식			
남병일	016-501-1546		47번	박태영	010-9405-2111		16번
유대훈	010-6541-4441	자영업	39번	황형모	010-7170-0074		40번
김사국				양홍식	010-8840-4675		48번
김태민	010-5260-6166		51번				

2013년 11월 13일~15일 | 대마도 추계 역사기행

행사개요

- 행 사 명 : 영덕불교사암연합회 추계 역사기행
- 장   소 : 대마도 つしま
- 일   시 : 불기 2557(2013)년 계사년 11월 13일~15일
- 동참스님 : 법륜사 법성스님, 동궁사 연성스님, 서남사 현담스님, 약천사 약명스님, 연국사 동진스님, 영명사 도일스님, 고경사 법수스님, 광명사 보광스님, 상원사 대원스님, 보현사 지연스님

대마도 역사기행 길에서...

글_ **현담스님**(서남사 주지, 영덕불교사암연합회 회장)

국화 향기 가득하고 온 산이 단풍으로 가득한 만추(晚秋)에 영덕불교사암연합회 법성큰스님과 그 밖의 회원 스님들을 모시고 대마도 역사기행을 하게 되었다.

먼저 대마도에 역사기행을 가기로 결정하고 나서 대마도에 관하여 인터넷을 살펴보았다. 대마도는 일본어로 쓰시마(일본어 : 対馬 つしま, 문화어 : 쯔시마 섬)로 한반도와 규슈 사이의 대한해협 중간에 있는 일본의 섬이다. 한국에서는 한국어식 한자음으로 읽은 대마도(對馬島)라는 이름으로 불리기도 한다.

규슈까지의 거리는 약 132km, 한반도와의 거리는 약 49.5km로 한반도 쪽에 더 가깝다. 섬 크기는 남북에 82km, 동서에 18km이다. 섬 넓이는 700km²이며, 섬의 인구는 2010년 현재 34,610명이다. 농경지는 전 면적의 3.4%이며, 대부분이 산지이다. 현재는 관광업이 번성하며 대한민국과 중국의 관광객이 방문하고 있다.

대마도는 원래 한 섬이었으나 1900년 일본이 러일전쟁을 준비하는 과정에서 아소만에 있는 군함을 동쪽 해상으로 빨리 이동시키기 위해 인공적으로 만제키세토라 불리는 운하를 만들게 되었다. 만제키세토는 쓰시마 섬을 위 아래로 나누어 경계로 하며, 쓰시마 섬 북부를 가미시마(上島), 남부를 시모시마(下島)라 부른다.

대한민국의 초대 대통령 이승만은 정부 수립 직후인 1948년 8월 18일 성명에서 "대마도(쓰시마)는 우리 땅이니 일본은 속히 반환하라"고 했다. 일본이 항의하자 이승만은 외무부를 시켜 1948년 9월 '대마도 속령(屬領)에 관한 성명'을 발표했다. 또한 1949년 1월 7일에도 같

은 주장을 하였다. 또한 1951년 샌프란시스
코 강화조약 초안 작성 과정에서 4월 27일
미국 국무부에 보낸 문서에서 대마도의 영
유권을 돌려받아야 한다는 요구를 한 적이
있다. 그러나 미국은 이러한 요구를 거부하
였다.

2013년 3월 22일에는 대한민국 경기도에 위
치한 의정부시 의회가 대마도 반환을 촉구
하는 한편 대한민국 정부 차원의 반환 촉
구를 요청하였다고 한다.

대마도는 당일 새벽 5시에 출발해 부산국
제여객터미널에 도착하여 10시에 배를 타
고 11시 10분에 대마도에 도착하였다. 가을
날씨의 맑은 기운과 남해바다의 맑은 기운
이 합하여 오랜만에 상쾌한 느낌을 느끼면
서 역사기행을 시작하였다.

대마도 1일째

【대마도 입도(入島)】

1시간 10분만에 도착한 히타카츠 항은 일본
땅이라는 느낌보다는 한국의 한 섬에 내린
기분이었다. 부산에서 출발한 거의 90% 이
상이 한국 분들이라 그런 것인가? 입국 수
속을 마치고 25인승 버스에 올라 첫 기행지
로 조선역사관 조난 위령비에 들렀다.

【조선역사관 조난 위령비】

먼저 조선역사관 조난 위령비는 숙종 29년
(1703년) 2월 5일(음력) 청명한 아침에 부산

을 떠난 한천석 이하 108명의 조선역관 일행과 이들을 수행하기 위한 일본 측 역관 4명이 저녁 무렵 대마도의 와니우라 입항 직전에 갑자기 불어 닥친 폭풍으로 애석하게도 죽음을 당하였는데, 이 비는 이들의 영혼을 기리기 위하여 건립한 위령비이다.

영덕불교사암연합회 회원 스님들은 그분들의 명복을 빌고 단체 기념사진을 남겼다.

【미우다 해수욕장】

두 번째 들린 곳은 미우다 해수욕장으로 1996년 일본 100대 아름다운 해변으로 선정된 해수욕장이다. 동해안 어느 해수욕장과 같은 느낌으로 다가왔다.

그래도 일본 100대 아름다운 해수욕장이라니 각자가 기념사진을 찍었다.

【원통사】

다음으로 찾아간 곳은 원통사이다. 원통사는 1408년 세워진 사찰로 충숙공 이예 선생의 공적비가 있는 곳이다.

충숙공 이예 선생의 본관은 학성, 호는 학파, 시호는 충숙이다. 충숙공 이예는 중인 계급인 아전 출신으로 외관을 거쳐 동지중추원사라는 종 2품 벼슬에 오른 입지전적인 인물이다. 1373년 울산에서 태어나 조선 초 한·일 관계의 근간이 됐던 계해약조(癸亥約條, 1443년) 체결에 공헌하고, 1401년 정식 외교사절이 된 후 40여 차례에 걸쳐 일본을 오가며 667명의 조선인 귀환을 성사시키는 등 근대 이전 우리 외교사에서 대일외교를 주도한 전문 외교관이다.

원통사 정문에는 학성 이씨 문중에서 세운 충숙공 이예 선생의 공적비가 있다. 원통사는 작은 사찰이기 때문에 대마도를 오는 사람들이 그냥 지나치기가 쉽다. 한국의 관광 대가람 사찰과 비교하는 것은 무리인 것 같다. 그냥 서남사와 비슷한 도량 규모로 보면 될 것 같다.

【와타즈미 신사, 에보시타케 전망대】

이어서 차로 이동하여 찾아간 곳은 일본 왕가의 시조인 신무천황(神武天皇) 에 대한 신화가 바로 와타즈미 신사 관계가 있다. 이곳을 찾았다. 와타즈미 신사는 토요타마히메와 히코호호데미노꼬또 두 신을 모신다고 한다.

천신의 아들인 히코호호데미노꼬또는 형이 잃어버린 낚시 바늘을 찾아 헤매다 용궁까지 간다. 거기서 해신의 딸인 토요타마히메를 만나 결혼을 하고 거기서 3년을 머물고는 혼자 돌아온다.

만삭이 된 해신의 딸은 여동생 다마요리히메와 함께 남편을 찾아오게 된다. 출산 장면을 보지 말라는 아내의 말을 어긴 남편에게 화가 난 그녀는 아기를 버리고 용궁으로 돌아가 버린다. 이모 다마요리히메의 손에 자라난 우카야후기마에즈는 장성하여 이모와 결혼하여 아이를 낳는다. 이 아기가 바로 진무덴노이다. 해신과 천신의 자손이 만나 나라를 세운다는 신화가 일본의 건국신화이다.

바다와 바로 연결되어 있어 용왕이 신사로 바로 들어올 수 있겠다는 느낌이 들었으며, 한국이라면 절을 세우면 많은 분들의 귀의처가 될 수 있겠다고 모두들 입을 모았다. 상원사 대원스님만 다리가 아파 참석하지 못하고 모두들 참배하고 기념사진을 남겼다.

【만제키 바시(만관교)】

다음으로 차로 달려 찾아간 곳은 만제키바시로서 만관교가 설치되어 있으며, 메이지 33년 망시의 해군 함선이 항해할 수 있도록 파낸 해협에 건설된 다리이다. 쓰시마의 상도와 하도를 연결하는 교통의 요소이며 여러 가지 표정을 보여주는 조류의 조망 포인트로도 인기가 있다.

이 지역은 미아라만의 남단에 위치, 옛날에는 만제키코시의 지협으로 아소만으로 통하고 있었다. 만제키코시는 예로부터 동서의 바다를 이어주는 중요한 지점이었다. 구스보 지명 유래에는 여러 가지 설이 있다. 구스라는 말은 '넘다'라는 의미로도 사용되었으며, 만제키코시가 있었다는 설을 종합하여 생각해보면 아소만으로 넘어가는 포구라는 뜻이라 할 수 있다.

현재의 교량은 일반 국도 382호 교량 정비공사에 의해 헤이세이 8년(1996) 총 사업비 15억엔을 들여 만들어진 것이라 한다. 1996년 세워진 다리라고 믿기지 않을 만큼 다리의 페인트가 며칠 전에 칠하여 놓은 것처럼 깨끗하였다.

오늘의 일정은 만관교를 걷는 것으로 마무리하고 온천에서 하루의 피로를 풀고 만송각에서 여장을 내려놓고 일본식 저녁을 먹고 모두가 모여 하루의 일정을 마무리 하였다.

대마도 2일째

다음날 7시에 기상하여 아침 공양을 먹고 카미자카 전망대로 출발하였다.

【카미자카 공원 전망대】

카미자카 공원은 이즈하라와 미츠시마 경계에 있는 표고 388m의 고개에 있었다. 전망대로부터는 일본에서도 유수한 리아스식 해안인 아소만을 바라볼 수 있고 많은 만과 많은 섬이 점재하는 풍경은 정원처럼 꾸며져 있었다. 미자카 전망대 잔디밭에는 조선 마지막 황녀인 덕혜옹주의 남편 소 타케유키의 시 작품이 새겨진 비가 세워져 있다.

공원 전망대에서 보면 대마도 공항, 오후나코시의 낭떠러지 해안, 쓰시마를 대표하는 시라타케, 대마도의 산, 날씨가 좋으면 멀리 규슈 본토나 한국 산들도 보인다고 한다. 그러나 아쉽게도 날씨가 흐려 멀리는 볼 수 없고 대마도 전체 섬들을 보는데 만족해야 했다. 전망대 주위를 30여 분 걷다가 단체 사진 촬영을 하였다.

【코모다하마 몽고군 내습지, 코모다하마 신사】

이어서 들린 곳은 대마도의 또 하나 특별한 장소인 코모다하마 신사이다. 이 신사는 고려, 몽고와 연관이 있다. 사실상 몽고의 압력으로 고려는 일본을 정벌하기 위해 나서는데 처음에 벌인 전투에서는 대마도의 일본인들이 전멸했다. 원래 이 신사는 여몽 연합군과의 전투로

전사한 일본인들을 기리는 장소이다.

가이드의 말을 빌리면 이후 여몽 연합군은 2차례에 걸쳐 일본 정벌에 나서지만 모두 실패한다. 그 이유가 10월에 불어 닥친 태풍에 의해 모두 수장되었기 때문이다. 일본 사람들은 신이 자신을 보호해줬다고 해서 신풍이라고 부르게 되었고, 이 신풍의 믿음이 2차 세계대전에서도 등장한다.

신풍을 일본어로 부르면 카미카제로 바로 2차 세계대전에서 자폭기로 유명한 그 특공대다. 아마도 신풍이라고 이름을 지어 또 자기들을 지켜줄 것이라는 믿음을 가지게 한 것이 아닌가 생각된다. 코모다하마 신사 뿐만 아니라 대마도에서 이틀째 느낀 점은 지역 사람들은 잘 보이지 않고 한국의 관광객만 보이는 것이 한국 지역의 한 부분처럼 착각하게 만든다는 것이다. 여기 신사 역시 아무도 우리들을 반겨주지 않고 한국의 관광객만 보일 뿐이다.

【이시야네 돌지붕】

다음으로 찾아간 곳은 해병공원에서 10분 정도 가면 이시야네 돌지붕 마을이 있다. 제주도와 마찬가지로 바람이 많은 곳이라 지붕이 날아가지 않도록 돌로 지붕을 만들어 놓았다. 대마도에서 채석된 판형의 돌로 지붕을 이은 고상식(高床式) 건물로 창고로 사용되고 있다고 한다. 일본에서는 대마도의 시이네 지방에서만 볼 수 있다고 한다. 본채에서 떨어져 위치해 있는데 그 이유는 풍수해나 화재의 피해로부터 재산을 보호하기 위한 것이라 한다. 여기에서도 각자 사진 한 컷을 찍고 단체사진도 촬영하고 쯔쯔자키 공원으로 이동하였다.

【쯔쯔자키 등대공원】

이곳은 은어가 돌아온다는 뜻의 아유모도시 공원과 차로 15분 거리에 있다. 고려의 도래인이 많이 살았다고 하며 쯔쯔미인이라는 말이 있을 정도로 미인이 많았다고 한다. 이 주변은 해수의 흐름이 빨라 예부터 힘든 수로로 알려져 있다. 대한해협과 쓰시마해협의 경계에 해당한다. 한국 전망대와 함께 한국과 로밍 없이 통화가 가능한 곳이기도 하다. 이 공원은 바다와 절벽이 아름다우며 부산의 태종대를 옮겨 놓은 것과 같다고 가이드는 말한다. 공기가 너무 좋고 확 트인 바다를 보니 바다와 내가 하나됨을 느끼게 해 주었다. 20여분 걸어서 도착해야 하는데 기사가 공원 앞 바로 앞으로 차를 주차하는 바람에 절벽에 떨어지는 것이 아닌가 하여 아찔하였다. 이곳 경치와 풍광을 담고자 사진 한 컷을 담았다.

【아유모도시 자연공원】

아유모도시 자연공원에 도착하기 전 5분 거리에 있는 식당에서 도시락 및 고구마 국수를 점심으로 먹고 아유모두시 자연공원으로 이동하였다. 이즈하라마치의 중심에 위치한 아유모도시 자연공원은 청류와 자연의 경관을 살려 1994년에 정비되어 넓이가 26만 평방미터나 되는 넓은 공원이다. 세류바시라고 하는 다리가 있고 은어가 돌아온다는 계곡이 일품이다. 그런데 아유모도시라는 뜻은 아유가 은어이며, 모도시는 빠구라는 말로 은어가 오르지 못하고 돌아갔다는 뜻이라 한다. 화강암 계곡바위가 일품이다. 청류교 흔들다리에서 모두 기념촬영을 하였다. 다음 행선지는 비죠즈카 미녀총공원으로 이동하였다.

【비죠즈카 미녀총공원】

옛날 어느 옛날에 츠츠에 츠루오라고 하는 아름다운 여인이 살고 있었다. 굉장히 아름답고 현명하였으며, 어른 공경을 할 줄 하는 이 여인의 평판이 수도에까지 전해져 궁녀로서 수도에 불려가게 되었다. 하지만 나이 드신 어머니를 남겨두고 가는 게 너무너무 슬퍼 수도로 가는 날 이 장소에서 혀를 깨물고 자기의 목숨을 끊었다. 아름답게 태어났기 때문에 이런 슬픈 일을 당해야 한다면 이제부터 이 마을에 아름다운 여자는 태어나지 않게 해달라는 말을 남기고 세상을 떠났다고 한다. 믿거나 말거나... 이런 전설로 인하여 여자들은

일부러 누더기 옷을 입고 다녔다고 한다. 이 또한 믿거나 말거나... (가이드의 설명)

【만송원】

대마도에 와서 처음으로 환희심을 느낀 곳이 바로 만송원이다. 대마도에서 유일하게 입장료 300엔을 받는 곳에 도착했다. 우리들의 일정에는 없지만 법성큰스님의 추천으로 일정을 조정하였다.

만송원의 역사를 보면 19대 대마도주 소오 요시토시는 임진왜란 이후 조선국과의 국교회복을 위해 전력을 다하여 조선통신사 초청을 성사시킨 인물로서, 빈쇼인은 20대 도주 소오 요시나리가 아버지 요시토시의 명복을 빌며 1615년에 창건한 송음사를 1622년 요시토시의 법호를 따서 '만송원'이라 개칭하였다.

이후 소오가의 보리사가 되었으며 일본 3대 묘지 중의 하나로 국가 지정 사적이라 한다.

종단은 중국 천태지자 대사의 후손임을 나타내고 있음을 알 수 있다.

이 곳 만송원 불단 내부의 모습은 부처님을 모신 곳이기는 하지만 신사와 같은 느낌을 느끼게 하였다. 조선 국왕의 하사품인 삼구족도(향로, 꽃병, 촛대)를 구경하고 부처님께 삼배의 예를 갖추었다. 불당 앞을 돌아 올라가니 석등이 돌계단 옆에 놓여 있는 것이 제주도 관음사를 연상케 하였다.

돌계단 옆 석등과 석담이 새롭게 나의 마음을 사로잡았다. 또한 돌계단을 오르니 1600년 된 삼나무와 그밖의 알 수 없는 고목들로 온 몸에 전율이 돌아 환희용약하였다. 삼나무 배경으로 사진을 찍고 또 찍고, 삼나무를 안아보고 그 기운을 만끽하고 싶었다.

1600년의 겉으로 드러나는 삼나무의 기상 뿐만 아니라 위를 지탱하는 뿌리의 힘을 느끼면서 나 자신의 환경 변화에 민감해지는 모습을 보면서 삼나무의 정신을 다시금 느끼게 하였다. 일행이 떠났지만 한참을 도량 주위의 기운을 느껴 보았다.

만송원을 끝으로 오늘 이틀째 일정을 마감하고 저녁은 일본 해산물로 공양하고 숙소인 만송각에서 모두 모여 단합대회를 했다.

대마도 3일째

오전 7시에 아침 공양을 하고 자유 시간을 가졌다. 9시에 모여 첫 순례지로 팔번궁 신사를 도보로 이동하였다.

【팔번궁 신사(하치만궁 신사)】

먼저 신사 입구를 지키는 석구상이 두 개가 있었다. 입을 벌리고 있는 석구상이 수놈, 입을 다물고 있는 것은 암놈이라 하여 고려개라고 불린다고 한다. 하치만궁에는 3개의 신사가 있다고 한다. 이 신사는 어부와 병사를 보호하는 하치마신을 모시는 신사라고 하며 우리나라와도 연관이 있는 일본이 주장하는 허황된 역사의식인 임나임본부의 황후가 주신이라는 이야기도 있다.

와타즈신사와 함께 대표적인 신사로서 천왕을 모시고 있는 신사 이름에는 궁이 들어간다고 한다. 하치만구 신사는 삼한을 정복한 가상의 인물인 신공황후를 모신 곳이

라고 한다. 여기 신사는 도량이 넓
고 만송원의 삼나무와 같이 장정
몇 아름들이 나무들이 즐비한 것을
보니 이곳 역사를 말해주고 있는 것
같다. 신사 주위가 깨끗하고 조용하
고 정갈함을 보여주고 있으며, 팔번
궁 뒤뜰의 풍경은 울창한 숲과 대나
무들로 거대한 나무들이 빽빽이 들

어차 있다. 대충 보고 나왔다. 남의 나라 신사이니……

【수선사】

팔번궁 신사에 이어서 간 곳이 수선사이다. 수선사는 우리나라 백제 법묘스님이 수선사를
창건하였다고 한다. 일본어로 슈젠지라고 해야지 알며, 이즈하라 터미널에서 걸어서 10분
거리이다. 수선사는 최익현 선생의 순국비가 있기로 유명하다. 절 출입문에 들어가니 왼쪽
에 있었다. 그 내용에는 "면암 최익현 선생은 대한제국의 위대한 유학자요 정치가였다. 한
말의 어려운 정세에서도 소신을 굴하지 않고 애국항일운동을 일으켜 일본관헌에 의해 대
마도로 호송되어 왔으며, 적사(귀양지)에서 순국하셨다. 수선사 창건에는 백제승 법묘 비구
니와 관계가 있다고 전하여 호국과는 인연이 깊다. 선생이 순국한 후 대마도 유지들이 유
체를 모시고 충절을 되새겨 제사를 올렸다. 이렇듯 유서 깊은 곳에 순국비를 세워 선생의
애국애족의 뜻을 기리고자 한다. 최익현 선생 순국지비건립위원회"라고 기록되어 있었다.
한국의 백제 법묘 비구니의 창건 사찰이라 하여 이곳에서 반야심경을 함께 독송하였다.
각자가 참배 및 시주하고, 반야심경 독송함으로 우리 돈으로 10만원을 절 담당자에게 시
주하였다.

【서산사】

서산사는 이즈하라에 위치한 절로 임진왜란 당시의 유명한 스파이 승려 현소(겐소)가 있던
절이다. 우리나라 조선통신사가 대마도를 가면 숙소로 사용했던 절이다. 당시 의병 활동
을 했던 조선 중기의 시인 학봉 김성일 시인이 1590년 조선통신사로 대마도에 들러 서산사
에 체류하면서 일본인 문인과 시를 교류하였다. 2000년 11월 의성 김씨 문중과 시비추진위
원회가 학봉 김성일시비를 건립하였다. 현재의 주인 다나카는 수선사를 유스호스텔로 활

용하고 있다. 이 절은 임제종 계통의 절로서 얼마 전 일본에 있는 한국 불상을 한국으로 옮겨 오는 과정에서 대마도를 거쳐 오는 관계로 법당 참배는 거부당하였다. 힘없는 나라의 설움이라 할까? 사진 한 컷 찍고 조용하게 나왔다.

【조선통신사비】

걸어서 이동하여 조선국통신사지묘에 예를 갖추어 표하였다. 조사에 의하면 조선사절단이 통신사란 이름으로 처음 일본을 방문한 때는 세종 11년(1429)이었다. 조선통신사는 임진왜란이 일어나기 전까지 여덟 차례 일본을 방문했다. 그러나 임진왜란 발발로 교류가 중단됐다. 1607년 조선통신사는 전쟁포로 귀국, 국정 탐색을 시작으로 1811년까지 모두 열두 차례 일본을 방문해 외교·문화교류를 했다. 규모는 300~500명이었다.

대마도는 일본 본토로 가기 전 조선통신사가 거쳤던 곳이다. 대마도의 중심지 이즈하라를 가로지르는 하천 난간에는 조선통신사 행렬을 묘사한 그림이 여러 점 걸려 있다. 이즈하라 시청 왼편에는 현립 대마역사민속자료관이 있다. 자료관에는 조선에서 가져 온 종과 조선통신사행렬도, 조선왕의 교지 등 대마도의 인문·자연자원이 일목요연하게 전시되어 있다. 민속자료관 입구에는 조선통신사를 맞이하기 위해 지은 고려문이 있다. 또 1992년에 건립한 조선통신사비가 있다. 이즈하라시에선 매년 8월초 아리랑축제를 하면서 조선통신사 행렬을 재연하고 있다고 한다. 사진 촬영 후 덕혜옹주와 소 다케유키 결혼봉축기념비로 이동하였다.

【덕혜옹주 소 다케유키 결혼봉축기념비】

덕혜옹주는 고종이 환갑에 낳은 딸이다. 정식 비가 아니라 양귀인에게서 낳았다고 공주가 아니라 옹주다. 덕혜옹주는 13세 때 '유학'이라는 명목으로 일본에 강제로 가게 된다. 19세 때 1931년 대마도주 소 다케유키 백작과 정략결혼을 해 대마도에 와서 일주일간 머물렀다. 이를 기념해 대마도 사람들이 높이 2.3m, 폭 1m되는 결혼봉축기념비를 세웠다.

하지만 두 사람이 이혼한 뒤 비석은 깨졌으며, 기념비는 대마도 내성인 가네이시조(金石城) 밖에 버려졌다. 21세기 들어 부산과 대마도를 오가는 관광객이 늘어나자 한국과 일본의 뜻있는 지식인이 2001년 가네이시조 스미즈공원에 다시 세웠다고 한다. 비에 무궁화 한 다발이 놓여져 있었다. 구경거리가 아니라 아픈 역사의 한 장면이라 쓸쓸하였다.

이렇게 해서 3일간의 대마도 일정을 모두 끝냈다. 잠시 휴식을 취한 후 대마도에서의 마지막 도시락 점심을 먹은 후에 이즈하라 항으로 이동, 3시 30분 배를 통해 부산으로 귀항하여 저녁을 먹고 회향하였다.

이번 대마도 역사기행은 대마도를 제대로 살펴본다는 의미보다 영덕불교사암연합회 회원 스님들간 친목도모와 단합대회를 주 목적으로 하였기에 소기의 목적을 달성하였다. 또한 대마도의 역사를 새롭게 아는 계기가 되었다. 만송원의 삼나무와 같이 1600여 년 동안 세월의 무게에도 흔들리지 않는 단단한 심지를 키워 구경에는 성불의 연을 놓지 말아야 하겠다는 원력심을 다지는 것으로 모든 분들이 회향하 기를 기원해본다.

회향의 글

금일 불기 2557년 계사년 12월 7일 연말을 맞아 도곡 군부대를 방문하여 떡, 고구마, 과일 등을 준비해 지역과 나라를 지키는 국군 장병들을 위로하였다.

대대장님과의 인연과 현재 대한민국의 주변강국들이 방공식별구역에 따른 장병들의 혹시 흐트러지기 쉬운 마음을 잡는 뜻에서 소승이 안을 내어 영덕불교사암연합회 회원 스님들이 동참하게 되었다. 법회에 앞서 지역 스님들과 장병들의 숙소와 기타 생활공간을 대대장님께서 안내해주셔서 잘 돌아보고 법회를 위해 강당으로 이동하여 지역 스님들을 소승이 소개하고 30여 분 법문을 하였다.

장병들에게 설한 법문의 요지는 충성(忠誠)에 관한 내용을 불교적으로 풀어 보았다. 충(忠)은 마음 심(心)과 가운데 중(中)이 합하여 이루어졌는데, 마음을 한 곳으로 집중하는 의미 하나와 마음을 한 가운데 두는 의미가 있다.

우리가 익히 잘하는 나라에 충성하고, 상관에 복종하는 의미라 할 수 있다. 성(誠)은 정성 성(誠)과 진실 성(誠)으로서 정성과 진실이 곧 부처님이라는 내용을 달마대사께서 혜가스님에게 첫 법문하신 '외식제연(外息諸緣) 내심무천(內心無喘) 심여장벽(心如墻壁) 방가입도(方可入道)' 게송과 불교의 삼학(三學)과 비교 법문하였다.

부처님께서는 중생의 근기에 따라 그 대기설법으로서 법문을 설하다 보니 팔만사천의 경전이 설하여진 것이다. 소승의 법문을 한 장병이라도 이해하여 21개월의 군 생활을 잘 회향하였으면 하는 바람이 간절하다.

법문을 마치고 영덕불교사암연합회에서 준비한 공양물을 스님들이 장병들에게 나누어 주고 또한 연국사 동진스님께서 준비한 합장주를 장병들의 팔에 하나씩 걸어주고 연말 군부대 봉축법회를 회향하였다.

금일 봉축법회를 계기로 동참하신 도곡 군부대에 가까운 사찰의 스님께서 일요일 법회를 주관하였으면 하는 발원을 세우면서 시절인연으로 도곡 군 장병들뿐만 아니라 대한민국의 모든 장병들이 무사히 군 복무를 잘하고 대한민국이 국태민안(國泰民安)하길 서원하였다.

영덕불교사암연합회장 현담 합장

'강한정신, 강한훈련' 승리하는 『강철전사』
제 50 보병사단

봉행사

三寶에 歸命하옵니다.

금일 불기2558년 부처님오신날 봉축 "영덕군민과 함께하는 행복한 문화예술 한마당"에 동참하신 사부대중 여러분 반갑습니다. 만물이 생동하는 4월 좋은날 좋은 시간에 함께해서 행복합니다. 부처님오신날을 앞두고 영덕불교사암연합회 전체 법석은 처음으로 맞이하게 됩니다. 지난 10여 년 전 초파일날 영덕읍에 거주하는 사찰에서 부처님오신날 당일 저녁에 봉축행사는 있었지만 영덕불교사암연합회 차원에서 부처님오신날 봉축행사는 처음 봉행하게 되었습니다. 이러한 귀한 자리에 여러분을 모시게 되어서 歡喜踊躍합니다.

존경하옵는 사부대중 여러분!

불교가 한반도에 공인된 시기는 고구려 소수림왕2년(372)이며, 이곳 영덕은 통일신라시대(527)이후 불법이 들어와 지역의 불자들에게 饒益衆生하였고 많은 절들이 들어서고 폐사되고 유지되었습니다. 저희 영덕불교사암연합회에서는 1500여년의 지역의 불교역사를 다 기록하지는 못하지만 대표적으로 사찰이 창건되고 폐사되고 또한 이어온 사찰들을 정리하고 또한 오늘의 불자들에게 下化衆生하는 현존의 사찰들 그리고 10여 년 동안 法會奉行하였던 자료들을 기록 정리하여 한 권의 책으로 묶어 여러분들에게 보여드리게 됩니다. 이러한 한 권의 책과 더불어 오늘의 한마당 법석은 시절인연에 따른 지역불자들의 염원이기도 한 것입니다.

존경하옵는 사부대중 여러분!

오늘은 영덕지역에서 수행정진하시는 스님들과 불자들 또한 영덕군민과 함께 사부대중들이 한 자리에 모였습니다. 부처님오신날 봉축 법요식을 봉행하고 행복한 문화예술한마당에서 동참하신 모두가 봄꽃향기 가득한 법향에 취하여 만물이 생동하는 4월의 기운과 함께 여러분의 각자 건강한 삶과 행복한 가정을 이루어 가는 法席이 되길 誓願합니다.

불기2558(2014)년 4월 15일 좋은날 영덕불교사암연합회장 현담 두손모음

영덕불교문화발전연구원

開院發願

영덕불교의 和合과 會通을 통하여 영덕군민의 건강한 삶과 행복한 가정을 발원하며 나아가 동해안 승가공동체의 연대를 통하여 지역불교발전과 영덕군민의 행복한 삶을 영위할 수 있도록 하는데 목적을 두고자 한다.

연구원 구성

연구원의 구성은 영덕불교사암연합회 회원스님들과 지역의 각 사찰에서 활동하는 원력 있는 불자들, 외부 대학 교수님들, 제방에서 수행 정진하시는 본 뜻에 부합하는 대덕스님들로 구성하고자 한다.

사업

- 매월 파라미타 축구클럽 친선게임 봉행 후원
- 매월 영덕군청 불자회 법회 주관 봉행
- 매월 포항교도소 법회 동참 봉행
- 매월 지역 초,중,고교 모범 학생 장학금 지원 봉행
- 매월 폐사지(30여 군데)와 현재 사찰(68개) 불적답사 봉행
- 매월 도곡, 장사 군부대 위문법회 봉행
- 동해안 승가공동체(포항, 울진, 영덕) 법회 동참 봉행
- 매년 합동 장사 추모 위령재 봉행 및 부처님 오신날 봉축법회 봉행

불교의 역사를 새롭게 조명하고 발전하는 계기가 되기를

불보살님께 귀의합니다. 올 여름 무더운 마른 장마 속에서도 모두들 심신을 잘 堪耐하셨는지요? 이제 三伏 더위도 지나고 어느 듯 가을의 문턱인 立秋가 지났습니다. 모두들 더운 여름 이겨내신다고 수고 하셨습니다. 법체 편안들 하시는지요? 현담 인사 올립니다.

금일 백중 회향일 영덕불교문화발전연구원 개원식과 현판식에 동참하신 대덕 큰스님들과 기관단체장님 그리고 불자님들 만나 뵙게 되어 반갑습니다.

존경하옵는 사부대중 여러분!

오늘 영덕불교문화발전연구원의 개원식입니다. 불교문화를 이야기하기 이전 먼저 문화의 사전적인 의미를 살펴보면 '자연 상태의 사물에 인간의 작용을 가하여 그것을 변화시키거나 새롭게 창조해 낸 것을 의미한다'라고 기록하고 있습니다. 살고 있는 환경을 인간이 편리하도록 변화시켜 행복한 삶을 누리고자 하는 것을 말한다고 할 수 있습니다. 현재 모토(motto)로 쓰고 있는 창조경제, 즉 '모두들 행복하게 잘 살아보자'라는 말이겠지요.

그러면 불교문화란 부처님의 근본 가르침인 자아의 완성인 지혜를 터득하여 나와 남이 다 같이 행복해지는 것을 의미한다고 할 수 있겠습니다. 행복도 일시적인 유한한 행복이 아닌 무한한 행복의 추구를 의미합니다.

존경하옵는 사부대중 여러분!

소승이 德이 가득 찬 곳, 이곳 영덕에서 20여 년을 보내면서 오늘의 영덕불교문화발전연구원의 개원을 통하여 불교의 체계적인 발전과 영덕군민의 삶의 질을 높이고 모두가 무한한 행복(성불)을 추구하기 위하여 많은 법회들을 봉행하였습니다. 오늘 이 시점에서 지난 법회를 살펴보고 앞으로 영덕불교가 나아갈 방향을 제시하고자 이렇게 개원식을 봉행하게 되었습니다.

그럼 2005년 영덕불교사암연합회의 재발족을 통하여 그동안 활동한 내용을 연도 순으로 언급하여 보도록 하겠습니다.

첫째, 2005년 10월 20일 공무원 불자회 창립총회

둘째, 2006년 12월 9일 소년소녀가장돕기 자비탁발법회봉행

셋째, 2007년 12월 12일 연말 연합회 포항교도소 위문법회봉행 및 매월 법회 주관

넷째, 2009년 4월 15일 가뭄 극복을 위한 군민 기원대법회

다섯째, 2009년 4월 24일 6.25 민간인 희생자 유족회 천도재 봉행 2회

여섯째, 2009년 9월 14일 제30회 장사상륙작전 전몰용사 합동위령재 봉행 3회

일곱째, 2013년 6월 23일 영덕 효요양병원과 연합회 양해각서 체결

여덟째, 2013년 9월 29일 영덕불교 파라미타 축구클럽 창단식 봉행

아홉째, 2013년 11월 13~15일 대마도 역사기행

열 번째, 2013년 12월 7일 도곡 군부대 봉축법회 봉행

열한 번째, 2014년 3월 19일 영덕 폐사지 불적답사와 불교현황 출간

열두 번째, 2014년 4월 13일 부처님오신날 봉축 점등식 봉행 및 2014년 4월 15일 부처님오
　　　　　　신날 영덕군민과 함께하는 문화예술 한마당 봉행, 2014년 4월 16일 부처님오신날
　　　　　　포항교도소 법요식 등

존경하옵는 사부대중 여러분!

위에 언급되었던 법회들 중 연구원에서 중점 사업은 부처님오신날 봉축 영덕군민과 함께
하는 문화예술 한마당 봉행과 매년 봉행되는 장사 위령재 그리고 영덕군 폐사지 불적답사
를 통한 活寺址로의 보존 관리를 목적으로 하고자 합니다.

존경하옵는 사부대중 여러분!

서산대사는 禪詩에서 이렇게 말하였습니다.

눈을 밟으며 들길을 갈 때 모름지기 그 발걸음을 어지러이 하지 말라.
(踏雪野中去 不須胡亂行)

오늘 걷는 나의 발자국은 반드시 뒷 사람의 이정표가 될 것이니.

나의 발자국이 뒷 사람의 이정표가 되리
라.(今日我行跡 遂作後人程)

역사는 현재의 모습을 후대에 전해 주는 거
울이라 하였습니다. 오늘의 개원식을 통하여
불교의 역사를 새롭게 조명하고 발전하는 계
기가 되기를 서원합니다. 다시 한 번 개원식
에 동참하신 사부대중 여러분께 감사의 예를
올립니다. 감사합니다.

　　　　　　영덕불교사암연합회장 현 담 합장

봉행사

제35회 장사상륙작전참전전몰용사 합동위령제에 동참하신 사부대중여러분 만나서 반갑습니다. 영덕불교사암연합회장 현담 인사 올립니다. 저희 영덕불교사암연합회에서 2009년(30회), 2010년(31회), 2011년(32회)주관 봉행하고 이렇게 뵙게 됩니다.

먼저 위령제를 봉행하도록 배려하신 이희진 영덕군수님! 영덕불교사암연합회를 대표하여 감사드립니다. 또한 본 위령제를 주최하신 장사상륙작전참전용사 유격동지회 김영재회장님과 유격동지회원 생존해 계신 33분의 영웅들과 가족여러분! 원근 각지에서 노구의 몸을 이끌고 오신다고 수고하셨습니다.

그리고 오늘 호국영령들과 동참하신 사부대중에게 감로의 법문을 설하실 포항불교사암연합회 자문위원이신 준제큰스님께 합장의 예를 올립니다. 또한 천주교 강구성당 본당신부이신 김원호신부님, 기독교연합회장이신 오종길 목사님, 포항불교사암연합회장이신 덕화 회장스님 고마움의 인사 올립니다.

또한 멀리서 우중에도 기꺼이 동참하신 이진삼 전 육군참모총장님, 김정남 육탄용사 선양회 총재님, 유법안 사무총장님, 지갑종 유엔 한국참전국 협의회장님 법석에 동참하여 주어서 고맙습니다.

이어서 안병태 제2작전사령부 부사령관님, 한삼수 육군 제50사단 부사단장님, 심현석 122연대장님, 박의식 경상북도 보건복지국장님, 박창표 경주보훈지청장님, 조임묵 6.25 참전유공자회 경북지부장님, 동참하여 주셔서 고맙습니다.

그리고 영덕군의회 이강석의장님과 손달희부의장님, 박기조의원님, 하병두의원님, 김성호의원님, 최재열의원님, 김은희의원님, 황재철 경북도의회의원님, 조주홍 경북도의회의원님 또한 양영석 영덕경찰서장님, 이장춘 영덕교육장님, 구자영 포항해양경찰서장님, 오원석 영덕소방서장님, 윤병목 대한노인회 영덕군지회장님, 류기도 영덕문화원장님, 박관훈 NH은행 영덕군지부장님, 이중섭 재향군인회장님, 석명도 이북도민회장님 자리하여 주어서 고맙습니다. 아울러 시간 관계상 호명되시지 못한 기관단체장과 대덕스님들 오늘 위령제 봉행에 동참하신 모든 사부대중에게도 감사의 예를 올립니다.

존경하옵는 사부대중 여러분!

장사상륙작전은 1950년 9월15일 인천상륙작전을 성공시키기 위하여 8월 24일 대구서 긴급 모집된 총 772명의 대원을 주축으로 창설된 육군본부 직할 독립 제 1유격대로서 하루 전 9월14일 772명이 LST문산호를 타고 장사에 상륙하여 국도 7호선을 봉쇄하고 조선인민군의 보급로를 차단하는데 성공하고 철수한 작전입니다. 772명 이 전투에 참여하여 139명이 사망하고 92명이 부상을 입은 90%가 학도병 중심으로 싸워 오늘 대한민국을 있게 한 영웅들입니다. 다시 한 번 유격동지회원 생존해 계신 33분들께 그간의 노고에 감사드립니다.

존경하옵는 사부대중여러분!

이러한 호국학도병들은 1980년 7월14일 당시 전투에 참전했다가 생존한 대원의 명예 회복과 함께 유적지 성역화를 위해 대구에서 장사상륙작전참전 유격 동지회를 결성하고 경기도 양평 청운사 석일산스님의 원력에 의하여 전국적 모금운동을 펼쳐 1991년 9월14일 상륙작전진였던 이 곳 장사리 해안에 위령탑과 전적비를 세워 오늘에 이르고 있습니다. 그 위령탑의 비문은 서경보큰스님의 글씨로서 전면은 장사상륙전전몰용사위령탑이 쓰여 있고 후면에는 그 내용을 큰스님의 원력에 부합하고자 게송을 염송하여 보도록 하겠습니다.

殉國忠心明日月	나라를 위한 충성스런 마음 해와 달보다도 밝고
殺身勇氣感龍神	목숨받친 그 용기 팔부신중이 감응하였다.
焚香祈願諸靈位	오늘 향 사려 나라를 위하여 몸 받친 모든 영령들에게 기원합니다.
萬代永爲守護神	천추만대에 수호신이 되어 주소서!
願以此功德	원컨대 나라를 위하여 몸 받친 공덕으로서
普及於一切	널리 우주법계에 미쳐
我等如衆生	우리들 모든 중생들이
皆共成佛道	다함께 불도를 이루게 되어지이다.

다시 한 번 영령들의 극락왕생을 발원하고 현재 생존에 계신 김영재회장님과 유격동지회원 여러분의 노고에 감사드리며 강건하시길 기원 드리며 오늘 동참하신 이희진영덕군수님과 군행정관계자 여러분 준제큰스님과 대덕스님들 이진삼 전육군참모총장과 그 밖의 군관계자 여러분 또한 참여하신 모든 사부대중 분들에게 무한한 행복을 누리시기 바랍니다. 감사합니다.

불기2558(2014)년 甲午年 9월 3일 장사위령탑에서 현담 焚香

중국 관음도량 및 지장도량 불적답사
普陀洛迦山 · 九華山 聖地巡禮

【성지순례 동참인원 18명】

- 회장 : 현담스님 · 부회장 : 동진스님 · 감사 : 도일스님 · 총무 : 대원스님 · 재무 : 보광스님
- 문화 : 지연스님, 내원스님, 박인숙(서남사 신도회장), 김분자, 김수자, 조봉금, 박영자, 권순흠, 전명순, 김분옥, 박정숙, 은복란, 김유지

【첫째날 : 9월 24일 수요일 일정】

12시 서남사 출발 → 김해공항 2시 30분 도착, 입국절차 후 16호 태풍 풍윙의 영향으로 30분 지연된 5시 대한항공 비행기 탑승 → 6시 30분 상해 도착, 7시 저녁공양 唐沅大酒店 → 상해에서 1시간 30분 寧波로 이동, 寧波沅洲大酒店에서 1박 12시 취침

【둘째날 : 9월25일 목요일 일정】

녕파 원주호텔에서 8시 출발 → 보타산 11시 도착 普陀山大酒店에서 점심공양 1시 30분 ferry(여객선)을 타고 낙가산(보타산 동남쪽에서 약 5.3km 떨어진 섬) 원통보전 참배 도착 2시 50분 낙가산에서 보타산으로 출발 → 보타산 內 보제선사 도량 부처님 참배 후 호텔로 이동, 보타산 대주점에서 저녁 공양 후, 1박

【셋째날 9월 26일 금요일 일정】

6시 기상 7시 보타산 대주점에서 아침공양 후 케이블카 타고 佛頂山 도착 慧濟禪寺 부처님 참배 이후 하산하여 法雨禪寺 부처님 참배 후 사시불공 이동하여 보타산 대주점에서 점심 공양 후 ferry(여객선)을 타고 보타산에서 육지로 나옴. 황산으로 8시간 버스로 이동, 황산 교포가 운영하는 전주식당에서 저녁 공양(8시 30분) 다시 1시간 이동 후 → 호텔 황산 헌원국제 대주점 도착, 1박

【넷째날 9월 27일 토요일 일정】

헌원국제대주점에서 7시 아침 공양 후 8시 황산에서 → 구화산으로(1시간) 이동 → 지장도량 구화산 지장보살참배 케이블카를 타고 천대를 오르는 중간 고배경대 참배 후, 천태산 대웅보전 참배, 하산하여 김교각스님 육신보탑 참배, 화성사 참배, 백세궁에서 단체 불공 후 하산 이후 저녁 공양 후 6시 30분 남경으로 출발 → 역사의 도시 남경으로 이동 南京國睿金陵大酒店 10시 도착, 1박

【다섯째날 9월 28일 일요일 일정】

남경호텔에서 8시 아침공양 9시 30분 공항으로 이동 → 남경 공항에서 1시 10분 부산으로 출발(소요시간 1시간 40분) → 부산 도착 → 포항 연재봉에서 저녁 공양 8시 20분 영덕 도착 해산

보타낙가산

보타산은 절강성 녕파시 동쪽 바다 가운데 위치한다.(동경 112.5°, 북위30°) 주산 군도 5백여 개의 섬 중의 작은 섬으로, 남북 길이 8.6km, 동서 폭 0.98~4.3km, 해안선 길이는 33km, 총면적 12.76㎢, 최고점은 불정상 보살정으로 해발 291.3m이다. 산들은 높지 않지만 기세가 웅장하고 물은 깊지 않지만 파도소리 요란하며, 나무들이 숲을 이루고 하늘을 떠받고 있어 특이한 풍경을 이룬다.

관세음보살을 모신 절강성의 보타산(普陀山)은 지장보살을 모신 안휘의 구화산(九華山), 보현보살을 모신 사천성의 아미산(蛾眉山), 문수보살을 모신 오대산(五臺山)과 더불어 중국 4대 불산 중의 하나로 중국 제1불교 왕국 해천불교왕국, 해상선상, 남해불교왕국으로 불리어진다. 옛 시인들도 "산과 호수의 으뜸은 서호에 있고, 산과 강의 명승은 계림에 있고, 산과 바다의 절경은 보타에 있다."고 노래했다.

보타산은 '보타낙가산'의 준말로, 보타산과 낙가산 두 개의 작은 섬으로 이루어졌기 때문에 이 이름이 붙여졌다. 이는 불경에서 나온 이름으로 백화산, 광명산이라고도 부르며, 남해보타산이라고 부른다.

보타산에 불교가 처음 들어온 것은 당(唐) 대중(大中) 연간(847~860), 어떤 인도 스님이 이곳에 이르러 열 손가락을 스스로 소지공양하여 관세음보살을 친견하고, 일곱 색깔의 보석을 받았다는 전설로부터 이곳이 관세음보살이 현신한 성지로 알려지게 되었다.

이후 오대(五代) 시기의 후량(後梁) 정명(貞明) 2년(916), 일본 승려 혜악(慧鍔)이 오대산(五臺山)으로부터 관세음보살상을 일본으로 모셔 가는데, 이곳에 도착했을 때 태풍이 불고 폭우가 쏟아져 하는 수 없이 매잠산 조음동에서 내렸다.

매잠산의 불자 장씨부인은 쌍봉산 기슭의 자택 별실을 내어 관세음보살을 모셨는데, 혜악은 관세음보살이 일본으로 가기 싫어한다고 생각되어, 매잠

산에 관음원을 짓고 불교를 전파하기 시작하였다. 그에 따라 본래의 매잠산(梅岑山)을 인도의 관세음보살이 머문다는 보타락가(범어 Potalaka)를 빌려 개명하게 되었다.

그 후, 남송(南宋) 소흥(紹興) 원년(1131), 조정에서 보타산의 모든 종파를 선종(禪宗)으로 통일시키고, 가정(嘉定) 7년(1214)에 다시 보타산을 관세음보살 도량으로 선포하여 명실 공히 관세음보살의 성지로서 인정받게 되었다.

보타산에는 역대로 끊임없는 불사(佛事)를 일으켜 청대의 건륭(乾隆) 연간에는 3개의 큰 사찰과 88개의 암자, 148개의 기도원이 있었고, 승려는 모두 2,000여 명에 달했으며, 현존하는 주요 사찰로는 보제사(普濟寺), 법우사(法雨寺), 혜제사(慧濟寺) 등이 있다.

현재 보타산에는 42개의 사찰이 있으며 1997년 9월 29일 남해관음(해수관음) 입상을 모시는 불사를 하기도 하였다. 또한 보타산의 풍광은 바다와 산이 절묘한 조화를 이루어 흔히 "산과 호수의 으뜸은 서호(西湖)에 있고, 산과 강의 명승은 계림(桂林)에 있고, 산과 바다의 절경은 보타에 있다."라고 표현하며, 또한 남해의 불교왕국이라고 말하고 있다.

구화산

구화산(九華山)은 안휘성 청양현 서남쪽에 위치. 산봉우리가 99개, 면적이 100여 만㎢이다. 원명은 구자산인데 후에 시성 이백이 멀리 뭇 봉우리들을 바라보며 '妙有二分氣 靈山開九華'라는 명구를 써서 구화산으로 고쳤다. 산에는 계곡폭포, 기암괴석, 오래된 동굴, 푸른 소나무와 대나무가 많아 산수 경치가 독특하고 아름다우며 명승고적들이 도처에 분포되어 있어 예로부터 동남 제일산으로 불리고 있다.

구화산의 불사활동은 동진 융안 5년(서기 401년)에 천축의 승려 회도(懷渡)가 이곳에 사원을 건조하고 전도를 하면서부터 시작되었다. 당나라 개원시대 신라국 승려 김교각이 이곳에 와 도를 닦았는데 그가 입적한 후 승려들이 그를 지장보살 화신으로 받들어 지장왕 도량으로 개척하였다. 그후부터 이곳에 사찰이 수풀처럼 일어서게 되었다.

구화산 유람객들은 늘 화성사, 육신보전, 천대사, 상선당을 참배한다. 화성사는 구화산의 개산사원으로서 장엄하고 고박하며 기세가 웅장하다.

현재 사원에는 명나라의 유지, 역대 황제가 하사한 금인과 명나라 판본의 장경 6,000여권 및 청나라 법문 패엽경 등 진귀한 문물들이 소장되어 있다. 육신보전은 김교각이 99세를 일기로 이곳에서 입적한 후 얼굴이 산 사람 같아 명나라 신존황제가 '호국육신 보탑'이라는 이름을 하사하여 얻어진 명칭이다. 전하는 바에 의하면 천대사는 김지장이 거주하던 고찰이라고 한다. 산세를 따라 지은 5층 누각으로 법당 내의 대들보와 벽체 사이에는 작은 목불들이 걸려 있다.

육신전 아래에 있는 상선당에는 진기한 금사천, 금전수가 있는데 전하는 바에 의하면 이백의 고주전(沽酒錢)이 변해서 생겼다고 한다. 구화산의 유명한 사원에는 많은 승려들이 매일 염불을 하고 아침, 저녁으로 수행을 하고 있는데 불교 분위기가 매우 농후하다.

음력 7월 30일은 지장보살의 탄신일로서 많은 사원에서 불사활동을 행하여 전통적인 구화산제회로 형성되었다. 승려와 참배자들이 구름처럼 모여들어 향을 피우고 참배를 하며 민간에서는 등불놀이, 죽마놀이, 꽃불올리기, 고대극 공연을 하고 시장에서는 물건을 팔고 사는 사람들로 북적거린다. 불사활동은 한달 동안 계속된다.

구화산은 교통이 매우 불편하다. 상해에서 합비를 통하여 안경을 거쳐 가는 길은 6시간이 걸리며, 상해에서는 황산을 거쳐 가는 길은 역시 5시간 정도가 소요된다. 화성사, 십왕사, 육신보전, 봉황송, 박세궁, 저원사 등을 관광한다.

【대웅보전】

기원사의 대웅보전은 평지에서 보전의 지붕까지가 13장(丈)이나 된다. 대웅전의 문은 유명한 서예가인 우우임(于右任) 선생이 쓴 '대웅보전'의 금자 현판이 있다. 보전의 정중앙에는 연화대 위에 2장(丈)이나 되는 높이의 삼존불이 모셔져 있으며 가운데가 '여래'이고 좌측에 '아미타불', 우측이 '약사불'이다. 삼존불은 구화산 사원 불상의 으뜸이다. 대불의 양 옆에는 조각한 일장(丈) 높이의 나한상이 있다.

【기원사】

기원사는 기원선사(祇園禪寺)라고도 불리며 옛날 이름은 기원, 기수암이었고 구화산 4대총림 중의 하나이다. 기원은 원래 인도불교의 성지로 석가모니 부처가 20여년 불교를 선양한 곳이다. 구화산 기원사는 이러한 것에서 얻어온 이름이다. 사원은 명대(明代) 가정 연간에 처음으로 세워졌고 청대(淸代) 연간에 여러 차례 중수하였다.

【화성사(化城寺)】

화성사는 구화개산사(九華開山寺)이다. 역사가 가장 오래되었고 또한, 지장보살 도량이기도 하며 구화산의 총 총림이다. 동진(東晉) 응안 5년(401)에 승인이 암자를 지었으며 당 지덕(至德) 연간(756~758)에 다시 세워 화성사라 칭하였으며, '화성'이라는 말은 법화경(法華經) 중의 불교 고사이다. 화성사는 구화거리(九華街)에 위치하고 있으며 하나의 원형광장을 마주하고 있다. 이 광장 중간에는 월아형(月牙形)의 연꽃 월아지라는 연못(月牙池)이 있으며, 이는 지장(地藏) 방생지(放生池)이다. 사전(寺殿) 앞뒤로 네 채가 있는데 분문청, 대웅보전, 장경루이다. 이 네 채는 지세를 따라 점점 높아지며 자연과 조화를 이루고 있다. 전내에는 강희 황제의 친필인 '九華聖境'의 횡서와

건릉황제의 친필인 '芬陀普敎'의 횡서가 있다. 뒷전에는 명대 숭정 황제의 친필인 '爲善最樂'의 횡서가 있다.

【백세궁(百歲宮)】

백세궁은 명나라 만력황제 이전에는 '제성암'으로 불렀는데, 후에 혜옥스님의 도량으로 변하면서 백세궁을 고쳤다. 혜옥스님은 28년을 들여 혀혈과 금분으로 '대방광불화엄경' 81권을 쓰시고 100세로 입적했다. 열반 3년 후의 모습이 생전과 같았기에 활불로 모셔지고 전신 개금하여 백세궁에 안치됐다.

【육신보전(肉身寶殿, 로우션바오디엔)】

육신전이라고 하며, 신라 왕족인 김교각스님이 구화산에서 75년간 수행하다가 794년 열반하셨는데, 열반 3년 후에도 생전 모습과 꼭 같고 몸에서 쇳소리가 들려 지장보살로 인정받고 석탑은 호국육신보탑으로 불려졌다. 육신전 앞에는 99계단이 있고 정상에는 천교가 있는데 남북으로 '반석상안'과 '신광이채'라는 글이 새겨져 있다.

【천대봉(天台峰)】

즉 천태봉(天台峰)이며 해발 높이가 1325m이며 봉우리에는 저명한 지장사(地藏寺)가 있으며 또 천태사(天台寺)라고도 한다. 절의 앞에는 봉일정(捧日亭)이 있는데 구화산에서 일출을 보는 최적의 지점이다. 주위에는 또 금선동(金仙洞), 일선천(一線天), 용주석주경(龍株石諸景) 등이 있다. 이 절의 건축면적은 1540㎡이며 전국의 중점사원이다.

【구화산의 제일 큰 사원, 저원사】

구화산 3대 사원 중에서 규모가 제일 큰 사원으로 화성사의 동쪽에 있는 동암사 산록에 위치해 있고, 구화가두를 향하고 있다.

명대초에 건설된 것으로 알려져 있으며, 사원 앞에는 봉화와 금선도안이 새겨진 포석판도가 있다. 원내의 정전인 대웅전은 13척의 높이로 황금색의 유리기와가 황금색과 푸른빛으로 휘황찬란한 멋을 뽐낸다. 대웅전 안에 모셔져있는 삼존대불은 연화대 위에 놓여져 있는데, 길이가 2척에 달하며 대웅전 뒷편에는 관음상이 진흙으로 조각되어 있다. 또 원내에는 가옥이 많아서 마치 미궁처럼 되어 있고, 그 밖에 주방에 있는 8개의 커다란 가마중에서 입구의 넓이가 1척에 달하는 솥이 있는데 이것들은 모두 이 사원의 규모를 말해주고 있다.

성지순례를 다녀와서

귀의삼보하옵니다.

지난 9월 3일 영덕불교사암연합회에서 주관 봉행한 장사상륙작전전몰용사추모위령제를 원만 회향하고, 이에 위령제 법회에 수고하시고 동참한 영덕불교사암연합회 집행부 스님들과 서남사 보덕화 신도회장님을 비롯한 신도분들을 모시고 중국 4대 성지 중 2대 성지인 보타낙가산과 구화산의 관음도량과 지장도량의 성지를 순례하고 돌아왔다.

 현재 한국 불교신앙 형태의 주류를 이루고 있는 것이 관음신앙과 지장신앙이며, 한국의 불자들이 최근에 가장 많이 가는 곳이 보타낙가산과 구화산이기에 연합회 집행부 스님들과 신도분들에게도 선호도가 높아 목적지를 정하였다. 본 성지순례의 목적은 영덕불교의 미래를 위한 화합과 소통이다.

처음 성지순례를 계획하고 날짜를 정하여 가기로 한 날짜가 중국 국경절 연휴가 되어 일정을 변경하여 음력으로 초하루를 절에서 봉행하고 바로 출발하였다. 성지순례 첫날 제16호 태풍 풍웡으로 강풍과 많은 비로 김해공항가는 길은 모두다 걱정을 하였지만 다행이 비행기가 30분 늦게 이륙하여 중국 상해로 출발하는 것으로 중국의 성지순례를 시작하였다.

4박 5일 중 보타낙가산과 구화산의 성지순례길은 3일간으로서 그 중에서도 하루는 버스로 이동하는 시간으로 보내고 보타낙가산 하루, 성지순례와 구화산 하루 성지순례하는 것으로 만족해야했다.

전체적인 일정은 위와 같이 기록한 그대로이며, 이번 성지순례의 수확이라면 낙가산 불정산으로 오르는 인도네시아 불자들과 중국대륙에서 모여든 신심 있는 불자들 그 밖의 순례길에 오신 불자들의 3보1배와 오체투지의 신심으로 오르는 계단의 글귀와 같이(有求必應心中在佛) 모두의 염원을 보여 주고 있었다.

또한 타국의 우리 연합회 스님들에게 공양법사비를 올리는 신심을 보면서 낙가산 정상의 현판에 '同登覺岸'과 같이 다 함께 낙가산 정상을 오르는 분들은 제각기 깨달음을 얻어 저 언덕에 이르는 서원을 세우고 있었다.

이러한 불자들의 원력심을 보면서 본 성지순례의 목적인 화합과 소통, 그리고 신심을 더욱 굳건히 세우는 계기가 되었으며 영덕에 도착하는 그 순간까지 佛心의 智慧作用心을 놓치지 않고 성지순례에 동참하신 스님들과 불자들이 스스로 자각할 수 있었다.

불기2558(2014)년 갑오년 10월 5일 영덕불교사암연합회장 현담 합장

영덕불교사암연합회
中國 九華山・普陀洛迦山 聖地巡禮
불기 2258(2014)년 갑오년 9월 24일 ~ 9월 29일

제 36회 장사상륙작전 전몰용사 추모위령제

영덕불교사암연합회에서는 2009년(30회), 2010년(31회), 2011회(32회), 2014년(35회)에 이어 올 한해에도 주관하게 되었다.

2015년 9월 14일 봉행된 위령제는 이름이 바뀌어 영덕 장사상륙작전 전승기념식이란 이름으로 봉행되었다. 500여명의 동참속에 스님들이 50여분 동참하여 많은 성원을 하였다. 그러나 영덕불교사암연합회에서 주관을 하였지만 기념식 전 위령제만 봉행하고 기념식은 영덕군에서 주관하여 초대한 소승과 인연된 많은 스님들에게 인사조차 제대로 못한 법회를 봉행하여 많은 아쉬움이 남는 법회였다.

내년에는 영덕군에서 모든 위령제와 기념식을 봉행한다고 한다. 그러나 영덕군에서 기념식을 하여도 위령제는 영덕불교사암연합회에서 매년 봉행하기로 의결하였다.

長沙上陸戰歿學徒兵慰靈塔

證明大法王 大僧王 一鵬
慰靈塔建立 会会長
奉行委員長 副会長
副委員長 委員
陸軍直轄独立第一遊擊大隊長 副会長
副官 幹事
長沙上陸 泉戰 遊軍同志会会長 監事
会員

徐京 保山 南釋一 조경 김광 이명 白雲 崔정관 강정관 과만철 배수용 정재혁 김정지 박제현 백판진 송진화 오창순 이기일 이달조 조창길 최영옥 과영영 남영대
진 남산 문欽 明鵬 戰 김영재 김덕진 송원춘 고규혁 김세용 박치복 서학이 이영기 이용식 송용석 장재화 이종만 류동수 이삼희 남화환

울릉도 성불사 일웅선원 성지순례

울릉도 현웅스님과 부회장스님이신 연국사 동진스님과의 인연으로 울릉도에 입도하게 되었다. 사암연합회 동진부회장스님과 감사스님이신 영명사 도일스님, 만국사 대원스님과 함께 순례길에 동행하였다.

【들어가는 날】

포항에서 배편으로 3시간 걸려 울릉도에 도착하여 현웅스님께서 주석하시는 일웅선원에 여장을 풀고 죽도섬에 자연경관을 보고 돌아와 일웅선원에서 저녁공양을 하고 부처님께 참배예배드리고 포행하고 입선하였다.

【머무는 날】

울릉군 북면 추산길에 위치한 성불사에서 부처님을 참배 예배하고 나리분지에서 점심공양하고 주위 경관을 돌아보고 일웅선원으로 돌아와 저녁공양하고 포행하고 철야 정진하였다.

【나오는 날】

아침공양을 가볍게 하고 봉래폭포를 걸어서 다녀왔다. 점심공양을 하고 오후 일웅선원에서 걸망을 챙겨 부처님께 인사드리고 울릉도에서 배를 타고 포항 부두에 도착 영덕에서 회향하였다.

【울릉도】

울릉도는 죽변에서 동쪽으로 140㎞, 포항에서 217㎞, 동해 묵호에서 161㎞ 지점에 있으며, 독도와는 92㎞ 떨어져 있다. 동경 131°52′, 북위 37°30′에 위치하며, 면적 72.9㎢, 인구는 1만 153명(2015년 현재)이다. 현재 울릉도는 1읍 2면 25리 체제이다.

울릉도에 대한 지명은 512년(지증왕 13)에 우산국에 대한 이야기로 처음 등장한다. 930년(태조 13) 우릉도(芋陵島), 덕종 때 우릉성(羽陵城), 인종 때 울릉도(蔚陵島) 등의 지명이 등장했다. 고려 때는 울릉도(鬱陵島)·우릉도(于陵島)·무릉도(武陵島) 등이 나온다. 일본은 울릉도를 죽도(竹島: 다케시마)라 하고 독도를 송도(松島: 마쓰시마)라고 하기도 하였으나 메이지 정권 전후에 울릉도를 마쓰시마, 독도를 다케시마라고 하였다.

이곳은 넓은 구화구에 신화구가 분출한 이중화산인데 성인봉(聖人峯, 984m)은 외륜산에 해당하고, 신화구인 알봉분지에는 중앙 화구인 알봉[卵峯, 538m]이 있다.

섬 전체가 하나의 화산체이므로 해안은 대부분이 절벽을 이룬다. 특히 서남과 동남 해안은 90m 높이의 절벽으로 천연의 양항 발달이 어렵다. 온화한 해양성기후로 2005년의 최저 기온은 -9.1℃, 최고기온은 32.3℃, 연평균기온은 12.2℃, 연강수량은 1,511.6㎜이다.

이곳은 우리나라에서 가장 폭풍 일수가 많다. 강수량은 연중 고르게 나타나며, 특히 겨울철에는 강설량이 많아 우데기라는 특수한 가옥 구조를 가지고 있다.

대표적 식생은 향나무·박달나무인데, 특히 향나무는 섬 전체에서 볼 수 있으며 그 밖에 해당화·섬들국화도 자라고 있다.

울릉도는 신생대 화산작용으로 형성된 종상화산으로 조면암·안산암·현무암으로 구성되어 있다. 울릉도는 512년(지증왕 13)에 신라에 귀속되었다. 1018년(헌종 9) 여진족의 침입을 받았고, 1157년(의종 11) 주민들을 이주시킬 계획을 가졌었으나 실행하지 못했다. 고려 때부터 공도정책(空島政策)이 시행되다가 1694년(숙종 20)부터 울릉도에 대한 순찰을 강화하고, 1882년(고종 19)에 울릉도 개척령이 공포되어 이민이 장려되었다. 1900년 울릉도를 울도군으로 개칭하면서 강원도에 편입하였고, 1906년 울도군을 경상남도에 편입했다. 1914년 경상남도에서 경상북도로 이속시키고, 1915년 군제를 폐지하고 제주도와 더불어 도제로 변경하였다. 1949년 정부 수립 후, 울릉군으로 환원하였고 1979년 남면이 울릉읍으로 승격하였고, 2000년 4월 7일 울릉군 울릉읍 독도리를 신설하였다.

울릉도의 토지용을 살펴보면 경지 면적은 밭이 12.4㎢, 논이 0.5㎢, 임야 55.5㎢이다. 주민들은 2차 산업보다 1차 산업인 농업과 어업에 상대적으로 많이 종사하고 있다. 2차 산업 종사자는 매우 적고 관광산업의 발달로 3차 산업은 비교적 발달되어 있다.

주요 농작물은 감자·옥수수·채소·콩 등이며, 임산물로는 밤도 생산되고 있다. 농경 외에 한우와 염소의 사육도 이루어지고 있으며 당귀를 비롯한 약초 재배가 활발하여 당귀는 해외에 수출되기도 한다. 또, 특산물로 전호(前胡)·명이·고사리·땅두릅나물 등이 유명하다. 근해는 한류와 난류가 만나는 조경수역으로 오징어·꽁치·명태 등이 어획되며, 특히 오징어는 그 품질이 우수하여 동남아시아로 수출되고 있다.

울릉도의 인구는 최근 오징어 흉작과 교육 여건의 어려움, 자연 재해 등으로 매년 줄고 있다. 포항·후포·묵호와의 사이에 정기 여객선이 매일 운항되고, 헬기가 강릉~울릉 간에 부정기적으로 운항된다. 2014년 현재 교육 기관으로 초등학교 5개교, 중학교 4개교, 고등학교 1개교가 있다. 화산암으로 이루어진 특이한 절경으로 촉대암·공암·삼선암·만물상 등 기암괴석이 많고 천연식물이 많이 분포하고 있어 관광지로 손꼽히고 있다.

【성불사】

불법이 한반도에 전래된지 1630여년. 수많은 도인들이 출현하여 이 땅을 밝혀왔건만 동쪽 끝 울릉도에 그 감화를 미치지 못했음은 오직 동해의 거친 파도와 시절인연이 도래하지 않았음이라. 이제 靑庵 法祖大禪師의 혜안과 원력에 의해 성인봉 아래 추산자락 천하명당에 호국을 상징하는 약사여래대불이 모셔졌으니 상서로움과 환희심이 동해에 가득하도다.

경북 의성의 대한불교조계종 제16교구본사 등운산 고운사에 팔년간 주석하시면서 창건 1320년이래 최대의 중창불사를 이루시고 모든 불자들의 빛과 희망이 되시더니 그 수행의 덕화가 이곳 신비의 섬 울릉도에 다다름은 무엇인가? 조사의 뜻은 참으로 알기 어려우나 성불사의 창건인연을 밝혀 후인들에게 전하노니 이를 귀감으로 삼아 결코 깨달음의 정로에서 물러서지 말지니라.

포항 옥천사 주지 혜주 비구니는 본디 울릉도 출생으로 포항에서 불사와 포교에 매진하였다. 항상 고향에 불법이 흥하지 못함을 한탄하더니 결국 울릉도에 정법도량 세우기를 필생의 원으로 삼았다. 선몽에 의해 울릉도 북면 나리동 533번지 대지를 구입하고 이를 옥천사 조실이자 조계종 제16교구 본사 고운사 주지이신 청암 법조대선사에게 불사의 추진을 간청하였다. 대선사께서는 한번 보심에 그 자리가 천하명당임과 전국의 제일가는 기도영험성지가 되리라는 것을 간파하시고 이를 수락하셨다. 3500평의 땅을 시주받아 총 6000여평의 부지를 마련하고 대불조각으로 명성높은 조각장 박찬봉거사의 솜씨를 빌려 불상을 조성한지 2년만에 호국약사여래대불을 봉안하여 정동을 보게 하시니 뒤로는 나라를 지키고 앞으로는 부처님의 옥호광명이 전세계를 비추게 하는 선지식의 깊은 뜻이 담겨있다. 더욱이 티벳트 승왕 달라이라마가 기증한 석가세존 진신사리 일과와 패엽경 일권을 성불사 호국약사여래대불의 몸 안에 봉안하시니 보는 이마다 저절로 참회와 발원을 하게 되더라. 아 불법의 신묘함이여! 신령스러움이 어찌 없다 할 것인가!

원컨대 이러한 인연의 공덕으로 불일증휘(佛日增輝), 법륜상전(法輪常轉) 하여지이다.

아울러 이 대작불사에 흔쾌히 동참한 비구, 비구니에게는 속히 깨달음의 정안이 열리고, 시주하신 모든 불자들이 성취하시길 발원합니다. 이곳에서 기도하는 이는 원하는 바를 이루고 나아가 모두가 불국토에서 진리와 한 몸 되기를 발원합니다.

(이 기록은 법조스님의 상좌이신 성오스님의 글을 발췌하였습니다.)

영덕대대 추계 봉축법회

2013년 가을 법회를 주관하고 두 번째 봉행하는 법회이다. 개신교와 천주교에서는 매주 예배를 밖에서 장병들과 함께 주관하는데 사찰에서는 매주 법회를 주관하는 절이 없어 아쉬움이 남는다. 매주 법회를 보지 않더라도 한 달에 한 번이라도 법회를 주관하는 사찰이 있길 발원해 본다.

【동참스님】

대각종 보각총무원장 큰스님, 회장 : 현담, 부회장 : 동진, 재무 : 보광,

총무 : 대원, 감사 : 도일, 칠보사 : 인덕, 대각사 : 지우

【공양물】

떡 150개, 사과 3박스, 고구마 150개, 우유 150개, 바나나 3박스, 빵 150개

영덕군 교육발전기금 전달

영덕불교사암연합회 2015년 을미년을 회향하면서

귀의 삼보하옵니다.

저희 영덕불교사암연합회에서는 매년 해 오던 봉축법회를 올 해에도 더불어 크고 작은 많은 법회들을 주최·주관하여 왔습니다. 그 중에서도 대외적으로 중요한 법회들을 을미년을 회향하면서 정리하여 보았습니다.

먼저 영덕불교사암연합회의 화합과 발전을 도모코자 집행부스님들께서 먼저 제주도 삼사 성지순례를 봉행하였고 아울러 매년 봉행되고 있는 장사상륙작전 전몰용사합동위령제를 주관 봉행하였는데 올해에는 전승기념식의 봉행으로 위령제는 식전 행사로 봉행되어 사암연합회 회원스님들과 법력 있는 법사스님을 모시고 법회를 여법하게 봉행하였습니다.

아쉽게도 내년부터는 영덕군에서 주최·주관을 하고자 하는바 저희 사암연합회에서는 나라를 위해 희생된 고귀한 학도병들과 그 밖의 호국영령들의 극락왕생을 발원하는 위령제는 매년 봉행하고자 뜻을 같이 모았습니다.

그리고 소승이 포항교도소 법회를 10주년 기념 법회의 맞아 영덕불교사암연합회 전체 추계 봉축 법회로 회향하였으며, 지역 영덕대대 장병들을 위한 위문 법회를 봉행하였고 또한 울릉도 성지순례로 연합회 법회를 회향하였습니다.

마지막으로 영덕불교파라미타 축구클럽은 매주 토요일과 일요일에 조기회원 중심으로 불교포교의 방편을 봉행하여 왔습니다. 이러한 여법한 법회가 봉행될 수 있었던 것은 집행부 스님들과 회원스님들의 한결같은 마음과 동참이 있었기에 가능하였습니다.

아울러 영덕불교사암연합회의 법회에 관심과 도움을 주신 강석호 국회의원님과 이희진 영덕군수님께 감사드리며 내년 병신년에도 올해와 같이 연합회의 화합과 참여로 지역불교의 발전을 기대해봅니다.

불기2559년 을미년 동짓달 좋은날 영덕불교사암연합회장 현담 합장

깨끗한 변화, 활기찬 영덕!
영덕군 교육발전기금
금 1,080,000원
영덕불교사암연합회

깨끗한 변화, 활기찬 영덕!
영덕군 교육발전기금
금 1,000,000원
임정회 [회장 준재스님]

2016년 7월 6일 | 포항교도소 자비사 법당 10주년 봉축법회

포항교도소 봉축법회는 소승이 청송교도소 수형자(법우)를 위한 법회를 봉행하던 중 포항교도소가 2005년 개소되어 인연을 걸게 되었다. 지난 10년을 뒤돌아보고 앞으로 10년을 준비하고자 연합회 스님들과 가을 봉축법회를 주관하게 되었다.

【동참스님】

회장 : 현담, 부회장 : 동진, 재무 : 보광, 감사 : 도일, 감사 : 묘각,

문화 : 지연, 옥천사 : 남윤, 대우사 : 내원, 명진암 : 혜정, 무명

【공양물】

고구마 200개, 사과 200개, 바나나 3박스, 떡 200개, 우유 200개, 계란 200개 등 100 만원 정도의 공양물

축
포항교도소 자비사 법당 창건 10주년 법회
불기2560(2016)년 7월 6일

포항교도소 자비사 법당 창건 10주년
불기2560(2016)년 7월 6일

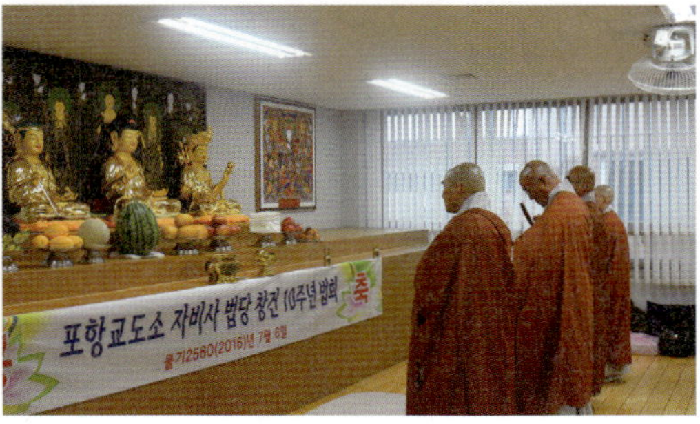

포항교도소 자비사 법당 창건 10주년 법회
불기2560(2016)년 7월 6일

나옹왕사 불적답사길 출판기념법회

영덕 서남사, 나옹왕사 불적답사길 출판 기념

16일 오후6시 영덕 서남사에서 "나옹왕사 불적답사길 출판기념회"가 진행됐다.

이날 출판기념회에는 황재철, 조주홍 경북도의원과 전국각지에서 참석한 스님들, 영덕사암불교연합회 회원 스님, 불자 등 200여명이 참석한 가운데 영덕불교문화발전연구원 주최로 성황리에 개최됐다.

『나옹왕사불적답사길』 저자인 영덕불교사암연합회 회장 겸 서남사 주지인 철학박사 현담스님은 "영덕에서 정진하고 있는 수행자로서 고려시대 공민왕과 우왕의 스승이신 나옹왕사의 불적답사순례길을 따라 전국을 순례하며 나옹왕사의 발자취를 따르면서 불적답사로 신심을 다져 오늘 뜻 깊은 출판기념법회를 갖게 됐다"고 전했다.

〈영덕 국제뉴스 김충남 기자, 2017.1.16〉

현담스님, '나옹왕사 불적답사길' 출간

한국불교 3대 화상 중 한분인 나옹왕사가 전국 곳곳에 남긴 발자취를 살펴 볼 수 있는 책이 출간됐습니다. 영덕불교사암연합회 회장이자 영덕불교문화발전연구원장 현담스님(영덕 서남사 주지) '나옹왕사 불적답사길'의 저자인 영덕불교사암연합회장이자 영덕불교문화발전연구원장인 현담스님은 어제(16일) 영덕 서남사에서 출판기념회를 열었습니다.

답사기에는 스님이 직접 나옹왕사가 수행정진하고 창건 중창한 100여 곳의 사찰들을 답사한 기록이 상세히 담겨 있습니다.

현담스님은 "대중교화의 큰 발자취를 남긴 나옹왕사의 깨달음과 중생교화의 원력행을 불자들과 함께 하기 위해 책을 발간하게 됐다."고 밝혔습니다.

한편, 스님은 이외에도 '영덕 폐사지 불적답사와 불교 현황'. '불교신행성전', '전법 그 깨달음의 언어' 등을 펴내며 문서 포교의 앞장서고 있습니다.

〈BBS 문정용 기자, 2017.1.17〉

왕사의 깨달음과 원력행 계승을…

나옹왕사 불적답사길 / 2008년 나옹왕사 기념사업회 결성 /

대승교화 큰 가르침 계승발전 목적 / 전국 사찰에 흩어진 발자취 답사 /

행장, 관련 학술지 발표글도 수록

고려 말의 뛰어난 고승인 나옹선사(懶翁禪師, 1320~1376). 호는 강월헌(江月軒)인 선사는 나이 21세 때 문경 공덕산 묘적암 요연선사를 찾아가 출가했다.

전국 사찰을 편력하면서 정진하다 양주 천보산 회암사 석옹화상 회상서 크게 깨달음을 얻는다. 그 때 나이가 24세(1344년)이다. 이후 나옹선사는 원나라 연경으로 건너가 법원사서 인도승 지공선사의 지도를 받고 자선사 처림의 법을 잇는다. 광활한 중국을 주유하고는 공민왕 7년(1358)에 귀국한다. 오대산 상두암에 조용히 머물러 있었으나 공민왕과 태후의 청이 하도 곡진해 설법과 참선으로 후학 지도에 나선 곳이 황해도 신광사이다. 이 무렵 중국의 홍건적은 쇠퇴해가던 고려를 향해 개경까지 침입해와 노략질을 일삼았고, 공민왕은 한때 노략질을 견디다 못해 남쪽으로 천도한 일이 있을 지경이었다. 나옹선사는 홍건적이 쳐들어와도 오직 설법과 참선 지도에만 전념해 선사의 위엄에 눌린 도적떼는 저도 모르게 부처님께 향까지 사르고 돌아갔다고 전한다.

나옹선사는 혼자라도 절을 지키겠다 다짐했는데 한 신인(神人)이 꿈에 나타나 선사에게 절을 지켜달라고 이른다. 과연 선사가 있는 신광사엔 홍건적이 나타나지 못하고 주위만 맴돌았다고 한다. 홍건적의 난이 진압되자 왕은 선사에게 '왕사 대조계종사 선교도총섭 근수본지중흥조풍복국우세 보제존자' 라는 긴 이름의 벼슬을 내렸고, 왕은 또다시 불교계의 중흥을 부탁한다. 이때 선사가 불교중흥의 터전으로 삼은 곳은 순천 송광사였고, 마지막 원력을 펼치는 장으로 회암사를 찾았다.

나옹선사의 지도력은 적극적인 현실참여, 실천하는 선으로 지혜의 완성을 추구하는 것이었다. 앞아서 참구하는 수행법을 멀리하고 편력의 도정에서 중생을 만나고 제도했다. 염불은 곧 참선이라 했으니 〈가사문학총람〉에 수록된 선사가 지은 참선곡은 오늘까지 널리 수행의 지침으로 여겨진다.

나옹화상의 고향인 영덕군에서는 지난 2008년 7월 31일에 비영리 법인단체인 '나옹왕사 기념사업회'가 결성됐다. 고려 공민왕의 스승인 나옹왕사의 깨달음을 통한 대중교화의 큰 발자취를 계승 발전시키기 위해서다. 〈나옹왕사 불적답사길〉의 저자 현담스님〈사진 위〉도 사업회 위원으로 위촉돼 왕사의 깨달음과 중생교화 원력행을 가슴속에 새기게 됐다고 밝힌다.

머리말을 통해 저자이자 영덕불교사암연합회 회장 겸 서남사 주지인 현담스님은 "영덕서 정진하는 수행자로서 고려시대 공민왕과 우왕의 스승인 나옹왕사의 불적답사순례길을 따라 전국을 순례하며 나옹왕사의 발자취를 따르면서 불적답사로 신심을 다져 오늘 뜻 깊은 출간을 하게 됐다"고 말했다.

이번 책에는 불적답사 순례사찰 일람을 비롯해 나옹화상의 행장, 북한 사찰을 비롯해 전국의 나옹왕사 관련 사찰의 역사, 나옹왕사 관련 학술지 발표 글들이 수록돼 있다.

한편 저자인 현담스님은 1989년 입산 출가해 제방 선원서 수행 정진했으며 위덕대대학원서 불교학 철학박사를 취득했다. 또한 스님은 현재 영덕경찰서 경승, 포항교도소 종교위원, 나옹왕사기념사업회위원, 영덕지역사회복지위원, 불교문화발전연구원장, 영해318만세운동기념사업회 고문으로 활동하며, 불교포교와 수행 정진에 매진중이다. 저서로는 〈소통으로 가는길〉(2008년), 〈영덕폐사지불적답사와 불교현황〉(2014년), 〈불교신행성전〉(2015년), 〈그 깨달음의 언어〉(2016년) 등이 있다.

〈현대불교 김주일 기자, 2017. 2. 22〉

【동참명단】

현담스님, 동진스님, 보광스님, 월산스님, 혜진스님, 일승스님, 지안스님, 관조스님

지연스님, 다우스님, 박인숙, 강옥련, 박순자, 김수자, 최도순, 김경란, 조봉금, 최순자

정영숙, 김분자, 김계숙, 윤영생, 지화열, 장채옥, 이철순, 조명순, 강부송, 김재형

김옥수, 강성기, 임미숙

귀의삼보하옵니다.

금번 제주도 성지순례를 2박 3일 일정으로 영덕불교사암연합회 회원스님들, 신도 분들과 함께 부처님 열반재일인 음력 2월 보름 아침 7시에 영덕을 출발, 입재 봉행하여 순례답사 후 17일 오후 7시 30분에 영덕에 도착, 무탈하게 회향하였다.

같이 동행하였던 모든 분들에게 감사드리며, 제주도에서 인연된 모든 분들에게도 감사의 마음을 전하고 싶다. 법화행자인 관효 주지스님 법화도량 혜관정사의 '여래전신칠보묘탑' 봉안 점안식에 동참하는 것도 순례의 한 부분이지만 재가불자들과 함께 제주도의 대표사찰인 약천사와 관음사 그리고 평화통일불사리탑사 부처님을 친견하는 것을 평소 염원하였던 발원이 이루어져 2박 3일 동안 성성적적星星寂寂할 수 있었다.

이번 성지순례를 통하여 한 수행자의 원력행이 얼마나 넓고 큰 광대무변廣大無邊한가를 자각할 수 있는 계기가 되었다. 불교역사를 볼 때 그러한 것을 증명하고 있다. 불교의 교주이신 석가모니, 용수보살, 달마대사, 육조혜능대사. 천태지자대사 등 수없이 많은 전등조사들의 원력행이 있었기에 현재 불교가 전해지고 있는 것이다.

그러한 전등조사의 원력행을 오늘의 약천사를 창건하신 혜인스님과 평화통일불사리탑을 조성하신 도림스님의 원력행과 관효스님의 불사를 통해서 다시 한 번 신심을 다지는 계기가 되었다. 모쪼록 제주성지순례길에 동참하신 스님들과 불자들의 안목을 키우고 신심을 증장시키는 원력행이 되었으면 하는 마음이 간절하다. 아래 게송을 송誦하면서 회향의 글을 남기고자 한다.

영덕불교사암연합회장 현담 합장

【관음사觀音寺】

관음사는 제주특별자치도 제주시 아라동 한라산 동북쪽 기슭에 있는 절이다. 대한불교 조계종 제23교구의 본사이다. 언제 누가 창건했는지 알 수 없다. 조선 숙종 때 제주목사였던 이형상이 제주에 잡신이 많다고 하여 사당과 함께 절 5백 동을 폐사시켰을 때 폐허가 되었다.

그 뒤 1912년 비구니 봉려관이 다시 창건하여 법정암이라고 했다. 봉려관은 원래 떠돌이 무당이었으나 1901년 비앙도로 가던 중 우연히 풍랑을 만나 죽을 지경이 되었는데, 관음보살의 신력으로 살아나게 되었다. 이에 감응하여 비구니가 되어 이 절을 짓고 불상을 모셨다.

한 때 주민의 반대로 한라산으로 피신을 했는데, 1912년 승려 영봉과 지사 도월의 도움으로 법정암을 창건했다. 그 뒤로 신도가 늘어나자 절 이름을 관음사로 바꿨다. 조계종의 제 23교구 본사로 웅장한 모습을 하고 있다. 1964년 중건하여 오늘에 이르고 있는데, 한라산 등산의 기점 지역이라 사람들의 발길이 잦다.

【천왕사天王寺】

한라산 중턱에 자리 잡고 있는 천왕사는 제주의 여느 사찰과 마찬가지로 그 역사가 오래되지는 않았다. 천왕사 마당에 들어가니 머리 위에서 까마귀가 까악까악 울며 날아다닌다. 신기해서 까마귀를 쫓아 눈을 돌리다보니 산 중턱에 신기한 기암괴석들이 보인다. 천불전 뒤 산은 경복궁 근정전 뒤의 용머리 바위와 닮은 꼴이다. 법당 앞에 가면 참배객들이 쌓아 놓은 기원탑이 있다. 천왕사는 한라산 어승생악으로 올라가는 길목에 위치하고 있어서 불자가 아니더라도 많은 사람들이 이곳을 찾는다.

【혜관정사慧觀精舍】

제주특별자치도 서귀포시 보목동 388번지에 위치한 대한불교법화종 소속 사찰이다. 1960년 3월 9일 창건된 혜관정사의 창건주인 원혜관 승려는 근대 제주불교의 교육사상가였던 이세진 승려의 상좌이자, 계몽 운동가였던 원문상 승려의 속가 동생이다. 원문상 승려는 1927년부터 서귀포시 하원리에 '소년명진회'라는 단체를 조직하고 야학을 실시하는 등 적극적 사회 활동에 앞장섰던 개혁 운동가였다. 원문상 승려의 사상을 이어받은 원혜관 승려 역시 1945년 11월 30일에 개최된 제주도불교청년단 결성대회 이후 제주불교의 핵심 활동가로서 활동하였다.

원혜관 승려의 입적 이후 혜관정사는 2004년 3월 28일 석가모니 부처님을 새로이 봉안하며 일신에 나서 현재에 이르고 있다. 혜관정사가 자리 잡고 있는 보목동은 예로부터 불교와 관련된 지명과 설화가 많은 곳으로 유명하다. 지명은 보리수에서 파생된 '보목동'이며, 보목동의 동서를 가로지르는 옛길은 지금도 '보살길'이라 불린다. 보목동에 있는 '정술내'라는 큰 내는 승려들이 목욕을 하던 곳이라 해서 '중통'이라 불렸던 곳이다.

이처럼 예로부터 깊은 불연(佛緣)을 갖고 있던 이 보목동에 1960년 3월 9일 원혜관 승려가 15평 규모의 법당과 12평 규모의 객실을 짓고 창건하였다. 1974년 9월 9일에 대웅보전을 중창하고 1987년에는 법화신앙의 상징체인 여래전신 칠보묘탑을 완성하였다. 대웅보전은 남방불교의 건축 양식 중 하나인 차이티아 양식을 모본으로 삼은 것이다. 기단석은 대웅전이고, 탑신은 여래전신 칠보묘탑이며, 옥개석으로는 하늘을 받쳐 들어 하나의 커다란 연꽃 형상을 취하고 있다. 2001년 혜관 승려가 입적한 후 2003년 관효 승려가 주지로 취임하여 중창에 나섰고 현재에 이르고 있다.

혜관정사 신도회는 신도 모두를 아우르는 총신도회와 여성 신도들로만 구성된 연등회, 다문화가정을 지원하기 위해 2008년 11월경에 창립된 행복나눔봉사회 등으로 조직되어 있다. 그 밖에 신도들 가운데 서귀불교봉사단체인 선우회에 동참하여, 제주교도소 재소자들과 자매 결연을 맺고 교화활동을 펼치는 등의 나눔실천 활동에 앞장서고 있다.

연등회는 사찰 행사 시기가 되면 공양간 봉사 등과 신도 경조사 때 주지 승려와 염불봉사 등을 펼치거나, 행복나눔봉사회는 서귀포시 지역 다문화가정센터에서 결혼이민자를 대상으로 한글과 컴퓨터 교육 등을 담당하고 있다. 더불어 정기적으로 미타요양원을 방문하여 시설 내 노인분들의 목욕 봉사를 전개하고 있다.

이처럼 신도들의 다문화가정을 향한 관심이 높아지면서 다문화가정에 대한 체계적이고 폭넓은 지원이 이뤄지도록 혜관정사가 중추적인 역할을 해나가고 있다.

혜관정사는 사찰 중심부에 대웅보전을 배치하고 그 위에 칠보묘탑을 안치했다. 대웅보전에는 주불로 3자 반 크기의 목조 석가모니불을 봉안하였다. 2004년 3월 28일에는 좌우 협시로 3자 크기의 목조 문수보살과 보현보살도 함께 모셔 놓았다. 대웅보전 현판은 김광추 선생의 작품이다. 대웅보전 좌우로는 주지실인 소소소(小笑所), 요사채인 향적실(香積室)과 일여당(一如堂) 등이 들어서 있다. 대웅보전 위에 자리한 칠보묘탑은 차이티아(CAETYA)라는 인도석굴 양식의 남방불교 형태를 취하고 있다.

【새섬草島 새연교】

제주특별자치도 서귀포시 서귀포항과 새섬[草島]을 연결하는 다리이다. 새연교는 서귀포 관광 미항의 랜드 마크로 대한민국 최남단에 위치한 최장 보도교이다. 주변에 보행 산책로, 새섬 산책로, 다기능 데크, 뮤직 벤치가 설치되어 있다. 새연교는 보도교이기 때문에 차량은 출입할 수 없다.

새연교란 '새로운 인연을 만들어가는 다리'라는 의미에서 유래했다. 서귀포항 앞에 위치한 새섬을 찾는 관광객들과 서귀포가 아름다운 인연을 맺어 보자는 취지가 담겨 있다.

새연교는 제주 국제 자유 도시 개발 센터[JDC]가 서귀포항을 세계적 수준의 관광 미항으로 개발하는 국제 자유 도시 핵심 프로젝트 사업의 하나로 건설한 새섬 연결 보도교이다. 국내에서는 최초로 외줄 케이블 형식을 도입한 사장교로 서귀포시의 전통적인 고깃배인 '테우'를 형상화하여 설계하였다. 2008년 3월부터 공사를 시작해 2009년 9월 28일 완공하였는데, 규모는 폭 4~7m, 높이 45m, 길이 169m이다.

새연교는 개통 이래 제주 올레길 6코스에 포함되어 방문객들이 증가하고 있다. 교량 가설로 쉽게 드나들 수 있게 된 새섬에는 1.2km의 산책로와 광장, 목재 데크, 자갈길 산책로, 숲속 산책로, 테마 포토존 등의 편의 시설이 설치되었다. 또한 섬 출입을 통제할 수 있도록 개폐식 문을 설치하고, 섬 곳곳에 야간 조명과 테마 LED 조명등을 설치하였다. 새연교에서는 각종 이벤트와 공연 행사도 종종 이루어지고 있으며, 이에 따라 서귀포의 랜드 마크로서 많은 관광객들에게 볼거리와 즐길 거리를 제공하고 있다. 2011년도에는 1,089,202명이 새연교를 이용하였다.

【법화사法華寺】

제주특별자치도 서귀포시 하원동에 위치한 대한불교조계종 제23교구 관음사 소속 사찰이다. 법화사는 고려시대 제주 최대의 가람으로 전해지며, 창건 연대는 아직 밝혀져 있지 않으나 현재 통일신라시대의 장보고에 의한 창건 가능성에 대한 연구가 진행 중이다. 법화사의 중창은 고려 1269년(원종

10년)부터 1279년(충렬왕 5년)까지 대대적으로 이루어졌는데, 이는 원나라가 제주를 남송 및 일본 정벌의 전초기지로 활용하기 위한 전략적 배경이 있지 않은가 하는 시각이 있다.

법화사에는 원나라의 양공(良工)이 주조한 아미타삼존불상이 안치되어 있었으며, 비보사찰로써 노비가 300여 명에 이르는 등 위세를 크게 떨쳤었다. 그러나 원이 멸망하고 이어 등장한 명나라에서는 법화사에 안치된 금동아미타삼존불상을 가져가기 위해 조선에 사신을 파견하고, 제주에 직접 들어와서 금동불상 3좌를 가져가려고 하였다. 그러나 이는 탐라의 형세를 파악하고자 하는 명나라 황제의 다른 의도가 있다는 주위의 권고에 따라, 조선의 태종은 급히 김도생과 박모를 보내어 법화사의 불상을 가져오게 하여 명나라 사신들에게 전해주었다. 명나라에서는 고려 말 이래로 제주도를 자국의 영토로 귀속시키고자 여러 차례 문제를 거론하여 왔기 때문에 조선왕조는 제주도 문제에 대해 상당히 예민해져 있었다. 이 사건 이후 원나라의 적극적인 지원으로 커다란 위세를 떨치던 법화사의 교세는 점차 약화되기 시작하였고, 1408년(태종 8)에는 법화사의 노비 280인 가운데 30인만 남게 하고 나머지는 전농사로 삼았다. 그 결과 16세기 후반에 와서 법화사는 폐사되며, 이후 17세기에 초가 암자 몇 채가 지어져 사찰의 명맥을 유지해 오다 18세기에는 그것마저 사라지게 된다. 그로부터 근대에 들어오기까지 법화사에 대한 기록은 전무한 상태다. 하지만 근대 초인 1921년에 이회명 승려가 법화사에서 동안거 설법을 했다는 기록이 다시 등장하는 것으로 보아, 1910년대에 이미 인근 법정사와 함께 사찰로서의 기능을 수행하고 있었던 것으로 추정된다.

법화사는 1926년 초 관음사 주지 안도월과 안봉려관에 의해 산남의 제주 관음사 포교지소로 새롭게 건물을 짓고 중흥의 시기를 맞는다. 그리고 그 해 음력 칠석일에 봉불식을 거행하여 이회명을 담임 포교사로 임명하였다. 이후 1939년에는 동국대학교 전신인 중앙불교전문대학에서 제주 순회강연을 개최하였는데, 관덕정 · 한림항 · 서귀포공립소학교에 이어 법화사에서 '불교란 무엇인가'라는 주제의 강연이 열리기도 했다. 근대에 활발한 포교활동을 펼치며 산남의 불교를 대표해 오던 법화사는 해방 이후 군에 의해 두 차례 소실되는 비운을 겪게 된다. 1948년 제주4 · 3사건이 한창이던 음력 10월 토벌대에 의해 법화사는 전소되었다. 1950년, 4 · 3사건이 진정국면으로 들어서자 곧바로 법화사 주지였던 장영복은 그 해 3월에 새로이 35평의 법당과 요사 등을 짓고 법화사를 복원하기 위해 노력하였다. 그것도 다시 6 · 25사변이 일어나면서 꺾이고 만다. 인근 모슬포에 육군훈련소가 세워지면서 1952년 법화사는 육군의 제3숙영지로 접수되어 또다시 폐사되는 위기에 처하게 되었다.

이러한 우여곡절 끝에 법화사가 재건된 것은 정화의 바람이 불던 1960년대 후반이다. 당시 법화사 터에 정지 작업을 하던 중 직경 80~120cm의 주초석과 거대한 지대석들이 발견되어 발굴조사에 착수하게 되었고, 현재 다수의 유물과 여러 동의 건물 터가 발견되어 복원불사가 진행 중이다. 지금의 대웅전은 1987년에 중창하였다. 법화사는 1987년 대웅전 복원을 시작으로 2001년에 구품세계관을 상징하는 3,000평 규모의 구품연지를 복원하며 옛 명성을 되찾고 있다. 2004년에는 구품연지 안에 건평 54평의 2층 누각인 구화루를 완공하며 1단계 복원사업을 일단락 지었다. 2007년부터는 일주 문 · 사천왕문 · 나한전 · 승방 · 강당 등을 추가로 복원하여 법화사의 옛 모습을 재현해내고 있다. 법 화사지는 제주특별자치도 기념물 제13호로 지정 보호되고 있다.

제주대학교 박물관의 법화사지 발굴 조사에서 법화사의 건물지는 모두 10동이 발굴되었다. 가장 큰 법당지로 추정되는 건물지에서만도 지대석이 13매가 나왔다. 이 기단의 규모로 보아 이곳에는 가로 21m, 세로 16m, 면적 238㎡, 약 105평 규모의 건물이 존재하고 있던 것으로 밝혀졌다. 또한 사찰 경내에는 기와를 깔아 놓은 보도가 건물마다 설치되고 담장이 둘러져 있던 것도 확인되었다.

특히 담장 밖 폐와무지에서는 법화사의 중창을 알려주는 '지원육년기사시(至元六年己巳始)' 명문 기 와가 출토되어 큰 관심을 끌었다. 또한 운봉문 암막새, 운룡문 수막새 등 다수의 기와와 고급품의 도 자기들도 상당수 출토되었다. 이와 함께 청동 숟가락 · 청동 소형종지 · 개원통보(開元通寶)와 더불어 나한상으로 보이는 소불(小佛)이 어깨 윗부분이 파손된 채 출토되었다.

【약천사藥泉寺】

제주특별자치도 서귀포시 대포동에 위치한 대한불교조계종 제10교구 본사 은해사 소속 사찰이다. 현 재의 약천사가 있는 자리에서 혜인 승려가 본격적인 불사를 시작하기 이전부터 '돽새미' 흔히 '도약 샘(道藥泉)'이라고 불리는 약수가 있었다. 주변 마을 사람들이 이 약수를 마시고 기갈을 해소하고, 병

이 나았다고 한다. 이에 좋은 약수가 흐르는 샘이 있는 근처에 절을 지었다고 하여 약천사(藥泉寺)란 명칭이 유래되었다. 약천사는 '뙤새미'라는 약수터 인근의 자연굴에서 1960년경 김평곤 법사가 관음기도를 하다가 현몽한 후 450평 남짓한 절터에 18평의 초가삼간을 지어 약천사라 명명하고 불법을 홍포하기 시작하였다. 이곳에 1981년 인연이 닿은 혜인 승려가 대찰을 짓겠다는 원력을 세우고 1988년부터 불사에 착공하였다. 그리고 1996년 단일 건물로는 동양 최대라고 하는 대적광전 불사를 완공하였다.

약천사는 2006년 1월 9일 템플스테이 운영사찰로 지정되면서 내외국인들에게 불교문화 체험의 기회를 제공하고, 전통문화와 자연의 조화를 위해 적극적인 활동을 펼치고 있다. 이외에도 1993년 음력 3월 15일에 해인사 팔만대장경 정대불사에 때를 맞추어 도내의 무의탁 노인들과 인근 마을 노인들을 모시고 제1회 경로잔치를 개최한데 이어, 해마다 경로잔치 및 동(洞)별 노래자랑을 개최하고 있다. 그리고 1999년 3월에는 주지 성공 승려가 약천사에 문화원을 개설하여 다도교실을 열었는데, 당시 다도활동이 활성화 되지 않았던 제주 서귀포 지역에 다도붐을 조성했을 뿐만 아니라 이후 수많은 다도사범을 배출하였다. 이에 약천사는 제주 지역에서 다도를 통한 전통문화 및 예절 선양운동의 구심점 역할을 하게 되었다. 또한 이 밖에도 2005년 6월 13일 '아나율봉사단'을 창단하여, 현재까지도 서귀포 지역사회와 소외된 이웃들에게 부처님의 동체대비사상을 실천해 오고 있다.

약천사 내에는 대적광전을 중심으로 오른편에는 종무소·종각·수각·후원·상별당·회주실·자모다원·극락교 등으로 구성되어 있고, 왼쪽편에는 굴법당·북각·요사채·수각·칠보각·종각채·삼성각·나한전이 자리 잡고 있다.

특히 대적광전(大寂光殿)은 동양 최대 규모인 지상 29.5m의 외부 3층, 내부 4층 구조의 1,023평에 이르는 대규모의 법당이다. 내부 법당의 비로자나불은 국내 최대의 목불 좌상이다. 이외에도 2층 법당에는 8만 금동불상이 빼곡하게 안치되어 있고 3층에도 수많은 인등들이 조성되어 있다. 법당 지하에서 내부 통로로 연결된 820평의 요사채와 3층 누각 형태의 북각과 종각도 조성되어 있다.

그리고 약천사에는 회주 혜인큰스님을 비롯하여 주지 성원 승려, 한주 고봉 승려, 노전 영찬 승려, 교무 정광 승려, 재무 정수 승려, 도감 도명 승려, 기도 성오 승려, 총 8명의 승려로 구성되어 있고 조직으로서 종무소와 신도국, 약천사 문화원(헌공 다례회 · 서각 · 오관회 · 연화회 · 한지공예로 구성)을 갖추고 있다. 이 밖에 지역신행단체로서 총신도회 · 서귀포신도회 · 대포동신도회 · 전국신도회 · 해외신도회가 있고, 약사회 · 아나율봉사단 · 인경공덕회 · 참회정진회 · 관응선행회 · 미타염불회와 같은 신행모임이 구성되어 있다.

2006년 4월 20일 약천사 목조비로자나불상 · 목각탱화(목조 불상 1기, 목각탱화 4기)가 서귀포시 향토유형유산 제5호로 지정되었다. 특히 이 비로자나불상은 백두산에서 구해온 나무로 조성하였으며, 불상의 크기는 4.8m로 목불 좌상으로서는 국내에서 가장 큰 부처이다. 단일 불상으로서는 매우 큰 불상임에도 불구하고 대적광전과 같은 큰 법당의 넓고 높은 규모와 조화를 잘 이루고 있다.

【평화통일불사리탑사平和統一佛舍利塔寺】

제주특별자치도 제주시 조천읍 조천리에 있는 대한불교 조계종 사찰이다. 평화통일불사리탑사는 제주에 유배되어 입적한 조선시대 허응(虛應) 보우(普雨)[1509~1565] 스님과 환성(喚醒) 지안(志安)[1664~1729] 스님, 그리고 중국의 정법대사(正法大師) 등의 순교비를 세워 전법 정신을 잇고, 일제 강점기와 제주 4 · 3 사건 당시 억울하게 숨진 수많은 영령들을 위로하며 우리 민족의 숙원인 평화통일을 이루어 내고자 하는 원력으로 창건되었다.

1980년대 중반 고관사(古觀寺)의 중창 불사 도중 아미타불 복장에서 진신 사리가 나오자 당시 주지였던 도림스님이 원을 세워 1998년 8월 평화통일불사리탑사를 완공하였다.

평화통일불사리탑사에는 3층으로 된 불사리탑과 요사, 보우대사와 지안스님의 기념비 등이 세워져 있다. 내부에는 법당, 약사전, 설법전, 선방, 사경실, 문화원 등이 갖추어져 있다. 특히 1층 법당에는 약사여래불, 2층 법당에는 석가모니불, 3층 법당에는 아미타불을 봉안하여 삼십삼천의 연화세계를 체험할 수 있도록 형상화 해 놓았다.

불사리탑 곳곳에는 창건 당시의 원력들을 모아 갖가지 상징들로 형상화되어 있다. 우선 일주문은 우리 민족의 오랜 숙원인 평화 통일을 기원하며 북쪽의 백두산 천지를 향하도록 설계하였다.

불사리탑은 1층 1,205㎡, 2층 924㎡, 3층 356㎡ 규모이며 총 높이 33m의 구조물로 조성되어 있는데, 그 구조 자체가 특별한 갖가지 서원을 형상화한 것이다. 평수로 환산했을 때 1층 365평의 불사리탑 원형 바닥은 우주의 완전한 평화와 행복을 의미한다. 2층과 3층은 각각 280평과 108평으로 280수와 108번뇌를 상징한다.

불사리탑의 외양이 사리탑과 같은 형태를 띠는 것은 석가모니 부처님 진신 사리의 원력으로 세워진 사찰임을 나타낸다. 전체 높이가 33m로 조성된 것은 우주 삼십삼천 모든 생명의 청정한 성불을 발원하기 위한 것이다.

불사리탑을 자세히 들여다보면 다보탑(多寶塔)과 석가탑(釋迦塔)의 특징이 곳곳에 접목되어 있음을 알 수 있는데 이는 우리 민족 문화의 우수성을 널리 알리기 위한 것이다. 뿐만 아니라 불사리탑 난간은 신라 황룡사 9층탑을 형상화하여 이곳을 찾는 신도들이 탑돌이를 하며 기도 정진할 수 있도록 마련해 놓았다.

평화통일불사리탑사의 법화경 사경탑(寫經塔)에는 5만 권의 사경(寫經)이 봉안되어 있어 사경 수행 도량으로서의 면모를 다하고 있다. 이외에도 지장보살 사경탑, 관세음보살 사경탑, 평화통일의 종 사경탑 등 도량의 모든 탑에 사경이 봉안되어 있다. 또한 평화통일불사리탑사에는 보우사상연구원이 활동 중에 있다. 평화통일 불사리탑은 반구형으로 건립한 불교사원으로 1988년 음력 10월 10일 10시에 기공식을 가진 이후 10년 불사를 거쳐 1998년 8월 15일 완공되었다. 평화통일이라는 이름이 의미하듯이 남과 북으로 양분되어 있는 안타까운 우리의 현실을 부처님의 위신력과 불자들의 절실한 기도를 통하여 통일과 평화로 이어지게 하고자 하는 깊은 염원을 담고 있는 바 탑을 민족의 성산 백두의 천지에 정 방향으로 맞추어 건축하였다.

2561년
초파일
부처님 오신날 봉축대법회
포항교도소
祝

영덕터미널 앞쪽 로타리

영해로타리

강구 삼사해상공원 입구

오신날 축 봉 부처님 오신날

50사단 121연대 불일호국사와 영덕불교 파라미타 친선축구대회

귀의삼보하옵고

금번 영덕불교사암연합회에 50사단 121연대 호국불일사로 부임한 일지 이준권법사께서 부처님오신날 봉축법회에 장병들에게 필요한 물품을 보시해달라는 요청하는 자리가 있었다.

일지 법사님께서 지역불자 축구 클럽인 영덕불교파라미타 축구클럽(2013년 9월29 창단)의 활동을 알고 포교의 한 방편으로 50사단 121연대장병과 1대대, 2대대의 장병들을 위문하고 격려해 달라는 요지였다.

지난 일요일(5월 28일)영덕군 영해면에 소재한 영해생활체육공원 축구장에서 봉행된 법석에는 121연대 최성진 연대장님과 2대대 대대장님을 비롯한 70여 명의 장병들과 영덕불교파라미타축구클럽회원 간에 축구시합을 통해서 부처님의 일불제자임을 자각하고 다 같이 땀 흘리고 호흡한 하나 된 모습을 보게 되었다.

영덕불교사암연합회에서 준비한 합장주와 수건 등을 전달격려하고 다 같이 준비한 점심공양 후 각자의 자리로 돌아갔다.

연대장님을 비롯한 당일 동참한 모든 장병들의 만족함을 들어내고 연합회회원스님들과 불교파라미타축구클럽회원 분들의 많은 동참으로 집행부에서는 앞으로 1회성에 거치는 것이 아니라 정기적으로 이러한 야단법석을 마련하고자 논의하고 회향하였다.

영덕불교사암연합회장 현담 합장

2018년 1월3일 영덕불교사암연합회 5312부대장 감사장 받아

1월 3일 영덕불교사암연합회(회장 현담스님)집행부 스님들에게, 5312부대홍준기 대령(연대장)의 감사장이 수여됐다. 이날 5312부대에서는 영덕불교사암연합회 보각스님(대각사 주지), 현담스님(서남사 주지), 동진스님(영명사 주지), 보광스님(광명사 주지)을 초청해 , 홍준기 5312부대장이 연합회 전회원들에 대한 감사 인사 와 더불어 4명의 대표스님들에게 감사장을 전달 했다. 이 상은 지난해 부처님오신날 과 파라미타축구클럽과의 친선축구경기 및 100km 행군시에 영덕사암불교연합회 회원스님들께서 부대에 보여주신 정성과 장병들의 인성함양을 위해 노력한 공헌을 높이 평가해, 121연대장이 감사장을 수여하게 된 것이다. 영덕불교사암연합회 현담 회장스님은 "국가를 지키는 군인들을 위해 너무나도 당연한 일을 했을 뿐인데 상까지 받게되어 과분한 마음과 미안함이 앞선다" 면서 "특히 영덕불교사암연합회 회원들의 공로를 집행부만 대표로 받게 된 것도 죄송스럽다"고 전했다. 〈국제뉴스_ 김중남 기자〉

위령제에 동참하신 모든 분들 반갑습니다. 영덕불교사암연합회장 현담입니다.

오늘 "제38회 장사상륙작전 전몰용사 합동 위령제"를 맞아 먼저 참전하여 순국하신 용사들의 극락왕생을 발원합니다. 아울러 유병추 유격동지회장님과 유격동지회원 여러분, 유가족들에게 무한한 존경과 감사를 드립니다.

저희 영덕불교사암연합회에서는 2009년 제30회 장사상륙작전 전몰용사 합동위령제 봉행이후 제35회까지 영덕불교사암연합회에서 주관 봉행하였습니다.

이후 기념식은 영덕군에서 주관하고 위령제는 영덕불교사암연합회에서 하루 전 매년 조촐하게 봉행하여 왔습니다.

1950년 9월 14일 새벽 5시 40분쯤 펼쳐진 장사상륙작전은 인천상륙작전 하루 전 북한군의 눈을 동해로 돌리기 위해 펼친 위장 작전으로 학도병 800여명 중 200여명의 젊은 학도병이 전사한 전투입니다. 이러한 고귀한 희생이 오늘의 우리들이 있게 한 것입니다.

이에 이 땅에 살고 있는 우리들 후손들은 인천상륙작전은 많은 분들의 기억 속에 역사 속에 남아 있고 작전의 성공을 위해 희생된 그 분들의 영혼들을 지속적으로 달래고 있지만 장사 상륙작전에 희생된 영령들은 영덕에 거주하는 사람들의 일부만이 이 전투의 실상을 알고 있어 불교계에서 먼저 1991년 장사상륙전전몰용사 위령탑을 일붕 서경보큰스님의 증명으로 경기도 양평 청운사 석일산스님의 원력에 힘입어 장사상륙작전유격동지회에서 위령탑을 조성하여 세워 오늘에 이르게 된 것입니다.

이러한 장사상륙작전에 희생된 학도병들의 영혼을 부처님의 자비정신에 입각하여 천도법회를 봉행하여 그 분들의 영혼을 천도하여 이 땅에 살고 있는 모든 분들이 편안한 삶과 복된 삶을 누리 수 있도록 천도불사를 봉행 주관하게 되었던 것입니다.

다시 한 번 장사상륙작전에 희생된 전몰용사들의 왕생극락을 다 같이 발원하고 참전용사와 유가족 여러분께 마음속 깊이 위로 드리며 위령제에 동참하신 모든 사부대중에게 감사의 말씀드립니다. 성불하십시오.

2017년 정유년 9월 13일 영덕불교사암연합회장 현담 합장

2015년 장사상륙작전 전승 기념식을 회향하면서

지난 해(2014) 「제 35회 장사상륙작전 참전 전몰용사 합동위령제」를 영덕불교사암연합회에서 주관 봉행하면서 나라를 위하여 목숨을 바친 호국 영령들에 대한 後代를 살고 있는 종교인의 한 사람으로서 本分事를 다하고 있다는 생각을 하였는데 올해에는 위령제에서 전승 기념식으로 명칭이 바뀌다 보니 영덕불교사암연합회가 주관을 하였지만 主體가 아니라 客體가 된 느낌을 받을 수밖에 없었다.

長沙上陸作戰戰歿勇士慰靈齋

【序言】

1950년 6월 25일 북한군의 남침 기습으로, 우리군은 낙동강을 최후 방어선으로 북한군과 치열한 싸움으로 공방전을 하고 있을 때 그 해 유엔군 총사령관인 맥아더 장군은 총 반격전 위한 인천 상륙작전(1950년 9월 15일-16일)과 함께 동해안(남정면 장사리 소재)에서 장사상륙작전(9월13일 오후 2시 부산 출발 9월 14일 새벽 5시) 대원 800여 명의 동참 속에 작전에 성공 인천 상륙작전을 성공시키는데 크게 기여한 전투이다.

장사상륙작전이 성공하였지만 아군의 피해도 많아 전투에 참가한 사람 중에 학도병을 포함 전사자 139명과 부상 92명으로 많은 피해를 입은 전투로 기억되고 있다.

이에 이 땅에 살고 있는 우리들 후손들은 인천상륙작전은 많은 분들의 기억속에 남아 있고 작전의 성공을 위해 희생된 그 분들의 영혼들을 지속적으로 달래고 있지만 장사 상륙작전은 영덕에 거주하는 사람들의 일부 많이 이 전투의 알고 있고 불교계에서 1980년도부터 매년 9월 14일 이곳에서 위령재를 거행하기 시작했으며, 1991년 장사상륙전 전몰 용사 위령탑을 일붕 서경보(삼장법사)의 증명으로 경기도 양평 청운사 석일산스님의 원력에 힘입어 장사상륙작전유격동지회에서 위령탑(남정면 장사리 133번지)을 세워 오늘에 이르는 것이다.

이러한 장사상륙작전에 희생된 아군과 동시에 북한군의 영혼도 부처님의 無緣慈悲에 입각하여 불교계에서 천도법회를 봉행하여 그 분들의 영혼을 천도하여 이 땅에 살고 있는 모든 분들이 편안한 삶과 복된 삶을 누릴 수 있도록 薦度佛事를 봉행하고자 합니다.

그래도 위령제를 2009(30회), 2010(31회), 2011(32회), 2014(35회)를 주관하면서 위령제를 지낸 경험으로 좀 나은 행사봉행을 할 수 있겠다 생각했는데 우리가 이번에 봉행한 것은 본식 전 위령제 천도 염불과 제단 공양물 차리는 것과 점심 준비하는 것이 전부이다 보니 아쉬움이 남는 전승기념식이었다.

이렇게 글을 쓰는 것도 남겨놓는 것은 1991년 9월 14일 경기도 양평 청운사 석일산스님께서 원력을 세워 전국적인 모금운동을 펼쳐 현재 있는 위령탑을 조성하였다. 위령탑 건립에 대한 비문을 살펴보면 아래와 같다.

【장사 상륙전 전몰용사 위령탑 건립】

대원 90%가 학생의 신분으로 호국일념에 지원 입대 하여 적 후방에 작전상륙을 감행하여 8일간이나 식량 보급도 없는 극한 상황에서 혈전을 치르다가 전사한 전우들의 고귀한 희생정신과 감투정신을 찬양 하고 호국 충정을 기리며, 후세들에게 나라사랑하는 마음을 심어주고자 1980년 7월 14일 대구에서 동지들이 (장사상륙참전유격동지회)와 (위령탑추진회)를 결성하고 그 해부터 매년 9월 14일이면 이곳에서 영덕군의 전폭적인 협조하에 위령재를 거행하고 있으며, 위령탑은 경기도 양평 청운사(석일산 주지스님)의 도움으로 건립하여 1991년 제막식을 거행하였다.

영령들이여! 우국청년(의사)들이여!
그대들의 명복을 온 국민이 빌고 있으니 고이 잠드소서
1992년 9월 14일 위령탑건립 1주년을 기념하여
영덕군·사회단체·장사상륙참전유격동지회

또한 서경보큰스님께서 비문을 짓고 글을 남겼기 때문에 오늘날 국비를 포함하여 300억원의 예산으로 당시 문산호를 건조하고 전승기념공원을 조성하는 계기가 되고 있는 것이다. 위령탑의 전면과 후면의 글씨는 아래와 같다.

먼저 전면의 글씨는 長沙上陸作戰戰歿勇士慰靈塔이며 후면은
殉國忠心明日月 (나라 위하여 殉國한 忠心은 日月보다 밝고)
殺身勇氣感龍神 (몸을 희생한 무서운 勇氣는 八部神象의 龍神을 감격시킨다.)
焚香祈願諸靈位 (이제 우리들은 香을 사르면서 여러분 靈位 앞에 祈願합니다.)
萬代永爲守護神 (千秋萬代에 나라를 지켜주시는 守護神이 되어 주소서!)

【장사상륙전 전몰용사 위령탑】

국가보훈처 지정 현충시설

•소재지 : 영덕군 남정면 장사리 133번지(1991년 건립)

•관리자 : 영덕군/장사상륙참전유격동지회

1950년 9월 14일 새벽 5시 40분쯤 펼쳐진 장사상륙작전은 인천상륙작전 하루 전 북한군의 눈을 동해로 돌리기 위해 펼친 위장 작전이었다. 당시 학도병 800여 명은 부산에서 해군 수송함인 LST(양륙함)문산호를 타고 장사해변으로 상륙, 북한 최고 정규군과 치열한 전투를 벌였다. 이 과정에서 학도병 200여 명이 전사했고, 문산호는 장사 앞바다에 침몰해 지금도 바닷속에 가라앉아 있다.

작년 35회까지 봉행한 위령제는 1980년 7월 14일 장사상륙작전 38명의 장사상륙작전 참전 용사들이 모여 유격동지회가 결성되고 그 해 9월 14일부터 위령제를 봉행하여 오늘에 이르고 있다. 2009년 6월 22일 오후 2시 서울 한국 언론재단 프레스센터에서 「장사상륙작전 학술세미나」를 봉행하여 청와대 국가안보실장을 지낸 김장수 전 국방부장관과 강석호 국회의원께서 기조강연을 하여 인천상륙작전의 성공 뒤에 장사상륙작전의 희생이 있음을 홍보하였고 그 해 2009년 10월 1일 국군의 날 특집 장사상륙작전 다큐멘터리 제작하여 MBC에서 잊혀진 상륙작전 '작전명 174호'를 방영하여 전 국민이 이 사실을 알게 되었다.

【장사 상륙 작전】

1950년 6월 25일 미명을 기하여 북한군의 남침 기습으로, 아군은 낙동강을 최후 방어선으로 적과 치열한 공방전을 계속하고 있을 때, UN군 총사령관 맥아더 장군은 총반격전을 위한 인천 상륙을 결심하고, 동해안 장사동 적 후방 적전 상륙의 양동 작전 명령을 하달함으로써 시작된 전투이다. 육본 직할 독립 제1유격 대대(대대장 이명흠)는 대원 772명, 지원 요원 56명과 함께 L.S.T 문산호(2,700톤급)로 부산항을 9월 13일 15시경 출발, 다음날 새벽 5시경 장사동 해안 상륙 지점에 도달하였으나, 캐지아호 태풍으로(파고 3~4m) 배는 좌초되고, 적의 포화 속에 대원들은 구국 일념의 투혼으로, 악전고투 끝에 상륙에 성공, 적 후방 교란·보급로 차단·퇴각로를 봉쇄하고, 적의 전의를 상실케 하여 인천 상륙 작전을 성공시키는 데 크게 기여하였다. 그러나 이 상륙전에서 아군은 학도대원 등 전사 139명, 부상 92명을 포함하여 수십 명의 행불자를 발생시켰다. 그 후 육군본부에서는 이 전투에 참전한 유격대원에게 우국청년(의사)이라 호칭하였다.

지난 13일 장사해수욕장서 열린 한국전쟁 호국영령 추모식

영덕불교사암연합회(회장 현담스님)는 지난 13일 장사해수욕장에서 포항 대성사 주지 운봉스님, 이희진 영덕군수, 류병추 참전유격동지회장 등 200여 명의 관계자가 모인 가운데 진행된 장사상륙작전 전승 기념식에 참석해 전몰 호국영령을 추모했다.

장사상륙작전은 6·25당시 인천상륙작전의 성공을 위한 양동작전으로 참전군인 772명 중 600여 명이 18세부터 19세까지의 학도병으로 구성되어 수많은 희생자를 낸 가슴아픈 전쟁사를 간직한 전투다. 영덕사암연합회장 현담스님은 "학도병들의 숭고한 희생으로 우리나라 발전의 기초를 다졌고 새로운 미래를 향한 발판을 마련하게 됐다"고 말했다.

〈불교신문 2015년 9월 23일자〉

2017년
10월 16일~18일 | # 제주도 성지순례

- 동참스님 : 현담, 보각, 동진, 보광, 혜진, 일승, 대원, 지안
- 숙박 : 제주리조트 064-745-5533 제주시 애월읍 가문동상4길 11번지
- 차량 : 썬렌트카 064-773-8000 5번게이트 길건너 오른쪽 렌트카 셔틀 주차장 5구역 바닥에
  6번에서 썬렌트카 셔틀버스를 탑승, 버스 20분 간격 운행,
- 당일저녁 : 공항근처 담장,
- 17일 아침 : 리조트 앞 5분거리 뚝배기 음식점

17일
- 대원정사 : 064-753-3560 제주시 애월읍 수산곰솔길 56 (수산리 산1-3)
- 혜관정사 : 서귀포시 서리오름로10(보목동 386)064-733-2895
- 중문일대 관광 : 카멜리아힐 주상절리, 법화사 수목원 테마파크
- 용눈이오름 트래킹, 비자림 산림욕

18일
- 동쪽 에코랜트, 생태열차, 선녀와 나무꾼, 다희연
- 절물자연휴양림 064-728-1510 제주시 명림로 584, 입장료1000원

【대원정사(大圓精舍)】

제주특별자치도 제주시 애월읍 수산리에 있는 대한불교 법화종 사찰.

대원정사는 1933년 4월 16일 애월읍 구엄지경의 원수원에 최청산이 초가 3동을 건축하여 창건했으며, 당시 사찰 이름은 원천사였다. 1942년 6월에는 금륜이 기와 법당 1동을 증축하여 사찰 이름을 수산사라 개명하였다.

1948년 제주 4·3사건 때에 토벌대에 의해 사찰이 철거당하고 주지였던 고정선이 총살을 당하였다. 이후 사찰은 1953년 최청산의 제자였던 방동화, 선두석, 오춘송이 극락사로 옮겨갔던 불상과 불화, 불구 등을 되찾고 현재의 수산봉 위치로 이전하면서 재건되었다. 이전하면서 사찰 이름은 원천사로 개명하였고, 1961년에 대한불교 법화종에 소속되었다.

1980년대에 들어 현 대적광전과 불상, 각 탱화를 조성하였으며 1981년에 다시 대원정사로 사찰 이름을 개명하여 오늘에 이르고 있다.

봉
제주도 성지순례 법회
영덕불교사암연합회 leadership training
2017년 정유년 10월 16~18일
행

봉
제주도 성지순례 법회
영덕불교사암연합회 leadership training
2017년 정유년 10월 16~18일
행

봉
제주도 성지순례 법회
영덕불교사암연합회 leadership training
2017년 정유년 10월 16~18일
행

2017년 12월 6일 | 대한불교조계종 포교사단 포항교도소 지원법회 및 교화공연

- 일시 : 2017년12월06일 15시~16:30분
- 장소 : 포항교도소 대강당
- 주최 : 포항교도소
- 주관 : 영덕불교 사암연합회
- 후원 : 포교사단 서울지역단, 연담예술단

- 1부 사회 : 보광—조철주법사 (조계종 전문포교사)
- 2부 사회 : 고경희 (연담예술단장)동참: 사부대중 300여명 (외빈 31명)

- 영덕불교사암연합회 동참 내외빈 명단
  보각큰스님(원로, 대각사 주지) / 현담스님(회장, 서남사 주지) / 동진스님(부회장, 영명사 주지)
  보광스님(총무, 광명사 주지) / 정공스님(성불암 주지) / 월산스님(보운사 주지) /
  혜진스님(고경사 주지) / 내원스님(대우사 주지)
  포항교도소 종교위원 / 여사담당 정여스님 외 신도 4명
- 서울지역단 포교사단 : 서울구치소 교정위원 / 조계종 전문포교사 조철주 법사, 참여인사 황정옥
- 경북지역단 포교사단 : 대구교도소 교정위원 최나영,
                22기포교사(김홍배, 박춘석, 박영화, 김정희)
- 경남지역단 포교사단 : 밀양구치소 종교위원 최성환 포교사
- 공연팀 음향감독 : 김성원 거사 연담예술단 후원회 김양배 회장
- 연담예술단장 고경희 포교사 외 불자가수 공연팀 6명

2017년 12월 6일 대한불교조계종 포교사단 서울지역단 교육위원 보광 조철주 전문포교사는 영덕사암연합회 원로 보각큰스님과 회장 현담스님 등 사부대중 300여 명이 동참한 가운데 포항교도소 지원법회 및 교화공연을 봉행하였다.

이날 지원법회는 조철주법사의 개회사를 시작으로 삼귀의, 한글반야심경 봉독, 영덕사암연합회장 현담스님의 내외빈 소개와 환영사, 격려사, 법문 순으로 봉행되었고, 이어진 2부 교화공연은 고경희 연담 예술단장이 진행하였다.

영덕사암연합회장 현담스님은 환영사에서 지원법회 및 교화공연을 준비해 준 조철주법사와 공연팀 연담예술단과 후원회장 그리고 동참한 사부대중에게 감사와 환영의 말을 전했다. 이어진 격려사에서 조철주법사는 "오늘 이 법회 및 공연은 포항교도소에서 수고하는

모든 사부대중이 소통하고 협력하는 계기가 되었으면 하는 바람과 어려운 수용생활에 조금이나마 위로가 되길 바라며, 늘 하심(下心)하며 긍정적인 생각을 갖고 감사하는 마음으로 부처님의 가르침을 실천하는 삶이 되길 바란다"고 말했다.

영덕사암연합회 보각스님(대각사 주지)은 "남의 감나무에 있는 감을 따 먹지도 못하고, 먹고 싶은 마음도 버리지 못할 때는 감이란 열매가 언제 맺을까 조급해 하지 말고 감나무를 심으면 된다고 했다. 그러므로 모두 각자의 행복 나무를 심고, 잘 가꾸어서, 행복의 열매를 따는 보람과 기쁨을 수확하여 이웃과 함께 나누는 불자가 되라"는 법문을 했다.

2부 교화공연은 "이 시간 만큼은 모든 걸 내려놓고 함께 하는 즐거운 시간 되었으면 한다"는 고경희 연담예술단장의 멘트로 시작되었다.

모듬북의 창시자 김규형 교수의 힘찬 북소리와 불자가수 박나라의 '행복한 사람', 통기타 포크락 백진후의 '권주가' 오수빈의 '괜찮아요' '사람이 좋다' 국악인 오수빈의 가야금 병창 '물처럼 바람처럼' 고시아의 '아이 좋아라' 이창휘 성인가요, 통기타로 '아름다운 강산'을 함께 한 사부대중과 합창으로 열기가 대단했지만 시간 관계상 앵콜을 받지 못했다.

끝으로 영덕사암연회장 현담스님은 사부대중과 수고한 공연팀, 관계 교정인에게 감사의 뜻을 거듭 전했으며, 조철주법사는 불교공부 많이 하여, 건강한 불자로서 사회에 복귀한 후에 부처님의 가르침을 실천하는 불자의 삶이 되길 발원하는 것으로 지원법회 및 공연을 회향했다. 수용불자들을 위해 공양물로 빵 400개, 귤 20박스, 떡 370여개, 불우 수용불자 10명에게 영치금을 전달했다.

대한불교조계종 포교사단
포항교도소 지원법회 & 교화공연
일시 | 2017년 12월 06일(수) 오후3시~   주최 | 포항교도소   주관 | 영덕 사암연합회   후원 | 포교사단 서울지역단, 연담예술단

포항교도소 지원법회 & 교화공연
일시 | 2017년 12월 06일(수) 오후3시~   주최 | 포항교도소   주관 | 영덕 사암연합회   후원 | 포교사단 서울지역단, 연담예술단

- 장소 : 경북 포항시 북구 흥해읍 학천리 169(동해대로 1001) 포항교도소 여사동 청정도량
- 동참하신 분: 서남사 주지현담, 동해사 주지 성민(정여)스님, 동해사 신도분들

점안축원

시방삼세에 항상 계시는 불·보살님! 바라옵나니, 불법이 시방삼세에 두루하여 법륜이 상전하고 이 땅에 하루속히 남북통일과 세계평화가 이루어지길 축원하옵니다.

금일 관세음보살 점안으로 포항교도소 여사동 인연 있는 모든 불자들과 불자들을 인도하시는 동해사 주지 성민스님과 또한 동참하신 불자들 모두가 부처님의 가피로서 소원하는 바 소원성취하시고 법우님들 남은 형기 무탈하시길 발원하며, 출소해서는 각자 건강한 삶과 행복한 가정을 꾸려갈 수 있는 힘을 주시고, 지혜와 복덕이 원만히 구족하여 구경에는 모두가 성불하여지길 서원합니다.

다시 발원하옵니다. 중생의 소망따라 다함없이 거두어 주시는 불·보살님! 저희들이 정법의 지혜를 닦아 바다와 같이 넓고 깊은 공덕을 이루어 모든 이에게 두루 회향코자 발원하오니, 저희들의 간절한 소망을 들어주시고 영영 불법을 여의지 않게 하소서.

저희들이 한없는 옛적부터 지금까지 무명에서 헤어나지 못하고 육도를 윤회하며, 탐내고 성내고 어리석었던 탓으로 지은 모든 업장을 지극한 마음으로 참회하옵나니, 바르고 슬기롭게 살도록 이끌어 주시옵소서.

거룩하신 불·보살님! 오늘 여기에 동참한 저희 모두가 불·보살님의 가피를 입사와 몸과 입과 마음으로 지은 모든 업장을 말끔히 씻고 불법에 대한 신심이 더욱 견고하여 하루속히 정각을 이루어 법계의 모든 중생을 피안으로 인도하게 하여 주시옵소서.

오늘 포항교도소 여사동 부처님 점안 동참 발원하옵는 제자 가운데에 참선자는 화두가 일여하고 염불자는 삼매가 나타나며 간경자는 지혜의 눈이 열리고 병든 이는 하루속히 쾌차하며 방황하는 사람은 바른 길로 인도하여 주시고, 암흑에서 헤매는 사람은 자비의 밝은 빛을 보여 주시며 가난한 사람에게는 복을 주시고, 단명한 이에게는 장수하게 하여 주시며 시방삼세의 유정 무정 모두가 복덕이 구족하고 지혜가 원만하게 하여 주시기 바라옵니다.

자비하신 불·보살님! 오늘 동참한 모든 불자의 선망 부모와 아득한 옛적부터 인연을 맺은 일가 친척의 영가, 그리고 이 도량이 창건된 이래 지금까지 화주, 시주의 인연을 심은 모든 이와 조국을 위해 장렬하게 한송이 꽃으로 인연을 다한 국군 장병, 충의 열사와 시방법계 유주 무주의 외로운 모든 영혼들이 불·보살님의 가피를 입사와 명고에 헤매지 않고, 다 함께 삼계의 고해를 벗어나서 극락세계의 상품연대에 태어나게 하여 주옵소서.

끝없는 자비로 지혜의 길로 인도하시는 불·보살님! 지극한 신심으로 여기 동참한 이들의 각 가정에 일체 업연을 막아주시고, 단란하고 화목한 가정을 이루어 온 가족이 건강하고 마음이 밝아 하고자 하는 모든 일이 원만히 성취되게 하소서.

법계에 두루하신 불·보살님! 오늘 동참한 모든 불자들이 저마다 삼도고해의 악연을 멀리 여의고, 항상 환희와 감사로 충만케 하옵고, 육근은 더욱 청정하여 삶의 큰뜻을 이루어 가족 중 한 사람도 외도에 떨어지지 않게 하여 주옵소서.

거듭 발원하옵나니, 오늘 포항교도소 여사동 관세음보살 원불 점안법회에 동참한 수형자 법우님과 동해사 성민스님과 인연 있는 모든 불자들이 세세생생토록 부처님 가르침 속에 서 서로 믿고 의지하고 보살도를 행하여 마침내 성불하는 그날까지 지혜의 바른 인연에서 물러섬 없이 착하고 슬기로운 좋은 도반이 되게 하여 주옵소서.

나무관세음보살 나무아미타불!!!

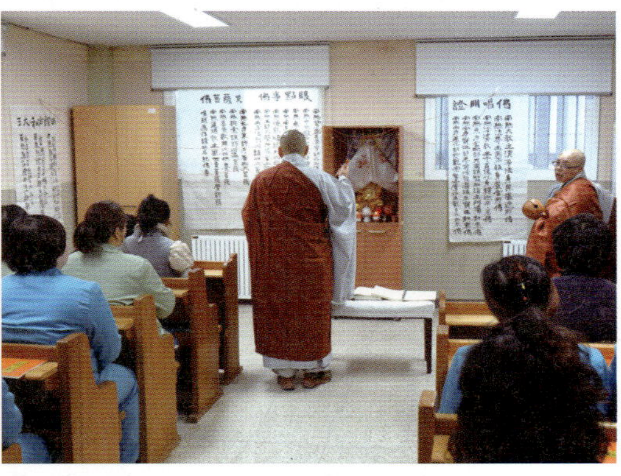

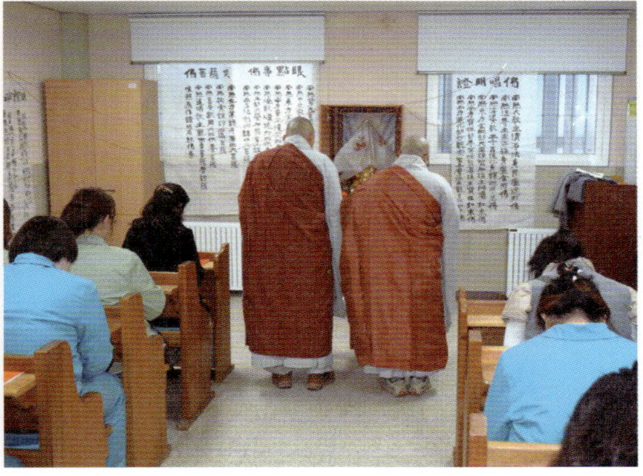

4부 영덕 폐사지 불적답사

- 통일신라시대 폐사지
- 고려시대 및 연대미상 폐사지

역사는 기록이다. 기록은 현재의 모습을 후대인들에게 전하는 거울이다. 그러므로 이전의 모습을 통하여 현재를 조명하고 후대인들에게 올바르게 물려주어야 한다.

불교의 역사도 마찬가지이다. 불교의 창시자 석존도 기원전 5세기경 보리수 아래에서 정각을 성취하신 후 인도에서 불교가 시작되었다. 이후 기원 전후 시기, 중국에 불교가 전래되어 종파불교의 꽃을 피우고 이러한 불교가 고구려 소수림왕 2년(372)에 공식적으로 한국에 전파되어 오늘에 이르고 있다.

이러한 불교 역사의 흐름 속에서 영덕 지역에도 불교가 전파되어 통일신라시대를 시작으로 고려시대를 거쳐 조선시대에 이르기까지 유지되어 현재에 이어져 왔다.

역사의 굴곡을 거치면서 현존하는 사찰 외에도 적지 않은 사찰들이 중간에 폐사(廢寺)를 맞게 되었다. 폐사의 역사 또한 영덕불교의 과거 자산으로 영덕불교의 현재와 미래를 가늠하는 중요한 역사 자료이다. 시간이 흐르면 그 잔해마저 묻혀버릴 가능성이 크다.

이에 영덕군에 통일신라 이후 창건되어 유지 폐사된 모든 불교 사찰의 현황을 파악하여 역사의 기록으로 남기고자 한다. 이전의 영덕군 자료는 한정되어 「영덕군향토사(盈德郡鄕土史」에 나타난 자료와 「영덕군지(盈德郡誌)」에 나타난 자료를 중심으로 파악하고, 현지 주민들의 구술을 통하여 폐사지를 살펴보고자 한다.

통일신라시대로 파악된 절은 7개로서 범흥사지와 옥천사지, 경수사지, 칠성사지, 하운사지, 또한 유금사와 청련사로 나누었다. 유금사와 청련사는 현재 사찰이 존재하므로 이 두 사찰을 제외한 5개 폐사지를 「영덕군지(盈德郡誌)」에 나타난 기록을 중심으로 답사하였다. 또한 다음으로 「영덕군향토사」와 각 고을의 절골이라고 말하는 곳을 찾아 답사 기록을 남겼다.

범흥사지(梵興寺址)

영덕군 병곡면 영 1리 1134번지 일대

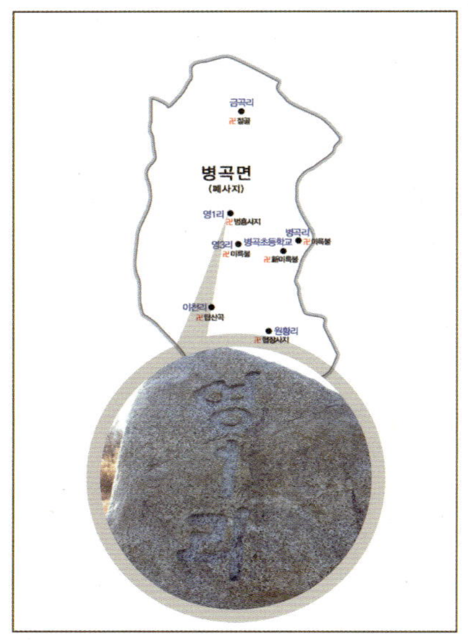

「영덕군지」에 나타난 기록을 살펴보면 "범흥사는 영덕군 병곡면 영 1리 1134번지 일대에 있었던 사찰로 현재는 폐찰되어 일부 유적만 남아 있다. 다만 일설에 의하면 통일신라시대에 조성된 사찰이라고 한다.

절의 폐찰연대는 대략 조선시대 중기 이후로 보인다. 이는 조선 태종 9년(1409)에 영해로 귀양 온 안로생(安魯生)의 '범흥사'라는 시와 1530년에 편찬된 「신증동국여지승람」 영해도호부의 〈불우조(佛宇條)〉에 '범흥사는 등운산에 있다(梵興寺在騰雲山)'는 것으로 보아 이 시기 이후에도 상당 기간 존속한 것으로 보이며, 1828년 경에 나온 「단양부지」의 〈불우조〉에 '폐찰 되고 유지만 있다(梵興寺在府北騰雲山下只遺址)'고 한 것을 보아 1530년 이후 1828년 이전에 폐찰된 것으로 추정할 수 있다.

현재 사찰터는 경작지로 변하여 거의 훼손된 상태이고, 4층 높이의 석탑이 있었으나 최근에는 높이 1.2m, 기단부의 직경이 60cm 정도만 남아 있어 탑의 형상을 알아보기가 곤란하다"라고 되어 있다.

계속해서 「영덕군향토사」에 나타난 기록을 살펴보면 "本洞과 梵興 途中에 新羅時代로 推定되는 때에 建立 되었다가 廢墟되 연대도 未詳인 寺刹이 범흥사라 전해지고 礎石 瓦片 등이 散在해 있어 寺址임을 쉽게 알 수 있다. 이곳 뒷산 기슭에 큰 바위로 꾸며진 自然岩窟이 있으니 壬辰倭亂 當時 寧海鄕校長議였던 處士朴應天公이 五聖位牌를 避難奉安하여 朔日焚香禮拜를 잊지 않고 精誠을 다해 뫼셨으므로 鄕校는 燒失되었어도 五聖位牌는 無事하였으니 儒敎盛時인 당시 士林으로부터 推仰을 받았으며 그 후 士林이 이곳에 壇을 築造하여 遺蹟地로서 禮를 갖추어 鄕校岩이라 命名하였다"라고 기록되어 있다.

영덕에는 일곱 가지 보배가 있다는 이야기가 전해오는 칠보산이 있다. 범흥사지는 국립자연휴양림 관리소에서 고래불 해수욕장과 대진해수욕장을 잇는 명사 20리 동해안이 한눈에 내려다보이는 칠보산 기슭에 자리잡고 있는 칠보산 자연휴양림(1993년 개장) 가는 우측 중턱에 위치하고 있다.

범흥사지를 찾아가는 길은 영 1리 동네에서 수소문하여 예전에 범흥 동네에 사셨던 장종환(70세) 거사님을 어떤 보살님께서 추천하여 그분의 도움으로 절터를 쉽게 찾을 수 있었다. 장종환 거사님을 차로 모시고 영 1리 동네에서 20여 분 이동하여 한참을 들어가니 범흥 동네에 이르렀다. 여기서 다시 300여 미터를 걸어서 올라가니 절터가 있었다.

절터 주위는 잡풀이 무성함에도 커다란 바위들이 많아 육안으로 보아도 절터임을 확인 할 수 있었다. 모시고 간 거사님께서 범흥 절터는 국유림이고 절 앞은 10여 년 전에 삼성그룹에서 절터 앞 임야와 전답을 매입하여 수목원을 건립할 예정이라는 말씀을 들을 수 있었다. 절터에서는 동해바다가 보이고 앞 풍광이 좋아 좁은 안목으로도 수행지로서의 명당임을 확인할 수 있었다.

「영덕군지」에 의하면, 본래 4층 높이의 석탑이 있었으나 기단부만 있다고 적혀 있지만 장종환 거사님의 말씀으로는 3층 석탑은 10여 년 전에 도난당하였다고 한다. 그래서인지 탑신의 자리만 남아 있었다.

부처님을 모시던 자리인 바위굴은 잡풀과 나무가 앞을 가려 볼 수 없었고, 기왓장만 있어 이곳이 절터임을 증명하여 주었다. 안내한 장종환 거사님의 말씀으로는 어릴 적 소에게 풀을 먹이러 이곳으로 오면 바위굴 부처님을 모신 자리에 부처님께서 좌정하고 계시고 기도하시는 분들도 계셨다고 한다.

부처님을 모신 바위굴에는 10여 명의 사람들이 들어갈 수 있는 자리가 되어 있어 6.25 피난 때는 이곳을 피난처로 삼았다고 한다. 현재는 큰 바위만 보이고 나무와 잡목이 우거져 그곳에 근접할 수가 없었다. 어느덧 해가 서산으로 기울어 잡목과 잡풀 속에 있는 기왓장만 몇 장 주워 내려오며 「신증동국여지승

람」 제24권 영해도호부의 안로생(安魯生)이 귀양 와서 쓴 '범흥사'라는 시의 내용을 되새겼다.

보배스러운 땅에서 절을 찾으니, 公門(불교의 이치)에는 세상 정이 엷구나.
붉은 수염 맨발로 바위 문지방 나와서, 소나무 아래에서 無生을 설교한다.
밤이 고요하니 돌샘의 소리 높아지고, 새벽 찬 하늘에 범종소리 울려온다.
道心과 못 그림자 둘 다 맑고 깨끗한데, 가부좌하고 앉아 곧 자신의 형태를 잊어버린다.

옥천사지(玉泉寺址)

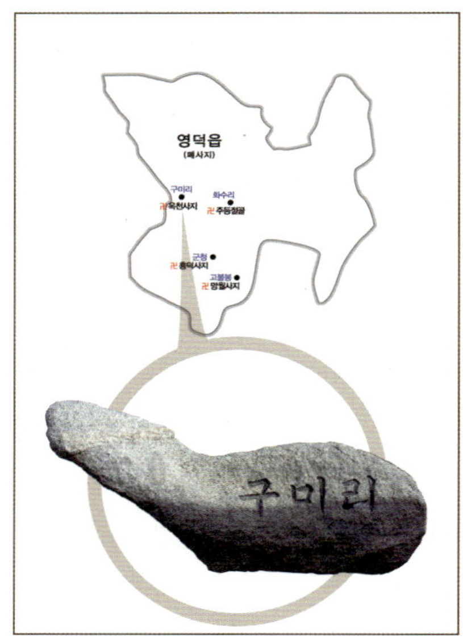

「영덕군지」의 내용을 옮겨 보면 "옥천사는 영덕읍 구미리 뒤의 옥천산에 있던 사찰이다. 창건연대는 통일신라시대라고 하나 이를 입증할 만한 자료는 없다. 현재 사지(寺址)로 추정되는 곳에 기와 조각이 산재하여 있으며, 사찰에 사용하였던 대형 맷돌이 밭둑에 묻혀 있다. 폐찰된 연대는 1705년 경이라고 하나 1723년 이후에 나온 「야성읍지」에 '옥천사는 현의 북쪽 5리 화림산에 있다(玉泉寺在縣北五里花林山)'라는 기록과 송고 배진창(松皐 裵震昌 1642~1722)의 '옥천동야은공묘소심문시감음(玉泉洞野隱公墓所尋問時感吟)'이나 일야 배윤성(逸野 裵潤聖 1675~1751)의 '여이정재성룡종주쉬무첨유옥천사(與李靜齋聖龍從州淬無忝遊玉泉寺)'의 시를 보더라도 그 이후에도 옥천사가 상당기간 존속한 것으로 보인다. 1800년대 후반에 나오는 「경상북도영덕군읍지」에 '엄곡산에 있었으나 지금은 폐찰되었다(玉泉寺在嚴谷山今廢)'는 것으로 보아 최소한 이 시기를 전후하여 폐찰된 것으로 추정된다"라고 기록하고 있다.

「영덕군향토사」에 나타난 옥천사지에 관한 내용을 살펴보면 "옥천사지는 창건연대는 新羅時代라 하나 정확한 年代를 입증할 자료가 없음. 丙寅年(1705) 本 寺刹이 번창하여 찾아오는 사람이 많아 이를 막기 위하여 寺刹 앞 산맥을 절단한 후로 오는 사람이 뜸해졌으며 그로부터 점차 폐찰 되었다고 전해옴. 사찰의 위치는 확실히 알 수 없으나 寺址로 추정되는 곳에 瓦片이 산재하며 申姓墳墓가 있으며 寺刹에 사용하였던 것으로 보이는 대형 맷돌이 밭둑에 있음"이라고 기록하고 있다.

위의 「영덕군지」와 「영덕군향토사」의 기록을 근거로 하여 영덕읍 구미리에 위치한 옥천사지를 찾았다.

옥천사지는 옥천사지 앞 동네인 구미리에서 태어나 살고 있는 불자이며, 불교파라미타 축구클럽 회원인 신종락(58세) 거사님의 도움으로 사지를 찾을 수 있었다. 거사님께서 4륜구동 트럭이 있어 옥천사지까지 갈 수 있었다. 평소에 사용하지 않는 산길이라 4륜구동 트럭임에도 사지까지 가는데 힘이 들었다. 임도 주위의 잡목들과 비가 와서 길이 군데군데 파여 산 중턱에 전답이 있어도 개간을 하지 않은 흔적이 보였다. 먼저 사지에 도착해서 청정한 도량에 합장 예를 표하고 사지 주위를 돌아보았다.

「영덕군지」에 나타난 대형 맷돌은 이름 모를 도둑장수가 가져가서 흔적이 없었다. 다만 기와 조각이 한쪽으로 쌓여 있는 것을 보아 절터에 밭이나 논으로 경작하였음을 짐작할 수 있었다. 샘이 있는 우물자리는 물이 마르지 않고 있어 짐승이나 새들이 그 물을 먹은 흔적들이 보였다.

사지 주위가 잡목과 갈대, 그 밖의 이름 모를 잡풀들로 우거져 있음을 볼 때, 옛날에는 논밭으로 사용한 흔적은 있으나 지금은 경작을 하고 있지 않은 것 같았다. 근래에 옥천사지의 발굴이 있었는지는 알 수 없으나 현재로써는 기와 조각 외에는 달리 다른 유물은 찾을 길이 없었다. 아무것도 없는 이 절터 앞에 우뚝 솟은 철탑이 세워져 있어 세월의 무상을 느끼게 한다. 석탑은 어딜 가고 철탑이 옥천사지를 지키는가? 탑은 석존이 입멸에 들고 나서 수행의 결정체로서의 상징적인 의미가 있다. 어떻게 보면 정신세계의 상징물로 볼 수 있다. 그래서 진리 자체에 경배의 의미를 둔 것이 바로 탑이다. 현장의 「대당서역기」에 따르면 서역으로부터 인도에 이르는 여러 나라에는 전탑, 석탑, 목탑, 칠보탑, 금동탑 등이 있다고 기록하고 있다. 경전에는 이밖에도 분탑, 우분탑, 사탑이 있었다고 한다. 그런데 현재의 옥천사지 앞에는 석탑도 아니고 목탑도 아니고 웬 철탑이란 말인가.

그 자리에서 사명대사의 증원장로(贈圓長老)의 시를 낭독하면서 합장예하고 하산하였다.

암반운송암하천(巖畔雲松巖下泉) 바위 곁 해 구름 솔 바위 아래 샘
분향세발과소연(焚香洗鉢過蕭然) 향 살라 바루 씻어 깨끗이 살아
십년불하향로정(十年不下香爐頂) 십년을 안 내려와 향로 봉우리
석탑정간추수편(石塔靜看秋水篇) 돌탑을 가만히 봐 가을물 글을

경수사지(慶壽寺址)

영덕군 남정면 중화리 절골

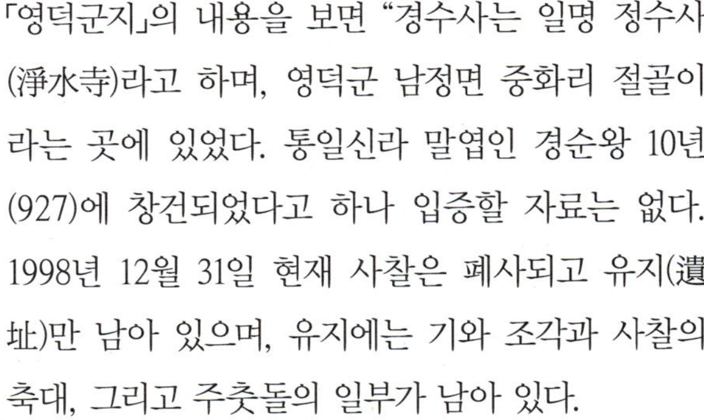

「영덕군지」의 내용을 보면 "경수사는 일명 정수사(淨水寺)라고 하며, 영덕군 남정면 중화리 절골이라는 곳에 있었다. 통일신라 말엽인 경순왕 10년(927)에 창건되었다고 하나 입증할 자료는 없다. 1998년 12월 31일 현재 사찰은 폐사되고 유지(遺址)만 남아 있으며, 유지에는 기와 조각과 사찰의 축대, 그리고 주춧돌의 일부가 남아 있다.

폐찰연대는 조선조 후기라고 추정된다. 1723년 이후에 간행된 「야성읍지」에 '정수사는 현의 남쪽 30리의 남역동에 있다(淨水寺在縣南三十里南驛洞)'는 것과 1800년대 후반에 나온 「경상북도영덕군읍지」에 '정수사는 남역 북쪽 기슭에 있었으나 지금은 폐찰되었다(淨水寺在於南驛北麓今廢)'라는 것으로 보아 이를 알 수 있으며, 1628년에 창건된 신안서원에 매년 백지 3속(束)과 훈장 별혜(別鞋) 1부(部), 서적과 기물을 상납하였다는 기록이 있는 것으로 보아 신안서원이 대원군에 의하여 훼손될 때까지 존속하였던 것으로 추정할 수 있다.

전하는 말로는 정수사가 300여 명의 수행승을 거둘 정도의 대찰이었는데, 스님들의 조석공양을 위한 쌀을 씻는 뜨물이 절 밑의 남역(남정리)에까지 흘러내려 이 물을 먹은 역마들이 모두 죽게 되자 남역의 역졸들이 이 절을 불태워 파괴 하였다고도 한다"라고 기록되어 있다.

「영덕군향토사」에 나타난 내용을 살펴보면 "절골마을 1km 위에 927年頃(新羅時代)에 慶壽寺라는 절이 建立되어 이 溪谷을 절골이라 하며 僧侶가 300名 以上 되는 大寺刹이었다 하며 朝夕으로 쌀 씻는 뜨물이 現 南亭洞까지 흘러 내려 이 물을 먹은 驛馬가 가끔 죽었기 때문에 驛卒들이 몰래 절에 불을 지르고 破壞해 버렸으며, 이 절은 慶州 佛國寺의 管理寺刹이었다고 하며, 현재 주춧돌과 부서진 기왓장, 탑 자리가 남아 있음. 절골 慶壽寺터 附近 溪谷에 길이 2m, 輻 1.5m나 되는 돌을 다듬어 놓은 돌다리가 남아 있음"이라고 기록하고 있다.

남정면 중화리 절골에 위치한 경수사지, 일명 정수사는 사지에 다녀갈 기회가 몇 번 있었지만 그 때마다 인연이 닿지 않았다. 이번 영덕군 사찰 현황 파악과 폐사지를 조사하기로 마음을 먹고서야 갈 수 있었다. 절에서 점심을 일찍 먹고 남정면으로 출발하였다. 출발에 앞서 남정면이 고향인 국사편찬위원회 사료조사위원이며 영덕군 전 군의회의원인 이완섭 의원에게 간략하게 사지에 관한 내용과 중화 지장암 전 주지스님인 성범스님을 통하여 사전 지식을 얻었다.

남정면 중화길 넓은 주차장에 승용차를 세워두고 길 안내해 줄 사람을 물색하였다. 20여 호가 될 것 같은 동네에 사람들이 보이지 않았다. 실례를 무릅쓰고 한 집을 방문하여 여쭈어 보았다. 이 동네에 시집와서 현재까지 살고 있는 이금자(77세) 보살님을 만날 수 있었다. 보살님의 말씀에 의하면 동네에서 1킬로미터 정도 가면 저수지가 나오는데 저수지 왼쪽으로 돌아 계속 가면 동네 상수도가 있으며, 그곳에서

300미터 지나면 절터가 있다고 하였다. 또한 절터 땅이 현재 큰집 소유이며 절 주위에 오동나무가 많았다고 하였다. 동네에 주민들도 많이 없고, 연세가 많은 관계로 이야기 하는 말씀만 듣고 출발하였다.

말씀하신 대로 1킬로미터 정도 가니 저수지가 나왔다. 오른쪽에 포장도로가 있어 그쪽으로 5분 정도 올라가니 길이 끊겨 있어, 산으로 계속 가면 될 것이라 생각하여 없는 길을 만들어서 진입하였으나, 저수지 3분의 1도 가지 못하였다.

다시 지장암 전 주지스님인 성범스님에게 전화하여 물었으나 감을 잡지 못하고 다시 저수지 쪽으로 내려와서 보니 저수지 왼쪽에 길이 나 있었다. 그리고 저수지 끝을 지나 왼쪽 오동나무가 많은 골을 접어들어 계속 절터로 향하였다. 가다가 모과나무에서 모과를 등산 걸망에 반 가방 정도 집어넣고 감나무에 달린 겨울 홍시를 맛보면서 2시간을 걸어 계곡 끝까지 갔지만 절터는 나오지 않았다.

설상가상으로 전화도 불통이고 계곡 끝에서 멧돼지를 만나 혼쭐이 나고 나무아미타불 천타불 만타불하면서 다시 왔던 길을 되돌아 왔다.

계곡 끝까지 갔던 것은 이금자 보살님께서 절터에 큰 오동나무가 있다는 말씀만 기억하여 계곡을 향해 가면 갈수록 큰 오동나무들이 나와 계속 갈 수 밖에 없었다. 그래도 아무도 밟지 않은 곳에 맑은 공기와 겨울 감홍시를 감나무 밑에서 맛볼 수 있는 시간을 가져보았다.

다시 왔던 길을 나와 이완섭 전 의원에게 전화하여 절터로 향할 수 있었다. 가르쳐준 대로 동네 상수도를 지나 몇 백년 묵은 느티나무를 지나 계곡에 방치된 돌다리를 보면서 경수사지 절터에 도착하였다. 험난한 길을 돌아온 기념으로 혼자서 반야심경 한 편 독송하고 주변을 돌아보았다.

절 주위가 축대로 되어 있고 축대 속에 기와 조각이 끼여 있는 것으로 보아 몇 년 전에도 전답으로 사용했던 것 같고 지금은 경작을 하지 않은 것으로 보였다. 축대가 옛날 절에서 사용한 축대가 아니고 농사를 짓기 위해서 쌓은 것으로 보였다. 주위를 살펴보건대, 기와 조각과 절에서 사용한 맷돌도 아니고 받침대 비슷한 돌도 축대 한 쪽에 있었다. 탑 자리가 남아 있다고 하였는데 잡목과 가시덩쿨로 인하여 찾을 길이 없었다.

대충 보건대, 계곡 전체가 절터로서 옛날에는 상당한 규모의 사찰이 있었던 게 아닌가 생각되었다. 절터

위쪽에 대나무가 자라고 있고 계곡 안쪽에는 사람들이 전혀 발길이 닿지 않은 듯하며 숲이 우거져 금방 이라도 멧돼지가 다시 나타날 것 같아 절터 자리를 제대로 찾은 기쁜 마음으로 기와 조각을 걸망에 넣고 돌아섰다. 돌아오는 길은 걸망은 무거웠지만 마음만은 가볍게 내려올 수가 있었다.

대한불교조계종 총무원장을 역임하고 2005년에 열반하신 인곡 법장큰스님의 열반송을 되새기다.

아유일발낭(我有一鉢囊) 나에게 바랑이 하나 있는데
무구역무저(無口亦無底) 입도 없고 밑도 없구나
수수이불람(受受而不濫) 담아도 담아도 넘치지 않고
출출이불공(出出而不空) 주어도 주어도 비지 않는다네

칠성사지(七星寺址)

「영덕군지」의 내용을 보면 "칠성사는 일명 묘장사(妙藏寺)라고 하며, 축산면 칠성리 627번지 일원에 위치하였던 사찰이었다. 창건연대나 그 규모에 대한 자료가 없어 상세히 알 수 없다. 다만 사찰이 소재하였던 위치에 조선시대에 들어와서 건립된 대둔정사지(大遯精舍址)가 있는데, 이 정사의 앞에 세워진 유허비 전면에 통일신라시대의 석탑재 1점이 발견되었던 것을 추정하여 그 창건 연대를 통일신라시대로 추정하고 있을 뿐이다. 일설에는 통일신라 말엽에 창건된 고찰로 승려들이 많았으나 화재로 전부 소실되었다고 한다"라고 기록되어 있다.

다음은 「영덕군향토사」에서 칠성 1리와 칠성 2리에 관한 절터를 언급하고 있는데 칠성 1리와 칠성 2리 마을 분들에게 여쭈어 보니 모두 칠성사지, 즉 묘장사에 관한 내용을 중복 설명하고 있는 것으로 보인다. 「영덕군향토사」에는 "年代未詳이나 約 千年前에 이곳에 寺刹이 있었다고 전해 오며 지금도 寺址에 가면 주춧돌과 기왓장이 나와 터를 살펴보기도 한다" 라는 기록과 또한 "約 400年前 鄭氏라는 僧이 들어와 절을 짓고 道를 닦았다고 傳하며 그 골을 寺谷이라하며 그 후 1900年代에 燒却되고 다시 英陽南氏가 亭子를 짓고 書堂으로 使用하다가 6. 25戰爭時 없어지고 碑와 절터만 있다"라는 기록이 있다.

 영덕군 축산면 칠성리 627번지에 위치한 칠성사지, 일명 묘장사는 15여 년 전에 절터를 비롯한 주위 일대를 식수 및 농사용으로 사용하기 위하여 규모가 큰 못을 막아 놓았다. 칠성사지를 답사하기 위하여 동네에 들어서니 칠성 2리에 거주하시는 최둘이(76세), 김분조(74) 보살님께서 반갑게 맞이하면서 사지에 관한 내용을 친절하게 말씀하여 주셨다.

두 보살님의 말씀에 의하면 "못을 막기 전에 어디에서 오신 분들인지는 모르지만 사지발굴을 하고 그때에는 사찰 유물이 나온 것이 없다"고 하였고, "지금 역시 사지에 가도 절터가 물에 잠겨 볼 수 없을 것이다"라고 하였다.

그래도 여기까지 왔으니 사지가 물에 잠겨 있으면 칠성사지에 인연 있는 모든 분들을 위하여 칠성사지의 이름에 맞게 칠원성군(七元星君)이라도 독송할 요량으로 칠성리 627번지를 네비게이션에 입력하여 사지에 도착하였다.

다행히 올해의 극심한 가뭄으로 못의 일부가 바닥이 드러나 있어 괭이와 바랑을 들고 못 안으로 들어가자 절터로 짐작되는 곳에 바닥이 보였다. 그곳에는 기와 조각과 당시 쓰던 그릇 조각들이 한 무더기가 있었다. 또한 주위에 기와 조각들이 많았다. 못에 잠기기 전에 사지가 전답으로 쓰여지고 있어 기와 조각과 깨진 그릇들을 한 쪽으로 치워놓았던 것 같다. 운이 좋게 가뭄으로 인하여 절터를 볼 수 있게 되어 미리 준비한 칠원성군을 독송한 후 사진을 찍고 기와 조각과 그릇 조각을 바랑에 넣어 돌아왔다.

첫날 칠성사지, 즉 묘장사 답사의 기록이다.

그런데 「영덕군향토사」의 내용에 의하면 "400년 전에 정씨라는 스님께서 절을 짓고 도를 닦았으며 그 후

1900년대에 불타고 영양남씨 정자를 짓고 서당으로 사용하다가 6. 25전쟁시에 불타고 비(碑)만 남았다"
라고 기록하고 있는데 이 기록은 칠성 2리의 다른 터의 기록일 것이라 생각하고 그 절터를 찾았다.

다시 칠성 2리 꽃밭 동네 분들과 진밭 동네 분들에게 여쭈어 보고 또한 경로당을 찾아서 20여 분의 노인 분들에게 여쭈어 보니 칠성의 절터가 두 군데가 아니라고 말씀하셨다. 칠성사지(묘장사)는 신라시대에 절이 생기고 나서 폐사되고, 400여 년 전에 정씨 스님께서 칠성사지에 다시 절을 짓고 정진하다 법당이 불탄 이후 불탔던 그 자리에 영양 남씨 문중에서 정자를 지어 서당으로 사용하였다고 한다. 6. 25가 발발하여 인민군이 정자를 태운 것이 아니라, 군인들과 경찰들이 정자를 태웠다고 동네 분들께서 이구동성으로 말씀하셨다. 이후 절터에 비(碑)만 존재하다 그 자리에 영양 남씨 재실을 다시 건축하려 했으나 식수 및 농업용수를 쓰기 위하여 못을 막는 바람에 못 막은 자리 앞쪽에 비를 다시 모셨다고 동행하신 동네 분인 정만원(83세) 거사님께서 말씀하셨다. 칠성사지를 가기 위해 전날 일곱 분의 성군에 대하여 준비한 노트를 읽고 차를 돌려 내려왔다.

이 기회에 칠원성군(七元星君)에 대해 알아보자.

북두 제 1성 천추성(天樞星)은 가장 수승한 최승세계(最勝世界)로 탐랑성군(貪狼星君)인 자손만덕(子孫萬德)의 운의통증여래불(運意通證如來佛)께서 남서쪽과 낮을 다스리며 인간 운명을 영통하게 하여 자손들에게 만 가지 복덕을 주신다.

북두 제 2성 천선성(天璇星)은 보배 미묘한 묘보세계(妙寶世界)로 거문성군(巨文星君)인 장난원리(障難遠離)의 광음자재여래불(光音自在如來佛)께서 서쪽과 밤을 다스리며 빛과 소리를 자유자재로 움직여 일체 장애와 재난을 없애 주신다.

북두 제 3성 천기성(天機星)은 원만 구족한 원만세계(圓滿世界)로 녹존성군(祿存星君)인 업장소제(業障消除)의 금색성취여래불(金色成就如來佛)께서 서쪽과 불을 다스리며 원만한 마음과 구족한 복덕으로 일체 업장을 소멸해 주신다.

북두 제 4성 천권성(天權星)은 걱정 무유한 무우세계(無憂世界)로 문곡성군(文曲星君)인 소구개득(所求皆得)의 최승길상여래불(最勝吉祥如來佛)께서 북쪽과 불을 다스리며 바라는 바 상서로운 일을 모두 이루어 주신다.

북두 제 5성 옥위성(玉衛星)은 맑고 깨끗한 정주세계(淨住世界)로 염정성군(廉貞星君)인 백장진멸(百障殄滅)의 광달지변여래불(廣達智辯如來佛)께서 북동쪽과 보물을 다스리며 일체 통달한 지혜와 변재로 중생의 백 가지 장애를 없애 주신다.

북두 제 6성 개양성(開陽星)은 진리 가득한 법의세계(法意世界)로 무곡성군(武曲星君)인 복덕구족(福德具足)의 법해유희여래불(法海遊戲如來佛)께서 동쪽과 문예를 다스리며 복덕을 고루 갖추게 해 주신다.

북두 제 7성 요광성(搖光星)은 맑고 투명한 유리세계(琉璃世界)로 파군성군(破軍星君)인 수명장원(壽命長遠)의 약사유리광여래불(藥師琉璃光如來佛)께서 남쪽과 질병을 다스리며 유리같이 맑고 투명한 빛으로 건강하게 오래 살게 해 주신다.

칠성사지의 못 물이 식수와 농업용수로 쓰여지는데 감로수가 되어 일체 중생들이 감로의 공양 드시어 모든 분들 성불하여지이다. 나무아미타불~

하운사지(霞雲寺址)

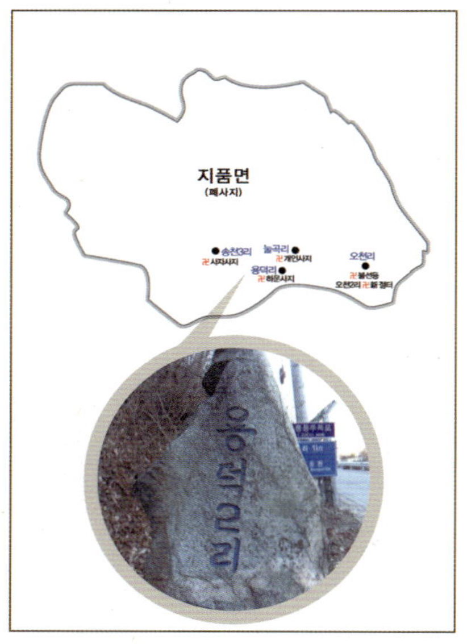

「영덕군지」에 있는 기록을 살펴보면 "현 지품면 용덕 2리 절골이라는 곳에 위치하였던 사찰의 터로 사찰의 창건연대와 규모에 대한 기록은 없으나 통일신라 때에 창건된 것으로 추정되고 있다. 현재 사찰이 있던 자리에서 맷돌, 기와 조각 등이 발견되고 있다"라고 되어 있다.

「영덕군향토사」에 나타난 기록을 살펴보면 "용덕 2리 마을의 역사를 보면 獅子谷은 時代未詳이나 崔氏란 선비가 처음 開拓 入住하였다 하며 地形이 흡사 獅子가 머리를 내미는 것 같다 하여 獅子谷이라 불렸다 하며 一名 大德이라고도 하며 절골(寺谷)은 옛날 큰 寺刹이 있던 곳이라 하여 절골이라 하며 절이 滅失된 시대와 緣由는 未詳이다"라고 되어 있다.

영덕군 지품면 용덕 2리에 위치한 하운사지는 영덕군의 폐사지 가운데 지금까지 답사 다닌 중에 가장 규모가 큰 절터라는 것을 한 눈에 알 수 있었다. 용덕 2리를 물어서 도착하여 마침 그곳에 사는 임금식(56세) 거사님의 안내로 사지에 도착하였다.

들어가는 입구부터 반경 1킬로미터가 절터라고 하니 옛날에 대중들이 얼마나 많이 살았는지 짐작이 간다. 임금식 거사님의 말씀으로는 옛날 절터 앞에 몇 백년 된 은행나무 두 그루가 있었다는데 갑자기 고사하였다고 한다. 입구까지 안내를 받고 거사님은 돌아가고, 하운사지 주위를 돌아보기에 앞서 절골 안쪽 폐사지를 향해 나무아미타불 합장 예를 하고 돌아보았다.

사지 건너편에 주택 한 채를 지어 주민이 사는 듯하였다. 얼마 전까지 사지를 반경으로 해서 밭을 일군 흔적들이 보였다. 사지 뒤쪽은 대나무가 자라 안쪽에는 들어갈 수가 없었다. 앞쪽을 살펴보니 주춧돌을 함직한 돌과 구들장과 같은 돌, 또한 육안으로 기와가 석축 속에 많이 보였다. 석축 속에 기왓장이나 밭 주위에 기왓장이 많은 것을 볼 때 폐사된 지는 근세가 아닌가 생각된다.

하운사지는 다른 사지와 달리 차가 사지 앞쪽까지 들어갈 수 있을 것 같고, 주위 풍광이 좋아 지금이라도 원력이 있는 분이 있으면 대가람을 일구어도 손색이 없을 듯하다.

기록에 의해 통일신라시대 창건으로 추정할 뿐이며 기타 사지에서 발굴된 사찰 유물은 기록에 없는 것으로 볼 때 앞으로 하운사지에 대한 전문가의 발굴 조사가 필요할 것 같다.

용인에 하운사라는 절이 있는데 그 절에서 조실을 역임하신 원담(圓潭) 진성(眞性) 대종사의 임종게가 생각나서 하산하면서 게송을 되새기며 하산 하였다.

내무일물래(來無一物來) 올 때 한 물건도 없이 왔고

거무일물거(去無一物去) 갈 때 한 물건도 없이 가는 것이로다

거래본무사(去來本無事) 가고 오는 것이 본래 일이 없어

청산초자청(靑山草自靑) 청산과 풀은 스스로 푸름이로다

위장사(葦長寺)

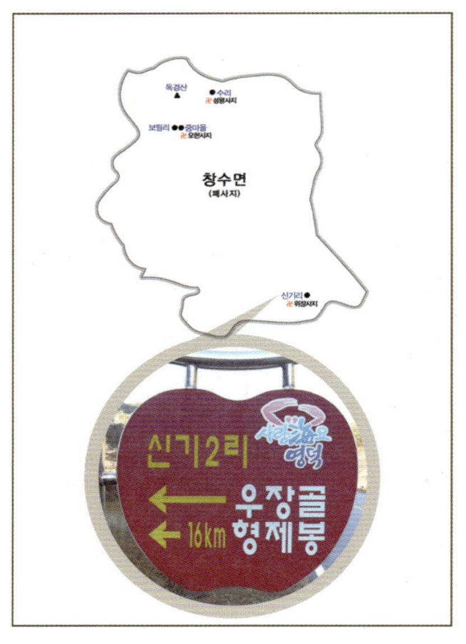

위장사는 일명 '우장사'라고 부르기도 한다. 창수면 신기리의 용두산 정상의 우물 옆에 있었던 사찰이다. 건립연대와 건립규모에 대하여 알 수 있는 자료가 남아 있지 않다. 「조선왕조실록」의 태종 7년(1407) 12월 조에 "천태종인 영해의 우장사를 그 고을의 복을 빌던 절간으로 쓰게 되었다"는 기록으로 보아 천태종이 유행한 고려시대에 창건된 것으로 추정된다. 「세종실록지리지」의 영해도호부조에 의하면 "위장사는 부의 서쪽의 산에 있다. 우물이 있는데, 장마가 지거나 가물어도 물이 늘거나 줄지 않는다. 사악한 마음을 가진 자가 물에 비치면 맑던 물이 흙탕물로 변하면서 말라버린다(葦長寺在府西山有井水旱無增減不潔之人照影則淸水變爲泥色渴盡)"라고 하였고, 또한 「신증동국여지승람」의 영해도호부 〈산천조〉에 "용두산(龍頭山)은 부의 서쪽 20리에 있는데, 그 정상에는 우물이 있었는데,… 세상에서 말하길 처음에는 산 정상에 한 줄기 갈대가 있어 하늘에 닿고 있었는데, 그 땅에 우물을 파니 물이 아주 맑고 시원하였다고 하며, 사악한 이가 그 우물에 비치면 물색이 변하여 흙색이 되었다(俗傳初山頂有一葦長至天乃鑿井其地水甚淸澈邪人照之則變爲泥色)"라고 하였다.

폐찰된 연대는 정확히 알 수 없으나, 1530년에 편찬된 「신증동국여지승람」의 〈불우조〉에 "위장사는 용두산 우물가에 있다(葦長寺在龍頭山井水之傍)"

는 기록과 1828년경에 발간된 것으로 추정되는 「단양부지」에 위장사가 현존하는 것으로 기록되어 있다. 다만 1899년에 발간된 「경상북도영해군읍지」에 위장사란 이름이 보이지 않으며, 그 이후에 나온 「영영승람」이나 「교남지」에는 모두 폐찰된 것으로 보아 최소한 위장사의 폐찰연대는 1828과 1899년 사이에 이루어진 것으로 추정된다.

조선 태조 4년(1395)에 조성되어 위장사에 봉안되어 있던 보물 제993호인 건칠좌불상은 현재 장육사에 봉안되어 있어 조선시대 전기의 건칠좌불상과 불상 연구에 많은 자료를 제공하여 주고 있다.

이상은 「영덕군향토사」에 기록된 내용을 정리한 것이다.

영덕군 창수면 신기리에 위치한 위장사에 관해 아는 동네 분들이 없어 창수면사무소 직원과 신기 2리 이장님 이위명(58세) 거사님의 도움으로 동네에서 연세가 많으신 분의 말씀을 듣고 절터를 찾았다. 창수면사무소에서 이위명 이장님을 만나 차로 몇 킬로미터를 달려 우장골이라는 이정표를 보고 다시 2킬로미터 정도를 더 가서 산으로 향하는 길에서 차를 주차했다. 이장님께서 앞장서서 800여 미터를 올라갔다. 위장사로 향하는 길을 무안 박씨 후손들이 산소에 벌초를 하기 위해 길을 잘 닦아 놓아 보기보다 쉽게 절터에 이를 수 있었다.

절터에서 본 풍광은 저 멀리 동해바다와 영해시가지가 한 눈에 보여 여기가 절터로서 명당임을 알 수 있었다. 절터 좋은 자리에 무안 박씨 조상묘가 자리 잡고 있어 무안 박씨 후손들이 명당에 묘를 쓰면 후손들이 발복한다는 속설 때문인가 하는 아쉬운 생각이 들었다.

기록에 나오는 맑고 시원한 옛날 먹던 그 우물에 물을 먹기 위해 내려온 노루 2마리가 사람의 인기척에 놀라 달아났다.

절터 주위에는 잡풀들이 많아 옛날에는 밭으로 경작을 한 것으로 보였다. 기와 조각만 아니면 절터라는 것을 알 수가 없을 정도로 지금은 풀과 잡목으로 덮여 있었다. 이위명 이장님의 말씀으로는 좌측에 보이는 산이 용두봉이고 현재 대밭 쪽에 우물이 있었다고 한다.

한참 동안 위장사 절터 주위를 살펴보고 호흡을 가다듬은 후 걸망에 기왓장을 몇 장 넣고 내려왔다. 동네 연세가 많으신 분의 말씀으로는 위장사(우장사)에 있던 탑이 창수초등학교에 있다는 말씀을 듣고 내려오는 길에 학교에 들러보니 세종대왕 동상 뒤쪽에 세워져 있는 석탑을 발견할 수 있었다.

원래 있어야 할 자리에 있지 않고 동상 뒤쪽 보이지 않은 곳에 있는 탑을 보니 아쉬움이 남는다. 그러나 이 초등학교에서 자라나는 학생들의 심신 평안을 위해 탑의 기운을 발산할 거라 믿으며 위안을 삼았다.

돌아오는 길에 부산 용두산이지만 산 이름이 같아 용두산 에레지 노래를 송하였다.

용두산아 용두산아 너만은 변치말자 한발올려 맹세하고 두발딛어 언약하던

한계단 두계단 일백구십 사계단에 사랑심어 다져놓은 그사람은 어디가고

나만홀로 쓸쓸히도 그시절 못잊어 아아아아 못잊어운다

용두산아 용두산아 그리운 용두산아 세월따라 변하는게 사람들의 마음이나

둘이서 거닐던 일백구십 사계단에 즐거웠던 그시절은 그어디로 가버렸나

잘있거라 나는간다 꽃피던 용두산 아아아아 용두산에레지

망곡사(網谷寺)

영덕군 병곡면 금곡리

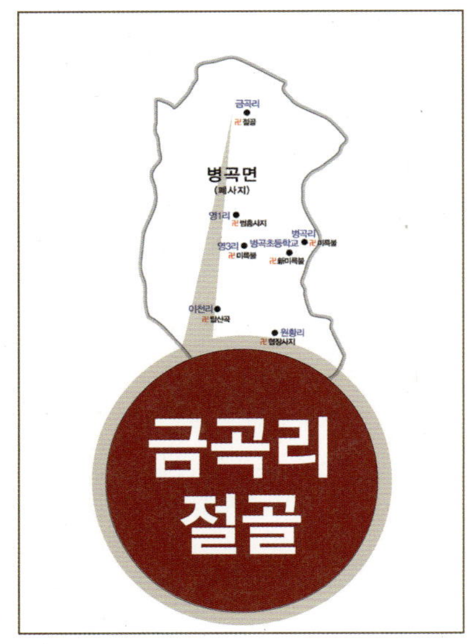

「영덕군향토사」의 내용을 살펴보면 "망곡사는 병곡면 금곡리의 칠보산 산자락에 있었던 사찰로 금곡리 뒷산 능선을 중심으로 상편과 하편 두 곳에 대사찰과 소사찰이란 이름의 큰 사찰이었다고 한다. 창건연대는 고려 중엽이라고 하나, 高麗中葉 뒷산 稜線을 중심으로 上便과 下右 두 곳에 큰 절 작은 절이 있었으니 이 寺刹은 옛 于尸國 땅에 있다 하여 一名 國寺趾라고도 하였으나 지금은 터만 남아 있을 뿐이다. 명확한 자료는 없으며, 폐찰연대도 현재 알 수 없다"라고 기록되어 있다.

금곡리 망곡사는 현재 동네에 사는 김일진 거사님이나 동네에서 제일 연세가 많으신 이만식 거사님께서도 망곡사라는 사찰 존재를 모르고 있었다. 폐사지를 답사하여 사진 촬영을 하려 했으나 불가하여 마을에서 내려올 수밖에 없었다. 차후 다시 조사가 필요할 것이라 생각된다.

사진_ 박청태 作

영덕읍 화수리 절골

「영덕군향토사」에는 "주등(酒燈)이란 마을의 명칭을 사용할 당시 현 마을의 東北方向 華林山下의 2km지점에 創建 年代는 미상이나 사찰이 있었다고 하나 지금은 절터의 흔적이 있다고 하여 그 계곡의 이름을 절골이라고 한다"라고 기록되어 있다.

영덕군 영덕읍 화수 1리에서 동네 안쪽으로 들어가 화수리 절골을 물으니 아무도 몰라 화수리 소재 성불사 도천스님에게 여쭈어 보고 출발하였다. 「영덕군지」와 「영덕군향토사」에 나타난 것과 같이 화수리 동네에서 사륜구동 차를 몰고 계속 산을 가다보니 두 갈래 길이 나왔다. 다시 전화하여 물으니 직진으로 가면 된다고 하여 차를 몰고 가다 차량출입금지 팻말을 보고 공터에 차를 주차하고 계속 산 속으로 걸어서 들어갔다. 어느 정도 들어가니 휴대폰도 되지 않고 물어볼 데도 없고 하여 계속 가다보니 찔레꽃 열매를 따는 부부를 만나 절골의 위치와 내용을 들을 수 있었다. 근자에 스님 한 분이 토굴을 짓고 수행하면서 동굴을 오르내리면서 정진하였다고 한다.

이렇게 반가운 분을 만나고 다시 홀로 출발하여 2킬로미터 정도 떨어진 동굴에 도착할 수 있었다. 동굴 안을 살펴보니 동굴 안에는 현재 부처님과 산신님을 모시고 정진한 흔적을 찾아볼 수 있었다. 내려와서 들은 이야기지만 2012년까지 스님께서 1.5킬로미터 떨어진 곳에 토굴을 짓고 수행하였는데 현재 그 스님은 입적하였다는 말씀을 도천스님께서 해 주었다.

화수리 동네 분들께서 송이가 나는 철이면 송이 채취를 위하여 동굴에서 조금 못 미쳐 텐트를 쳐놓는다고 한다. 그래서인지 산 중턱인데 텐트가 보이고 그 옆에는 식수가 흐르고 있어 그 물이 어디에서 흘러 이곳에 이르는지 알 수 없었다. 그 물을 한 모금 마시고 동굴에서 깊은 산 속으로 더 들어갔지만 더는 수행자의 흔적을 찾아볼 수는 없었다.

정확히는 모르지만 주등(酒燈)이라는 곳이 이 동굴을 이르는 게 아닌지 아니면 또 다른 수행처가 있는지는 확실한 단서는 찾지 못하였다. 그러나 현재에도 부처님과 산신님을 동굴에 모시고 기도한 흔적을 볼 때 이곳이 아닌가 하는 생각을 해본다. 주등이란 마을의 명칭을 생각하면서 2킬로미터 남짓 걸어오면서 이태백 시인의 '독작(獨酌)'이란 술에 대한 시를 떠올려 본다.

하늘이 만일 술을 사랑하지 않았다면, 주성(酒星)이 하늘에 있지 않았으리라

땅이 만일 술을 사랑하지 않았다면, 하늘에 주천(酒泉)이 없어야 하리라

하늘과 땅이 이미 술을 사랑하였으니, 술을 사랑함이 하늘에 부끄럽지 않아라

이미 들었노라. 맑은 술은 성인에 비한다고

또한 이르되, 탁한 술은 현자와 같다고

성현 같은 술을 이미 마셨으니, 어찌 반드시 신선을 구할 것인가

석 잔을 마시면 대도(大道)에 통하고 한 말을 마시면 자연과 하나가 된다

다만 취중의 아취(雅趣)를 얻으면 그 뿐, 깨어 있는 자에게 전할 생각을 말아라

남정면 쟁암 1리 절골

남정면 쟁암 1리 절골

「영덕군향토사」의 기록을 보면 "남정면 쟁암 1리 마을 입구에서 서북 방향으로 溪谷이 있는데 이곳을 절골이라 하며 옛날(年代未詳)에 溪谷에 웅장한 사찰이 있었던 절터가 현재에도 100坪 程度 뚜렷이 남아 있음. 남정면 쟁암리 城터 옆 絶壁山 기슭에 세워진 年度未詳이나 미륵과 岩壁에 새겨진 佛畵가 있음. 또한 마을의 西南 쪽 위에 절골이 있고 산기슭에 절터가 있으며 인근 耕作地에서 부서진 기왓장이 출토되기도 한다"라고 되어 있다.

「영덕군지」에 실린 내용을 살펴보면 "남정면 쟁암 1리 절골의 뒷산은 동대산으로서 동대산은 포항시와 죽장면과 접하고 있는 산으로 해발고도는 791m이다. 경상북도 포항시와 영덕군의 경계에 있는 산으로, 남쪽에 군립공원 내연산, 북쪽에 바데산과 팔각산, 서쪽에 국립공원 주왕산이 있다. 이웃한 산들의 명성에 가려 널리 알려져 있지는 않지만, 그만큼 사람의 손을 타지 않은 자연 상태를 간직하고 있다.

산줄기 서쪽의 지능선(支稜線) 들에서 흘러내리는 물줄기들이 상옥계곡과 하옥계곡으로 흘러들어 영덕군의 대서천으로 합쳐진다. 하옥계곡의 지류라고 할 수 있는 마실골과 경방골, 물침이골 등은 사람의 발길이 많이 미치지 않은 청정계곡을 이루며, 경방골의 호박소는 산중호수를 연상하게 한다.

마실골에는 예전에 여러 집이 살았으나, 1968년 북한 무장군이 청와대를 습격하기 위하여 남침한 1·21사태의 여파로 주민소거정책이 실시되어 지금은 사람이 살지 않는다. 산 아래 쪽의 하옥계곡과 옥계계곡은 수량이 풍부하고 경관이 좋아 여름철에 피서객들이 많이 찾는다. 하옥리의 경방골과 마실골 또는 영덕군의 쟁암리와 회리 쪽을 이용한 산행코스가 있으며, 정상에 서면 주왕산의 봉우리들과 내연산의 산줄기들을 비롯하여 아름다운 동해의 푸른 바다가 한눈에 들어온다. 쟁암리에서 산정에는 6.25 한국전쟁 때 돌로 쌓은 진보(鎭堡)가 있다. 여기 쟁암리 200고지에 옛날에 절터가 있었다. 주말이면 많은 등산객들이 찾아온다고 한다"라고 기록하고 있다.

남정면 쟁암 1리 절골은 마을 입구에 사는 김태석(49세) 거사님의 말씀을 듣고 찾아갈 수 있었다. 절터에 도착하기 전 풍광이 좋은 자리에 별장이 두 채가 있어 여기가 절터 자리가 아닌가 생각했는데 별장에 사는 분에게 여쭈어 보았더니 자기들은 절터의 위치를 잘 모른다고 하였다.

다시 동네 입구로 내려와서 김상출(83세) 거사님을 모시고 절터 자리를 찾아 갔는데, 1.5킬로미터 정도에 위치하고 있었다. 동네 분들의 말씀에 의하면 절에 100여 명의 스님들께서 사셨다고 한다. 이후 절이 폐사되기 전에 부처님을 보경사로 모시고 가셨다는 이야기를 나이 드신 동네 분들에게 들었다고 하였다. 또 별장 밑 논을 경작하면 기와가 나와 옛날에 절이 있었다는 것을 증명한다고도 하였다. 또한 김상출 거사님께서 동네에서 2킬로미터 정도 되는 부처담이라는 곳을 안내하여 주었다.

이러한 쟁암 1리 절골을 답사하고 돌아와서 자료를 찾아보니 중요한 것을 빠뜨린 것을 알게 되었다. 쟁암 1리 절터에 가기 전에 동네 입구 정자 밑 저수지 끝자락에 동네 미륵 부처님이 계시는 것을 모르고 있었던 것이다.

그리하여 다시 다음날 미륵 부처님을 만나러 출발하였다. 쟁암 1리 미륵 부처님은 성터 옆 절벽산(絶壁山) 기슭에 모셔져 있었다. 상호는 온화한 미소를 띠고 있었으며 동네 입구라 하였지만 도로 밑 한참 아래에 있어 처음 이 동네를 방문하는 사람들은 미륵 부처님이 계시는 줄 잘 모를 것 같았다. 보이는 미륵 부처님 옆에 암벽에 새겨진 불화가 있어 언제 모셨는지 동네 분들도 잘 모르고 있었다. 다음에 불화나 조각 전문가를 모시고 연대를 측정해 볼 필요가 있을 것으로 보였다.

하산하면서 쟁암의 동네 지명에 관한 내용을 알아볼 필요가 있다고 생각하여 「남정면지」를 살펴보았다. 쟁암리의 연혁을 보니 "『삼국사기』나 『고려사』 등의 역사책에서 우리 지역 야성군, 즉 오늘의 영덕군에 있었다는 載巖城이 혹시 이곳에 있어 이로써 동리 이름이 유래된 것이 아닌가 하는 설도 있다. 재암성의 재암이 변하여 정암, 혹은 쟁암으로 바뀐 것이 아닌가 한다. 현재 마을에서 전하는 이야기로는 1570년경 申氏가 이곳에 정착, 마을을 개척하였는데, 마을 입구인 하류 약 1km지점의 깊은 골 양측에 상투 모양의 바위와 탕건 모양의 바위가 서로 마주보며 싸우는 형상을 보고 쟁바우(爭巖)로 이름 지었다고 한다"라고 기록하고 있다.

'쟁바우'라는 기록을 보니 문득 원효선사의 '화쟁(和諍)사상'이 떠오른다. 불교에서 화(和)는 쟁(諍)에 반(反)하는 말로서 신라의 고승 원효의 중심사상이다. 여러 대립적인 이론들을 조화시키려는 불교사상 또는 교리적 쟁론의 조화를 말한다. 특정 종파를 고집하지 않고 전체 불교를 하나의 진리에 귀결시켜 자기 분열이 없는 불교의 사상체계를 정립하고자 한 것이다.

당시 신라에는 다양한 불교 이론이 있었으며, 각 이론가들이 다른 이론들을 배척하며 자신의 이론만이 옳다는 주장을 펴는 등 논쟁이 극심했다.

이러한 상황에서 원효는 여러 이설(異說)을 열 개의 글로 모아 정리하고, 다시 이에 대해 답변함으로써

화쟁사상의 논리적 근거를 제시한 십문화쟁론(十門和諍論) 등을 저술하였다. 화쟁(和諍)은 우리나라 불교의 특징적인 사상으로 자리 잡았으며, 고려시대 대표적인 사상가 의천(義天)과 지눌(知訥)에게도 큰 영향을 미쳤다.

남정면 남호리 탑골

남정면 남호리 탑골

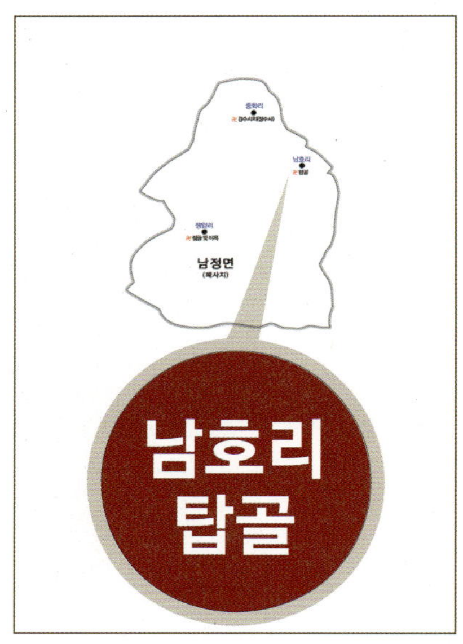

「영덕군향토사」에는 "마을 開拓 당시 마을 西南 쪽 골에 寺刹을 지었으나 塔만 남아 있던 것을 南湖 國民學校에서 옮겨 保存하고 있으며 높이 2m의 3層塔이다"라고 기록되어 있다.

남정면 남호리는 마을을 가로질러 7번 국도가 지나가고 있으며, 면소재지인 장사리로부터 북쪽으로 25리 거리에 있고, 강구면소재지인 오포리로부터 남쪽으로 10리 거리에 있다.

「남정면지」에 보면 "탑이 있었던 탑골은 남호 북서쪽에 있는 골짜기로 탑이 있었는데 1940년에 남호초등학교에 옮겼다가 현재는 (구)영덕문화원으로 옮겼다"고 하며, "돌곡재에서 남호천으로 흐르는 냇가에 오랜 옛날 사찰이 있었으나 없어지고, 탑만 남아 있던 것을 남호초등학교로 옮겨 보존하다 영덕문화원으로 옮겨졌다"라고 기록하고 있다. 「영덕군향토사」에서도 남정면 남호리 탑골에 관한 기록은 2줄에 그치고 있다.

탑골의 위치는 남정면 남호리이며 정확한 절터를 찾기 위해 괭이를 들고 한 나절 남호리 일대를 찾아보았지만 헛걸음을 했다. 늦게 산을 돌아보니 바위가 병풍처럼 되어 있는 논 가장자리에 기와 한 조각이 있어 이곳이 절터가 아닌가 생각되었다. 「영덕군향토사」에 기록된 탑 역시 남호초등학교에 모셔져 있는 탑(1940년도)이 우곡리 절터에서 나온 탑이며, 현재는 남호초등학교가 폐교되어 (구)영덕문화원에 탑이 모셔져 있다. 불두가 없는 몸체만 있는 부처님도 함께 문화원에 모셔져 있는데 부처님 역시 우곡리 절터에서 발굴되었다고 국사편찬위원회 사료조사위원이며 영덕군 전 군의회의원인 이완섭 의원님이 말씀하셨다. 남호리 탑골의 창건연대와 창건주의 기록은 지금으로서는 전혀 알 수가 없다.

달산면 용평리 절골

달산면 용평리 절골

「영덕군향토사」에는 "용평리에 約 400年前 寺刹名 未詳의 大刹이 있었다고 절골이라 부르고 지금도 절터에는 기와와 구들장이 있어 寺址가 틀림없다고 考證해 주고 있다"라고 기록하고 있다.

달산 용평리 동명의 유래는 용천동(龍泉洞)의 '용(龍)' 자와 중평동(中坪洞)의 '평(坪)' 자를 따서 붙여진 이름이라 한다. 용평리의 위치는 동은 대서천(大西川)을 경계로 흥기리가 있고, 서는 큰재 넘어 용전리가 있고, 남은 매일리가 있으며, 북은 대지리가 있다. 달산 용평리에 위치한 절골 가는 길은 아는 분이 없어 전화번호책을 뒤져 김씨부터 시작되는 분을 전화를 걸어 물어보기 시작했다. 한 분은 전화를 받지 않고 두 번째 건 집이 김성수(61) 이장님 집이었다. 마침 이장님이 장날인데도 가지 않고 기다려 주었다. 동행하지는 않고 용평 동네에서 마지막 집에서 좌측 능선으로 700여 미터에 있다고 하여 절터로 향하였다.

동네 끝집에서 출발하여 위로 걸어 올라가는데 힘은 들지 않는데 참나무 낙엽이 떨어진 경사진 곳을 걸어가자니 여간 미끄러운 것이 아니었다. 길이 있는 것이 아니라 길을 만들면서 가야 하기 때문에 더욱 힘들었다. 동네에서 가르쳐 주는 것과 막상 올라와서 짐작으로 산 능선을 타는 것은 힘든 고행길이었다. 2시간 정도 헤맨 결과 절터를 못 찾고 내려오려고 하는데 기와 무더기를 보게 되었다. 절터 주위에는 몇 백년 된 감나무와 또한 뽕나무, 오동나무가 즐비했다. 절터 주위를 살펴보니 옛날에는 밭을 경작한 흔적이 보였다. 돌을 한 쪽으로 쌓아 놓은 곳에 기와 조각이 있음을 보고 여기가 절터임을 알 수가 있었다. 「영덕군향토사」에는 구들장이 보인다고 하나 세월이 흘러 보이지 않고 잡초만 무성하여 어떤 것도 찾아볼 수가 없었다.

處士金寧金公德福之墓

불선등(佛禪燈)

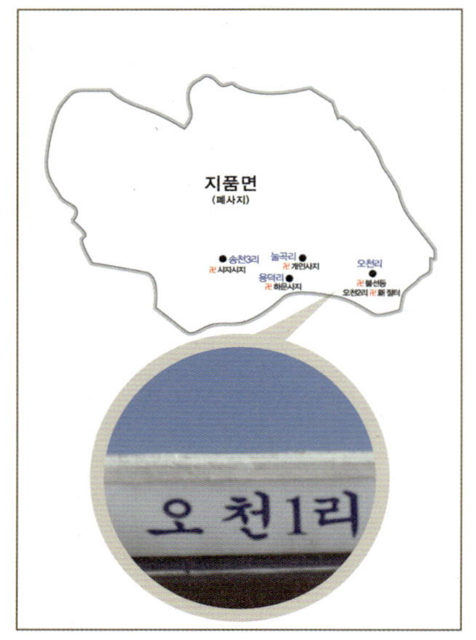

「영덕군향토사」의 기록에 의하면 "오천 1리에 옛날 女僧이 功을 드리던 곳으로 주야로 불을 켜놓고 功을 드렸다고 하여 불선등이라 하였다"라고 되어 있다.

오천 노인정에 들러 연세 드신 어르신들에게 옛날 비구니 스님께서 수행하시던 불선등을 아는 분이 있는지 여쭈어 보았으나, 아무도 몰라 불선등의 위치와 흔적을 찾을 길이 없었다.

오천 2리 절터

지품면 오천 2리

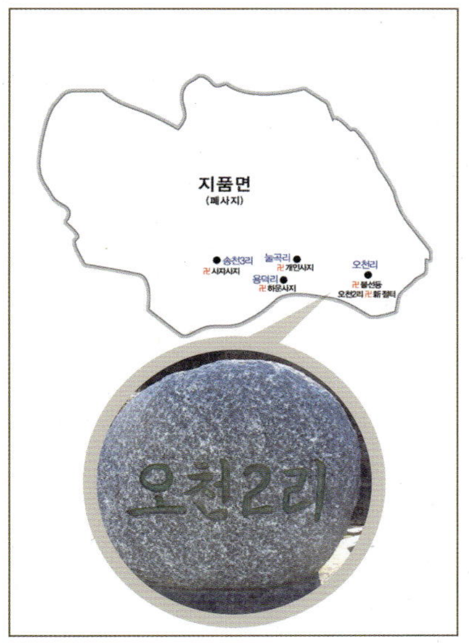

박순자(52세) 서남사 총무보살님께 오천의 불선등에 관하여 여쭈어 보니 불선등은 아는 바가 없고 오천 2동 뒷산 사과 밭에 옛날에 절이 있었다고 시어머니와 동네 분들에게 들었다는 내용과 밭 주인인 이천식(58세) 씨께서 사과 밭을 개간하는 중에 밭 가운데 주춧돌이 나와 주춧돌을 밭 언덕으로 버렸더니 사과 농사가 안 된다고 하여 다시 제자리에 주춧돌을 원래 자리에 두었다는 내용의 이야기를 듣고 절터를 답사하였다. 오전에 용평절터와 용덕의 하운사지를 답사한다고 점심시간을 지나버려 박순자 보살님 집에서 점심을 대접 받고 절터를 둘러보았다.

말씀하신 대로 주춧돌 여러개 와 기와 조각이 보이고 또한 대중이 먹었던 우물터도 현재 그곳에 사시는 주민이 당시의 우물을 현재도 먹고 있었다. 오천 1동에서 2km 정도 들어와서 오천 2동의 제일 안 쪽에 위치하고 민가와 조금 떨어져 있어 산세로 보았을 적에 수행의 공간으로 사부대중들이 정진할 수 있는 자리라 여겨졌다. 「영덕군지」나 「영덕군향토사」 그 밖에 자료에 알려져 있지 않는 곳이라 차후 절터의 정밀한 조사가 필요하다 하겠다.

죽도산(竹島山)

축산면 죽도산 절터

「영덕군향토사」에는 "竹島山 북쪽에 절터가 있어 지금도 청기와가 出土되고 있으며, 僧侶가 長竹을 집고 절을 돌아다니는 것을 멀리 菖蒲에서 보이게 되면 颱風이 온다는 傳說이 있다"라고 기록되어 있다.

축산항의 입구에 자리잡은 죽도산은 동해로 돌출되어 있어 사람들의 접근이 적어 생태학적으로도 잘 보존되어 있다. 대나무 숲이 우거져 있고 산국화, 해국 등이 자생하는 아름다운 풍경 속에 동해의 일출과 월출을 감상할 수 있는 관광지이다.

영덕대게 원조 지역 배후항구인 축산항구에는 독립적인 포구 분위기를 지니고 있다. 관광패턴의 변화에 부응하여 축산항구에 관광객들이 활발하게 접근하여 이용할 수 있도록 보고 즐길 수 있는 곳으로 사랑 받고 있다. 이곳에는 살기 좋은 지역 만들기 사업으로 전국 30개 마을 중에서 축산 아트프로방스 관광형 명품마을이 죽도산과 축산항 일대에 만들어지게 되었다. 산림경관 구역에는 휴식 및 죽도산 조형물 등이 설치되어 있다.

이러한 죽도산 절터는 현재 영덕에서 만든 해안도로 불루로드 길을 조성하여 죽도산을 두르는 길을 만들어 놓았다. 「영덕군향토사」에는 죽도산 북쪽에 절터가 있었다고 하는데 동쪽 바닷가 중턱에 기와 조각이 출토되는 것으로 보아 창포에서 절이 보였다고 하면 바닷가 동쪽이 맞지 않을까 생각된다. 동네 분인 김삼달(80) 거사님의 말씀으로는 죽도산에 절이 3개가 있었다고 옛날 어른들이 말씀하였다고 한다.

축산도(丑山島)를 읊은 안로생(安魯生)의 사(詞)에는 "땅은 다하니 바다는 크고, 구름이 걷히니 섬들이 드러나누나. 큰 물결 거세게 치솟아 천둥 울리듯 하니, 형세(形勢)가 눈사태 무너지는 듯. 만 그루의 대 수풀은 연기에 잠겨 고요하며, 일천(一千) 돛배들은 비 맞으며 돌아온다. 비록 바다의 도적 불의(不意)에 올지라도, 소문만 듣고 꺾이어 달아날 것을 나는 안다"라고 적고 있다.

원적사(圓寂寺)

「영덕군향토사」에는 "大所山 溪谷으로 約 4km 정도이며 溪谷을 마을에서 1.5km 지점에 圓寂寺란 寺刹이 있었는데 傳說에 의하면 절에 빈대란 벌레가 많아서 빈대를 잡기 위하여 불을 지르고 절은 廢刹하였으며 庵子만 전해 오다가 60여 년 전에 盜賊을 당하여 없어졌다. 이 계곡은 大所山 경관을 그대로 想像할 수 있으며 寧海 땅에 유일한 避暑地라 할 수 있다"라고 언급하고 있다.

야 계 사 방
위   치 : 영덕군 죽산면 도곡리
거   리 : 1.?㎞
사업기간 : 2004.08.09 - 2004.11.06
시행처 : 경상북도 산림환경연구소
시공자 : 경상북도 영덕군 산림조합

 **답사기록** 원적사가 위치한 대소산은 산에 봉수대가 있어 봉화산이라고도 불린다. 높이는 282m이다. 영덕군 축산면과 영해면을 잇는 해안에 형성된 산괴(山塊) 가운데 가장 높은 산이다.

산 입구에서 1차선 도로를 따라 차로 15분 정도 올라가면 정상에 닿을 수 있다. 정상에는 조선시대 통신 수단이었던 봉수대(경상북도기념물 제37호)가 있다.

봉수대에 서면 동해가 한눈에 들어오고, 축산항(港)의 어촌마을과 방파제 등이 내려다보인다. 대소산은 축산항으로 부는 서풍을 막아주는 역할을 한다.

대소산 가는 길은 여러 갈래의 길이 있으나 대체적으로 영명사 입구를 통하여 가며, 차가 산 정상까지 다다를 수 있는데 그 길이 정상의 봉수대에 이르는 길이다.

이에 반해 원적사는 축산면사무소에서 1.5킬로미터 정도에 위치하여 있었다. 도곡 군부대 뒷길로 이어 진 임도로 통하여 갈 수 있었다.

초행길이라 동네 분들에게 여쭈어 보았으나, 원적사 절터를 아는 분은 없었고 고경사 주지스님께서 원 적사를 향하는 입구를 전화상으로 말씀하여 주셨다.

스님의 말씀대로 군부대 뒤쪽으로 향하여 오르니 옛날에 식당을 하던 자리인 것 같은데 지금은 장사를 하지 않는 것 같고 말이 통하지 않는 노인 한 분이 계셨다. 차로 계속 임도를 통하여 오르니 계곡 끝이 나오고 다시 능선을 넘어가니 임도개설을 위한 마지막 길 보수작업을 하고 있었다. 이 임도의 길로 계속 가면 영해 아산병원을 지나 영해레미콘 입구가 나온다고 한다.

마침 이 동네 분인 홍수헌(59) 거사님을 만났다. 거사님의 말씀에 의하면, 이 골은 원자골이라 하며 당시 많은 스님들께서 수행하였다고 동네 연세 많으신 분들에게 들었다고 한다.

원적사가 있던 절골인 원적을 '원자'로 세월이 흘러 불렀던 것 같다. 국사편찬위원회사료 조사위원 이완 섭 전 영덕군의회의원께서도 원자골이라 말씀하고 있다.

정확한 절터의 위치를 아는 사람이 없어 몇 시간을 헤맨 끝에 드디어 찾을 수 있었다. 군부대 쪽에서 임도가 개설된 도로를 통하여 가다보면 제일 끝 쪽 계곡물이 흐르는 곳의 400여 미터 못 미쳐서 좌측 아래에 절터가 있었다.

절터에는 기와 조각과 축대를 볼 수 있었다. 다음 기회가 되면 다시 한번 찾아와서 주위를 살펴보아야할 것 같다.

용천사

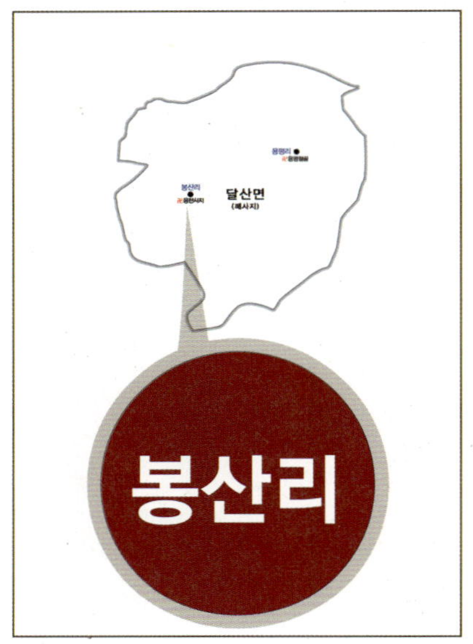

「영덕군지」에는 "용천사는 1832년 이전에 폐찰 되었다"고 기록하고 있다.

절의 흔적을 찾기 위하여 동네에 거주하는 김규원(80세) 거사님과 박영두(78세) 거사님께 여쭈어 보니 옛날부터 봉산에 절이 있었다는 말을 듣지 못하였다고 한다. 폐사지를 찾지 못해 아쉬운 마음을 뒤로 하고 발길을 돌렸다.

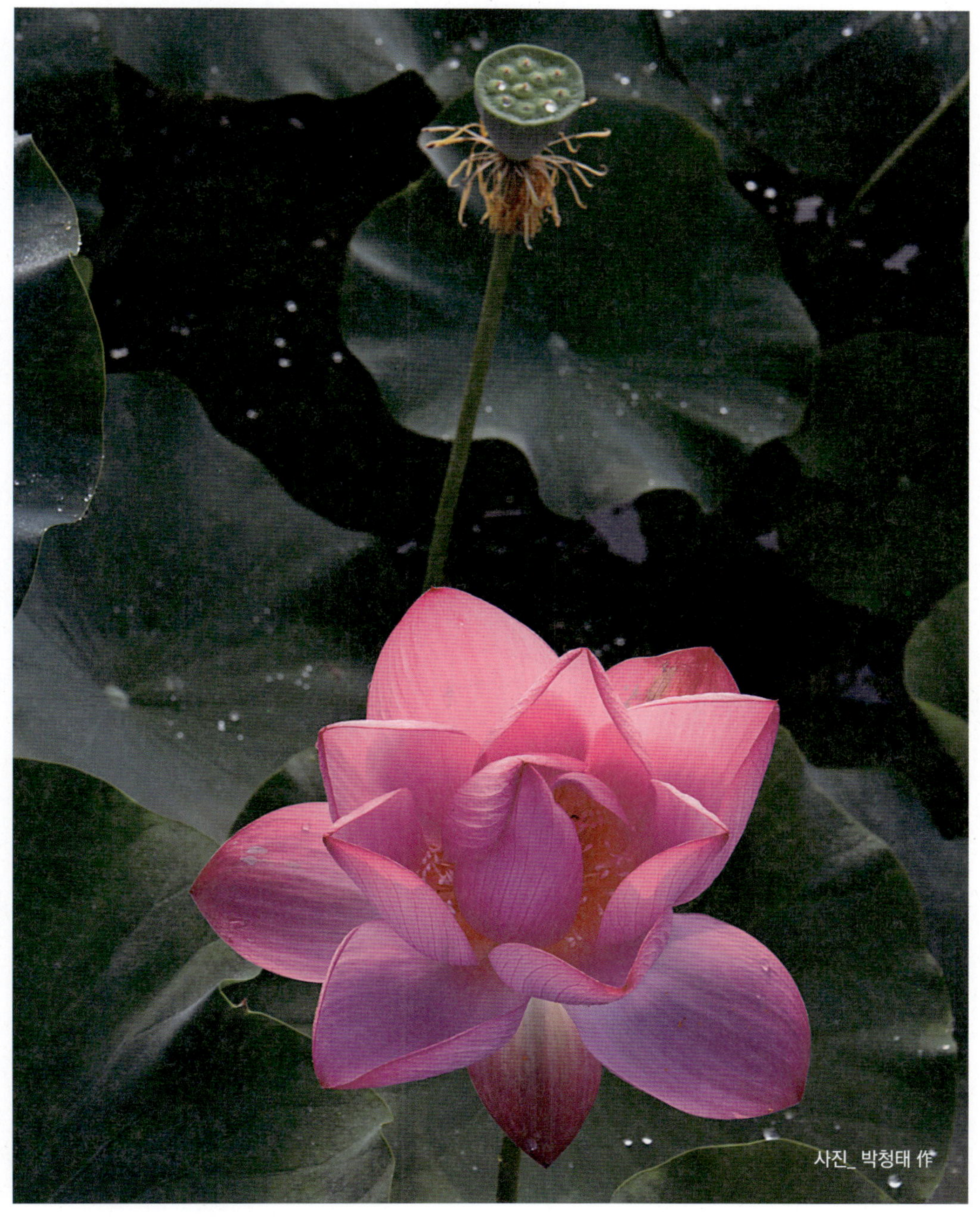
사진_ 박청태 作

대곡사(大谷寺)

「영덕군향토사」에는 "한자골 이곳에 절이 있었다고 하여 일명 大谷寺로 전하고 있다"라고 단 한 줄이 기록되어 있다.

성내 4리 이장인 신무준 거사님의 말씀으로는 대곡사를 한절골이라 말씀하셨다.

「영덕군향토사」에 한자골이라 하고 있는데 어떤 분은 원당골이라고 하고 있다.

옛날 대곡사라는 절이 존재하였다고 전해지나, 지금은 못 위에 밭으로 사용하고 있는 자리에 절터가 아닌가 추측된다. 기와 한 조각을 주웠지만 정확하게 이곳이 절터라고 단정 지을 수는 없을 것 같다. 골짜기 어딘가에는 절터가 있지 않았겠는가 생각된다. 추후 조사가 필요할 것 같다.

해불(海佛)

영해면 대진 2리

「영덕군향토사」에 나타난 기록을 보면 "지금부터 200年 前에 石佛像이 波濤에 밀려 들어왔다. 마을 사람들은 稀貴한 일이라 하여 다시 바다에 버렸더니 波濤에 다시 밀려오기를 거듭하므로 반드시 마을에 慶事이며 吉兆라 하여 남쪽 마을 入口에 安坐하여 해마다 漁民들의 뱃길에 安慰를 위하여 致誠하였다. 歲月이 흐르는 사이 佛像이 온 데 간 데 없어졌으나 그 자리에 祭祀만 올리다가 1973년 다시 佛像을 造成하여 位牌를 뫼시고 1年에 세 차례 祭祀를 올리고 있다"라고 되어 있다.

물고래 횟집
우리조합 살림이의 위해 3000억 조 성했습니다

불상의 명호를 비(碑)로 하여 위패로 모시는 것은 특이한 경우이다. 마침 동네 어귀에 계시는 대진 2리 분인 윤상용(78세) 거사님의 안내로 모시는 자리를 볼 수 있었다.

도로변에 위치한 곳으로 형상불은 없고 명호를 한자로 '해불신위(海佛神位)'라고 화강암으로 새겨져 있었다. 불교의 부처님을 굳이 연관시키자면 해수관세음보살(海水觀世音菩薩)을 들 수 있겠다.

앞의 내용과 같이 석불상(石佛像)이라면 바다와 인연을 짓는 해수관세음보살님이 아닐까 라는 생각을 해본다.

해불신위(海佛神位)의 비(碑) 주위는 스텐봉으로 휀스를 설치하여 세간과 출세간의 경계를 지어 놓았고 이곳이 부처님을 모시는 청정한 곳임을 보여주고 있다. 바다에서 고기 잡는 어부들의 무사 안녕을 기원하며 동네 분들의 의지처로서 역할을 하고 있는 것으로 보인다.

동네에 아는 분들 이외는 길가에 있어도 잘 눈에 띄지 않아 자세히 보지 않으면 그냥 지나쳐 갈 것 같았다. 20여 년을 영덕에 살면서 대진해안 바닷가를 다녀도 처음 뵙게 된 것이다. 동네에서 모셨기 때문에 그곳에 모실 수 밖에 없을 것 같았다.

이 참에 관세음보살님에 대한 의미를 다시 새겨보자.

관세음보살은 말 그대로 세상의 고통 받는 모든 중생의 소리를 살펴 대자대비(大慈大悲)의 마음으로 중생을 구제하고 제도하는 보살이다. 관세음보살(觀世音菩薩)은 범어로는 '아바로키테스바라(Avalokitesvara)'이고, 관자재(觀自在), 관세음(觀世音), 광세음(廣世音), 관세음자재(觀世音自在), 관음(觀音) 등으로 한역된다.

관세음보살은 대자대비를 근본 서원으로 하는 보살이다. 특히 한국에서는 석가모니불이나 정토신앙의 대명사인 아미타불보다 더욱 많이 신앙시 되어 왔다. 아마 이것은 관세음보살이 일반 민중들의 현실적인 고통을 어루만져 주고, 현세의 이익을 가져다준다고 믿기 때문인 것으로 보인다.

관세음보살은 중생을 교화하기 위해 중생의 근기에 따라 갖가지 모습으로 나타나는데, 크게 33가지의 형상이 있어 보문시현(普門示現)이라 불린다. 왼손에 연꽃을 들고 있는 모습이라든가 감로병을 들고 있기도 하며 대개 여성의 모습으로 나타난다. 늘 흰옷을 즐겨 입기 때문에 백의대사라고도 하는데 이는 관세음보살의 고결함을 나타낸다.

관세음보살은 흔히 관음보살이라 약칭하는 경우가 많은데, 그 종류로는 성관음, 천수관음, 마두관음, 십일면관음, 준제관음, 여의륜관음 등 6관음이 대표적이다. 그 후 양귀비관음, 마리아관음, 청경관음, 양류수관음, 대륜관음, 수월관음, 만월관음, 군다리관음 등 많은 관음들이 생겨났다.

이 가운데 성관음(聖觀音)이 본신이고 그 나머지는 모두 보문시현의 변화에 의해 나타난 화신이다. 관세음보살을 모신 전각은 관음전(觀音殿), 원통전(圓通殿)으로 불린다.

우리나라 3대 관음기도 도량은 모두 바닷가에 위치해 있다. 그 외에도 많은 관음기도도량이 동해나 남해, 서해에 위치해 있다. 왜일까?

그 이유는 인도(천축국)의 보타(寶陀)에 낙가산(洛伽山)이라는 곳이 있으며, 이 낙가산 동쪽 바닷가에 바닷물이 출렁거리는 굴이 하나 있다. 이 굴은 대관음보살인 백의(百衣)보살이 거처하던 성지라고 한다. 이곳은 항시 바닷물이 출렁거리고 파도가 심하여 일찍 아무도 들어가 본 사람이 없는 곳이다. 그 이유는 불교의 성지로 널리 알려졌기 때문이다.

중절터

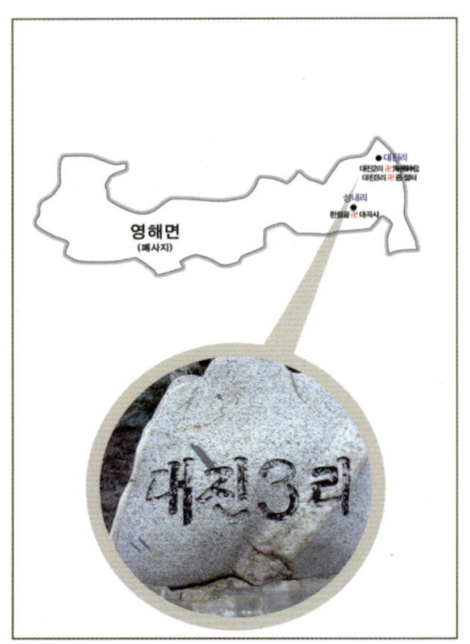

「영덕군향토사」에는 "대진 3리 마을 뒷산 溪谷에 옛 절터가 있어 중절터라고 전하여 오고 있으며 지금도 절터가 남아 있다. 龍墓마을 북쪽 바닷가 300m 떨어진 곳에 奇巖絶壁이 위치한 山形谷이 마치 龍이 날아가는 듯하여 麗末 高僧인 나옹 대사께서 金寧金氏 5大祖妣墓를 쓰게 하였다. 이후 奇巖絶壁을 龍岩 또는 龍墓라고 전하여 왔다"라고 기록하고 있다.

중절터에 위치한 상대산은 높이 183m의 영덕군 영해면의 대표적인 산이다. 서쪽으로는 등운산(786m)과 칠보산(810m)을 바라보고 있으며, 동쪽으로는 동해가 펼쳐지는 명승지다. 북쪽으로는 울진군 후포면이, 남쪽에는 포항시 호미곶이 한눈에 들어온다. 상대산 서쪽 절벽 위 정상을 관어대라 부른다. 고려 말의 학자이자 문신인 목은 이색(1328~1396)이 '상대산 너머 바닷가의 고기를 볼 수 있는 곳'이라는 의미로 지은 것이라고 한다.

상대산 정상에서 서쪽과 북쪽을 보면 고래불의 아름다운 해변과 병곡의 드넓은 곡창지대가 시야를 가득 채운다. 옛 문헌에서는 관어대를 상대산으로 표기하기도 한다. 고산자 김정호가 만든 대동여지도 등 여러 지도에서도 일관되게 이 산의 지명을 관어대라 부르고 있다.

대진 3리 중절터를 가기 위해 대진 3리 마을회관의 어른들을 찾아 뵙고 중절터를 안내해 주기를 간곡히 부탁드렸다. 그런데 중절터로 가는 길이 경사가 많이 지고 또한 지금은 그 길을 이용하지 않는 관계로 중절터를 아는 연세 많은 분들이 있었지만 체력이 모자라 모두 갈 수가 없다고 하였다.

배상걸 이장님께서 영해 화신약방의 대표인 김하식(77세) 선생의 조부 산소가 있기 때문에 그 자리를 안다고 하였다. 어렵게 부탁하여 김하식 거사님과 아드님이 동행하여 함께 중절터를 향하였다.

대진 3리로 가지 않고 영덕군에서 만들어 놓은 블루로드 길을 향하였다. 관어대 쪽에서 목은 이색기념관으로 향하다가 2.3킬로미터 지점에서 전망대 못 미쳐 오른쪽 길 밑에 중절터가 있었다. 김하식 거사님 조부님이 중절터에서 100일 기도 드린 곳이 중절터인 것과 김녕 김씨 5대조부비의 산소를 나옹 선사께서 쓰게 하였다는 「영덕군향토사」의 기록과 일치하여 그곳이 중절터임을 알 수 있었다.

김하식 거사님의 말씀으로는 절터 밑 계곡에 물이 흘러 식수로 사용하였다고 한다. 절터 우측 봉우리가 망월봉이며 저 멀리 봉화산이 보이며 절터 축대가 남향으로 향하고 있음을 볼 때, 풍광이 절터로서는 괜찮은 것 같았다. 늦게 알았던 내용이지만 중절터 위쪽 전망대가 바로 관어대 정상임을 알게 되었다. 중절터가 앉은 자리가 명당 자리임을 그제사 알게 되었다.

아쉬운 것은 당시 절터였다면 기와 조각이라도 보여야 하는데 나무와 낙엽들로 인하여 기와나 기타 당시 사용하였던 축대 이외는 아무것도 볼 수가 없었다. 차후 발굴조사가 필요함을 인식하고 하산하였다.

안로생(安魯生)의 사(詞) '관어대(觀魚臺)'에는 "석벽(石壁) 천 층 밑에, 바다는 몇 길인가. 큰 물결 일만 리라도 한 천지(天地)이라, 굽어 보며 노는 물고기 세어 보누나. 물이 줄어드니 낚시터의 바위가 드러나고, 돛을 여니 간밤 비 드물다. 만약 여상(呂尙)으로 하여금 여기 와 살게 하였다면, 서백(西伯)도 같은 수레에 타고 갔을 것이다"라고 적고 있다.

미륵의 전설

병곡면 병곡 1·2 리

「영덕군향토사」의 기록에 보면 "年代未詳인 朝鮮時代 이곳에 비장 벼슬을 지낸 韓이라는 姓을 가진 사람이 이 近海 漁業權을 모두 掌握하고 살았는데 어느 날 韓비장이 꿈속에 彌勒佛이 나타나 내가 뒷바다 오리바위 밑 말(海岸)에 걸려 온 몸에 말이 감겨 있으니 나를 구하여 空氣맑고 경치 좋은 곳에 安置해 달라하고 사라졌다. 다음날 韓비장이 그곳에 찾아가 말을 헤쳐 보았더니 果然 彌勒佛像이 말에 걸려 있음으로 그를 구하여 용바위에서 約 50m 북쪽 넓직한 바위에 뫼시고 祭祀를 올렸더니 그때부터 韓비장은 富貴榮華를 누리게 되었는데 얼마 후 그 미륵불이 없어져 버렸다. 그로부터 韓비장의 家勢는 沒落하였다고 전해지는 바 그 미륵불을 지나가던 商船船員이 훔쳐 얼마가지 못하고 商船이 沈沒하였다 한다. 지금도 그 彌勒佛을 뫼셨던 바위를 주민들이 섬기고 不正을 警戒하여 農漁祭 행사가 있을 때는 먼저 이 바위에 고한 다음 행사를 시작한다고 한다"라고 적고 있다.

용머리공원

곡2리 어촌계 공동작업장

현재 미륵불을 모셨던 자리에 용머리공원이 조성되어 정자와 용머리공원의 비문을 적어 놓았다. 지금도 그곳에는 고기잡이 나가는 어부들이 올린 막걸리와 안주가 놓여 있어 무사안녕을 기원하고 있다. 그런데 병곡리와 용머리 유래의 비문에는 언제 기록인지는 알 수 없지만 새로운 내용이 기록되어 있었다. 그 내용을 한번 살펴보면 "이 마을은 어느 시대인지 알 수 없으나 安氏, 金氏 성을 가진 분이 마을을 개척했다 하며, 마을 뒤 야산(포성터)에서 내려다보니 지형이 자루와 같이 생겼다 하여 자루실 또는 자래실이라고 지금도 불리고 있다. 병곡이라는 마을의 이름은 16세기 중기(1550년경)인 明宗 연간에 당시 영해부사 張應斗가 명명했다 하였으며 대한제국 때 영해군 北二面 지역이었는데, 1914년 3월 1일 일제의 행정구역 폐합에 따라 영덕군 병곡면 병곡리가 되었다. 또한 일제 강점기 때는 유명한 지역에 큰 인물이 나지 못하도록 전국에 쇠말뚝을 박을 때 자루실에는 마을 바다쪽에 용머리처럼 생긴 영험한 바위 위에 팔각정을 지어 마을 쉼터처럼 위장하였으나 주민들이 이를 알고 1961년 5월 16일 군사정변 이후 일제의 총독부 비석과 함께 철거, 지금의 해안도로에 매립하였다. 그 이후 용머리의 영험함을 기원하며 5년마다 열리는 마을 풍어제도 용머리에서부터 시작되며 지금도 전국 유명 무속인이나 관광객들이 기도를 하러 이곳을 많이 찾아오고 있다. 새천년을 기리며, 병곡 2리 주민일동" 이라고 기록하고 있다.

미륵불에 대한 의미를 살펴보자.

미륵 부처님은 범어로는 '마이트레야(Maitreya)'이며, 미륵은 성씨이고 이름은 아지타(Ajita, 阿逸多)이다. 성인 미륵은 자씨(慈氏)로 번역되어 흔히 자씨보살로도 불린다. 인도의 바라나시국 브라만 집안에서 태어나 석가모니불의 교화를 받으며 수도하였고, 미래에 성불하리라는 수기(授記)를 받은 뒤 도솔천에 올라가 현재 천인(天人)들을 위해 설법하고 있다고 한다. 도솔천은 지나친 욕심이나 번뇌 망상으로 인한 방황이 없는 세계이며, 스스로 만족할 줄 아는 오유지족(吾唯知足)의 무리가 모여 사는 하늘나라를 뜻한다.

석가모니불이 입멸한 뒤 56억 7천만 년이 되는 때에 다시 사바세계에 출현하여 화림원(華林園) 용화수(龍華樹) 아래에서 성불하고, 3회의 설법으로 모든 중생을 교화한다고 한다. 이 법회를 '용화삼회'라고 하는데, 용화수 아래에서 성불하기 이전까지는 미륵보살이라 하고 성불한 이후는 미륵불이라 한다. 이 보살은 부처의 업적을 돕는다는 뜻에서 '보처(補處)의 미륵'이라 하며, 현겁 천불 가운데 제 5불에 해당한다.

병곡리와 용머리 유래

이 마을은 어느 시대인지 알 수 없으나 안씨(安氏), 김씨(金氏) 성을 가진 분이 마을을 개척했다 하며, 마을 뒤 야산(포성터)에서 내려다보니 지형이 자루와 같이 생겼다 하여 자루실 또는 자래실이라고 지금도 불리고 있다. 병곡이라는 마을의 이름은 16세기 중기(1550년경)인 명종(明宗) 연간에 당시 영해부사(寧海府使) 장응두(張應斗)가 명명했다 하였으며 대한제국 때 영해군 북이면(北二面) 지역이었는데, 1914년 3월 1일 일제(日帝)의 행정구역 폐합에 따라 영덕군 병곡면 병곡리가 되었다. 또한 일제 강점기 때는 유명한 지역에 큰 인물이 나지 못하도록 전국에 쇠말뚝을 박을때 자루실에는 마을 바다쪽에 용머리처럼 생긴 영험한 바위 위에 팔각정을 지어 마을 쉼터처럼 위장하였으나 주민들이 이를 알고 1961.5.16 군사정변 이후 일제의 총독부 비석과 함께 철거 지금의 해안도로에 매립하였다. 그 이후 용머리의 영험함을 기원하며 5년마다 열리는 마을 풍어제도 용머리에서부터 시작되며 지금도 전국 유명 무속인이나 관광객들이 기도를 하러 이곳을 많이 찾아오고 있다.

새천년을 기리며 병곡2리 주민 일동

미륵불

병곡초등학교 앞

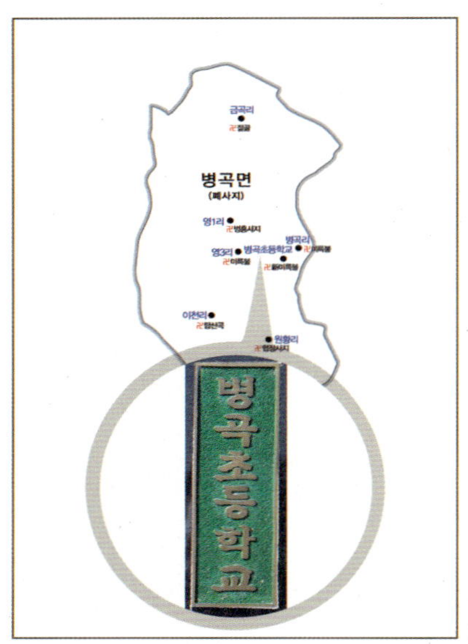

병곡 1리 이장이신 김영욱(71세) 거사님께 병곡 2리 미륵불에 관한 내용을 여쭈어보다가 병곡초등학교 정문 좌측 밭에 미륵이 모셔져 있다는 말씀을 듣고 이장님의 안내로 그곳을 답사하였다.

현재 병곡초등학교 정문 좌측 논밭 주인 정칠성(79세) 거사님의 소유로 미륵불이 존재하였다. 옛날 200여 년 전에 경지 정리하기 전에 논 옆 웅덩이에 형제가 놀다가 한 아이가 물에 빠져 익사하였다. 익사한 아이를 위하여 그 자리에 부모가 미륵불을 모셔 후세에는 미륵불이 되어라는 뜻에서 모셨다고 한다.

30여 년 전에 경지 정리 위원장을 지낸 정대식(78세) 거사님의 말씀으로는 익사한 그 자리를 메워 그 옆에 미륵불을 모셨다고 한다. 모신 자리에 좌대라도 모시고 좌정하였으면 하고 발원해 본다.

이어서 형제 영가의 극락왕생을 발원하며 진언을 송(誦)해 본다.

결정왕생정토진언

「나무 사만다 못다남 옴 아마리 다바폐 사바하」

상품상생진언

「옴 마리다리 훔훔박탁 사바하」

선망부모왕생정토진언

「나모 사만다 못다남 옴 숫제유리 사바하」

해원결진언

「옴 삼다라 가닥 사바하」

원이차공덕(願以此功德) 보급어일체(普及於一切)

아등여중생(我等與衆生) 당생극락국(當生極樂國)

동견무량수(同見無量壽) 개공성불도(皆共成佛道)

미륵골 미륵불

병곡면 영 3리

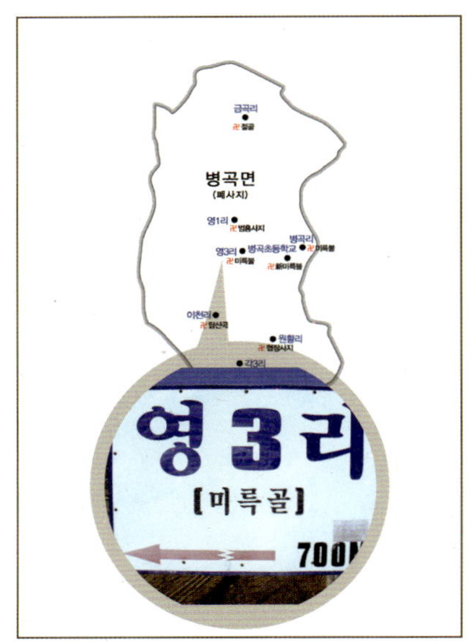

「영덕군향토사」에 영덕군 병곡면 미륵불에 관한 기록을 보면 "西紀 1300年代로 推定되는 時代에 天氏姓을 가진 富者가 이 마을에 살고 있었는데 禀性이 고약하고 심술궂기로 유명하여 乞人들이 求乞하러 오거나 僧侶들이 탁발하러 가면 반드시 쪽박을 깨버리든지 汚物을 퍼담아 주는 못된 버릇이 있어 周圍 사람들에게 빈축을 샀다고 한다. 그러던 어느 날 梵興寺에서 나왔다는 凡常치 않은 스님 한 분이 施主求乞을 하였는데 亦是 바랑에 汚物을 담아 주었다. 그러나 그 스님은 조금도 언짢은 기색을 보이지 않고 恭敬하게 合掌禮拜를 하고 '당신의 집 마루 밑을 파보면 미륵불이 나올 것이니 그 彌勒佛을 앞산 위에 옮겨 세워놓으면 永遠히 富貴榮華를 누릴 것이다' 하고 어디론가 가버린 다음 千氏는 彌勒佛을 발견하고 스님이 시키는 대로 하였더니 그 후로는 厄運이 닥쳐오기 시작하여 그의 夫人과 子女가 原因모를 病으로 죽게 되고 農事는 凶作이 繼續되더니 結局 원인모를 火災로 집마저 잃었으니 천씨는 완전히 滅亡하고 말았다. 그 후 많은 세월이 흘러 이 마을에 佛敎信仰心이 强하고 마음씨 착하며 壯士로 所聞난 黃守宗이라는 사람이 있어 恒常 마을의 安寧을 念願하는 模範人物이었다. 어느 날 그의 꿈에 부처가 나타나 마을에서 북쪽으로 約 150步 地點에 石佛이 버려져 있으니 마을 아늑한 곳에 옮겨 가서 守護

神으로 뫼시면 마을이 和平하리라 하였다. 잠에서 깬 黃壯士는 그곳으로 달려가서 果然 彌勒佛을 발견하고 卽時 업고 와서 閣을 지어 모셨는데 그 閣의 네 기둥이 各各 다른 林木을 썼으니 즉 하나는 싸리, 하나는 칡, 하나는 띠, 하나는 독으로 되어 特異하다. 그리고 그 堂 앞에는 沐浴湯과 같은 바위가 있어 水岩이라 이름 짓고 每年 正月 보름날 祭享時에 祭官들은 이 水岩에서 致誠하고 행사에 임하는 것은 지금까지 전통이 되어 있고 憂患治病의 快癒를 祝願하는 사람과 無子한 사람이 이 石佛에 祈禱하면 效驗이 있다 하여 他地에서도 찾아오는 사람이 많으므로 佛堂의 문은 항상 열려 있다"라고 되어 있다.

「영덕군지」 병곡면 영리동네 기록에 의하면 "영 3리인 保谷마을은 15세기인 羅氏가 마을을 개척했다고 하며 洞口에 閣을 지어 彌勒佛이라 하였으므로 彌勒谷으로 불렀다"라고 적고 있다.

영 3리 마을 입구에 좌정하고 있는 미륵불에 관하여 기록을 보다가 몇 년 전에 미륵불 도난 사건이 떠올라 인터넷을 검색하여 보니 2008년 9월 18일의 지역 일간지에 영덕군 병곡면 영 3리 석조 미륵불이 도난당하여 100만원의 현상금을 걸고 미륵불을 찾기 위하여 영덕군에서 백방으로 노력한 기사를 보았다. 또한 20여 일 만에 예천군 용문면 한 도로에서 찾아 원래 좌정하고 계시던 자리로 이운(移運)하였다는 기사도 확인하였다.

이러한 기사를 상기시키면서 영덕군에서 출발하였다. 영 3리는 도로에서 미륵골이라는 간판에 700m라고 쓰여진 표시를 보면서 찾아 들어갔다. 마침 동네 입구에 새롭게 전각이 하나 지어져 있는 것을 보니 '여기 모셔져 있는 분이 그때 도난당한 미륵 부처님이구나' 생각하며 합장 예를 표하고 문을 열고 보았다. 사진에서 본 그 미륵 부처님이었다.

'미륵존여래불 미륵존여래불 미륵존여래불~ 이 고을에 인연된 모든 분들 건강하고 행복한 나날이 되게 하소서! 나아가 영덕군과 이 나라가 태평성대(太平聖代)를 누리게 하소서!'라고 발원하면서 주위를 살펴보았다.

기사에 의하면 "미륵불은 화강암 재질로 높이 127㎝, 어깨 폭 60㎝로 앞가슴에 양손을 모으고 있는 형태로 이마에는 백호가 있고 얼굴은 넓고 코가 크며 콧수염이 그려져 있는 것이 특징이다. 또 등에는 성혈과 같은 구멍들이 종과 횡으로 일정한 열을 이루며 8개 정도가 있으며, 이를 중심으로 가장자리에 종으로 황수종립석(黃守宗立石)과 강희이십팔년(康熙二十八年), 숙종 15년(1689년)의 문구가 각자돼 있다"라는 내용을 보았다.

마을 입구에 모신 미륵 부처님으로서는 많은 특징을 지니고 있었다. 밝은 미소로 화답하는 뜻일까. 웃음을 띠고 있는 모습을 보니 법당에서 보는 부처님과 다를 바 없어 보였다. 또한 새로운 전각에 모셔져 있어 편안한 느낌마저 들었다.

영 3리의 배영기(67세) 이장님의 말씀으로는 2013년 고래불 전역 개발사업과 농어촌 개발지원사업의 사업비로 전각을 완성하였다고 한다. 미륵 부처님께서 나들이 한 번 갔다 온 후에 좋은 전각에 계시니 미륵골의 경사가 아니겠는가?

탑산골(塔山谷)

병곡면 이천리

「영덕군향토사」에 의하면 병곡면 이천리 탑산곡에 대하여 "마을 안 溪谷을 따라 七寶山 기슭 그윽한 곳이 所謂 塔寺谷이다. 西紀 640年代 百濟의 侵攻을 받은 新羅王室은 各處에 避難을 하였는데 이곳에도 公主 한사람이 避難살이를 하는 동안 산중턱에 塔을 쌓았다는 전설이 있으나 지금은 塔의 흔적은 없고 塔山谷이라고만 전한다"라고 기록하고 있다.

塔山谷이 있는 이천리에 관해 살펴보면 "동명의 유래는 마을 앞 하천이 길게 흐르므로 붙여진 이름이다. 이 마을은 14세기 후기인 고려말(高麗末)에 이씨(李氏)라는 분이 입주하여 마을이 번영하라는 뜻으로 이래실이라 하였으며, 그 뒤 윤씨(尹氏)가 입주하여 이천(伊川)이라 했다 하며, 18세기인 1700년대부터 최씨, 신씨, 황씨, 박씨가 입주하였다고 한다. 조선시대에는 영해부에 속했으며, 대한제국 때에는 영해군 북초면(北初面) 지역이었는데, 1914년 3월 1일 행정구역 폐합에 따라 북이면의 원황동 일부를 병합하여 이천동이라 하고 영덕군 병곡면에 편입되었으며, 그 뒤 1988년 5월 1일 동을 리(里)로 개칭할 때 이천리가 되어 현재에 이른다. 이천리의 위치는 동은 거무역리, 원황리, 서는 등운산, 남은 각리, 북은 아곡리가 있다. 가매골(釜谷) : 아릿이래실 서남쪽에 있는 마을로 지형이 가마솥처럼 되었다 함. 아릿이래실(아릿마) : 이래실

아래쪽에 있는 마을임. 양지모치 : 아릿이래실 양지쪽에 있는 마을임. 텃골모치 : 텃골 옆에 있는 마을임"이라고 기록하고 있다.

「영덕군향토사」의 기록을 가지고 탑산곡이 위치한 병곡면 이천리에 도착하였다. 현재 탑산곡 자리에 위치한 전답인 이천리 301번지를 경작하고 있는 이 마을 분인 황성진(74세) 씨와 부인 윤효연(74세) 보살님 그리고 권병옥(72세) 보살님께 탑산곡에 관하여 여쭈어 보았다. 옛날 연세가 많으신 어르신 분들께서 절이 있었다는 이야기는 들었다고 한다. 예전에 포크레인으로 논을 평탄 작업하기 전에는 기왓장도 출토되어 옛날 마을 사람들이 이야기 하는 곳이 이 자리가 아닌가 생각하였다고 한다.

그분들이 말씀하시는 대로 절터 주위에 도착하니 절터 예상지 밑에는 저수지가 있고 안쪽에는 바위가 병풍처럼 둘러싸여 있어 멀리까지 보이는 것이 풍광이 좋아 절터임을 짐작하게 하였다.옛날 신라 공주가 피난살이 하면서 탑을 쌓아 고향에 대한 향수를 달래기는 적합하다는 생각을 하였다. 절터에서 농사지을 때는 기왓장이 나왔다고 하나 막상 찾으려니 보이지는 않았다. 정지용의 '고향'이라는 시 한 편을 읊어 본다.

고향에 고향에 돌아와도 그리던 고향은 아니러뇨.
산꿩이 알을 품고 뻐꾸기 제철에 울건만
마음은 제 고향 지니지 않고 머언 항구(港口)로 떠도는 구름
오늘도 뫼끝에 홀로 오르니 흰 점꽃이 인정스레 웃고
어린 시절에 불던 풀피리 소리 아니나고 메마른 입술에 쓰디쓰다.
고향에 고향에 돌아와도 그리던 하늘만이 높푸르구나.

절터골

「영덕군향토사」에 병곡면 절터에 관한 기록을 보면 "마을 西便 기슭에 高麗時代 寺名 未詳의 큰 寺刹이 있었다는 傳說이 있으며 지금도 礎石이나 瓦片 等을 쉽게 發見할 수가 있어 사람들은 이곳을 절터골이라 한다"라고 되어 있다.

「영덕군지」의 병곡면 각리편에 보면 "각리 3리는 고려말 王參이라는 분이 마을을 개척했다고 하며, 정직한 사람이 살았다고 하여 어느실(彦谷)이라 했다 하며 또는 황토물이 굽이쳐 흘렀다 하여 주니곡(朱泥谷)이라고도 했다"고 기록되어 있다.

먼저 각리 3리에 도착하여 동네 사과나무 가지치기 하기 위해 들에 나온 정수진(62세) 거사님과 김정현(65세) 거사님께 절터골에 관한 내용을 여쭈어 보았다. 동네에서 보면 뒷산 가운데 능선을 넘어 갈대밭이 절터라는 말씀에 의지하여 동네 뒷산 정상을 넘어 2시간 이상 걸려 헤매다 절골인 갈대밭에 도착하였다.

두 분의 말씀과 같이 조그마한 못과 바위들이 이곳이 절터임을 확인 할 수 있었다. 갈대가 오랜 세월 자란 탓에 갈대밭 속에는 한 치 앞을 분간할 수 없었다. 그래도 갈대밭에 멧돼지가 지나간 자리에는 밭의 형태가 보여 그나마 밑을 살펴볼 수 있었다. 갈대밭 주위를 돌아봤지만 그 밖의 사찰 흔적을 찾지 못하고 하산할 수밖에 없었다. 추후 재 답사를 통하여 사찰터에 관한 확인이 필요할 것 같다.

하산하면서 박렬 시인의 시집 「내가 나의 주인이 되어」 중

'갈대의 노래'라는 시를 읊어본다.

나를 지켜내며 살자. 강바람이 온몸을 흔들어도

휘어지는 젊음 하나로 버티고 서 꺾임없이 나를 이겨내며 살자.

사랑이 메마른 이 시대로 하여, 그 누구도 사랑할 수 없는

병들고 허한 가슴일지라도 나를 묵묵히 지키며 살자.

세상의 끊임없는 바람으로 하여, 내 영혼이 세상의 외진 곳에서

병든 영혼으로 시들어가는 운명이래도 의지 하나로 견뎌내며 살자.

나만이 감수해야 하는 그 무엇의 슬픈 사연으로 하여,

내생이 그렇게 볼품없이 시들어간다 해도 오직 나 하나의 사랑을 기다리며 살자.

갈대의 철학으로 살자. 나를 감추며 살자.

나를 죽이며 살자. 삶의 고독한 시

고독한 시가 되자. 내가 너가 될 수 없고

너가 내가 될 수 없는 이 세상 차라리 흐린 삽화가 되자.

나를 죽여 내가 살 수 있다면 오늘은 죽자. 내일은 살자.

나를 죽여 내가 살자.

각 3 리 회 관
각리3리상무소
각리3리경로당

성왕사(成王寺)

창수면 수리

「영덕군향토사」에는 성왕사에 대해 "新羅時代 寺刹이라 전해 오나 確實한 考證이 없어 아쉽기도 하다. 寶林에 鳥峴寺 寶林洞塔 僧侶村(現 下寶林)者武基 庵子 2個所와 天台田谷 庵子 1個所 讀經山 中心으로 이룩된 것을 감안하여 成王寺가 大端하였다고 한다"라고 기록하고 있다.

뒷산 이름이 독경산이라 독경산의 이름에 얽힌 전설에 의하면 "영덕군 창수면 수리 집희암 마을의 성왕사와 보림리의 오현사에서 수행하던 스님들의 독경 소리가 산 전체에 울려 퍼져 讀經山(564m)이라는 이름이 붙었다고 전해진다. 또한 삼승령은 영양군과 창수면 경계에 위치하고 있다. 높이 514m이다. 보림, 집희암, 자무기 등에 있던 절에서 스님들께서 이 고개를 넘어 영양과 서울을 왕래할 때 반드시 3명의 승려가 동행하여 넘었다고 하여 삼승령이라 하였다고 한다"라고 전해오고 있다.

창수면 수리에 도착하여 성왕사 절터를 찾기 위해 동네 분들을 수소문했지만 날씨가 너무 추운 탓인지 나와 마을회관에 들러도 계신 분들이 없어서 대문을 직접 두드려야만 했다.

종교가 달라 이름을 밝히기를 거부하는 동네 보살님의 안내로 성왕사 절터에 도착하였다. 보살님께서 시어머니에게 들었다는 이곳 성왕사는 한절이라고도 하였으며 절터 앞 바위에 공을 드리기도 하였다고 한다.

지명에 석문암이라고 하였다는데 자세한 유래를 아는 분은 없었다. 기와 조각 몇 개만 찾았고 그 밖의 사찰 유물은 존재하지 않았다.

독경산(讀經山) 아래에 왔으니 옛날 오현사와 성왕사 스님들의 독경소리가 온 산천을 염불소리로 울렸다는데 그 소리에는 미치지 못하지만 해탈주 3편을 독송하였다.

해탈주(解脫呪)

나무(南無) 동방(東方) 해탈주세계(解脫呪世界)

허공공덕(虛空功德) 청정미진(淸淨微塵) 등목단정(等目端正) 공덕상(功德相) 광명화(光明華)

파두마(波頭摩) 유리광(琉璃光) 보체상(寶體相) 최상향(最上香)

공양흘(供養訖) 종종장엄정계(種種莊嚴頂髻) 무량무변(無量無邊) 일월광명(日月光明)

원력장엄(願力莊嚴) 법계출생(法界出生) 무장애왕(無障礙王)

「여래아라하(如來阿羅訶) 삼막삼불타(三藐三佛陀)」

오현사(烏峴寺)

「영덕군향토사」의 오현사에 대한 기록을 살펴보면 "朝鮮朝 景宗 19年(西紀 1488)頃에 名未詳 元氏 선비가 마을을 開拓하여 버임이라 하였으며 그 후 務安朴氏 선비가 入住하여 옷재(烏峴)라 改稱하였다가 山勢가 좋고 森林이 많다고 寶林이라 하였다. 西紀 1914년 行政區域 改編時에도 보림으로 現在까지 칭하여 온다 중마을(僧侶)은 新羅時代 年代未詳이나 集喜庵에 成王寺란 寺刹이 있으며 者武基에 庵子가 3個處에 位置하고 烏峴寺가 있어 佛敎界의 集散地 讀經山도 그때 命名되었으리라 생각되며 이 마을은 僧侶들의 集村으로 고바우를 넘어서면 山谷에 寶林洞塔이 있었다. 이 마을 烏峴은 寧海에서 英陽과 安東 等地에서 오는 行人과 商人이 많았으며 客酒집도 많았다. 農器具를 만드는 점(工場)이 있으며 많은 전설을 간직하고 있다"라고 되어 있다.

위험
1274E
211
오촌지 455
14M
한국전력
문의
전화 123

창수 보림 중마을 오현사는 마을 이름과 같이 옛날 이 동네 뒷산에 절을 짓고 스님께서 살았다고 하여 중마을로 지명이 붙게 되었다. 오현사 절터를 찾기 위하여 하루 전에 창수면 보림마을의 전화번호부에 나와 있는 인명을 보고 전화를 드려 미리 약속을 정하였다.

당일 서남사에서 출발하여 보림마을에 도착하여 전화를 드렸더니 보림마을 가기 전에 중마을이 있으니 그 쪽으로 오라는 말씀을 하였다. 보림에서 창수면 쪽으로 500여 미터를 다시 가니 중마을이라는 간판이 보였다. 어제 약속 드린 중마을에 거주하는 권태일(68세) 거사님께서 나와 주셨다. 거사님께서 다시 차를 몰고 보림 중마을과 보림회관이 있는 큰마을 도로 중앙 대로변에서 주차를 하고 오른쪽 산의 계곡을 700여 미터를 올라 절터에 도착하였다.

권태일 거사님 어릴 적에는 5층 석탑이 있었으나, 중간에 없어지고 탑신 자리인 바위만 있었다. 옛날 사용하던 우물은 낙엽으로 덮여 있었고, 석축과 기와 조각만 남아 있어 이곳이 절터임을 증명하여 주었다. 최근에는 절터 뒤쪽에 임도가 개설되어 창수에서 영양으로 길을 닦고 있었다.

절터가 그렇게 넓지 않고 주위가 참나무와 소나무들이 우거져 있어 혼자 올라 왔으면 절터를 찾지 못하고 하산할 뻔하였다. 거사님께서도 절터에 기와 조각이 있으리라는 생각은 전혀 못하고 있었다.

창수와 영양 가는 임도개설을 한다고 위에서 바위덩이가 절터에 내려와 시간이 지나면 절터의 흔적은 영원히 찾을 수 없을 것 같았다.

기와 조각 몇 조각을 주워 걸망에 넣고 내려오면서 다시 한 번 위치를 확인하고 하산하였다. 성왕사와 더불어 오현사는 독경산 자락에 위치하여 있어 그 옛날 오현사와 성왕사가 있을 때는 스님들의 염불소리가 온 산천을 울렸다는데 그 소리에는 못 미쳐도 목청 높이 산 자락에서 '모든 재앙을 물리치고 행복한 일만 있기를 바라는 다라니'를 염불일성(念佛一聲)하였다.

불설소재길상다라니

「나무 사만다 못다남 아바라지 하다사 사다남 다냐타 옴 카카 카혜 카혜 훔훔 아바라 아바라 바라아바라 바라아바라 디따 디따 디리 디리 빠다 빠다 선지가 시리예 사바하」

소원성취진언

「옴 아모카 살바다라 사다야 시베 훔」

관세음보살 멸업장진언

「옴 아로늑계 사바하」

나무아미타불~

사자암

지품면 송천 3리

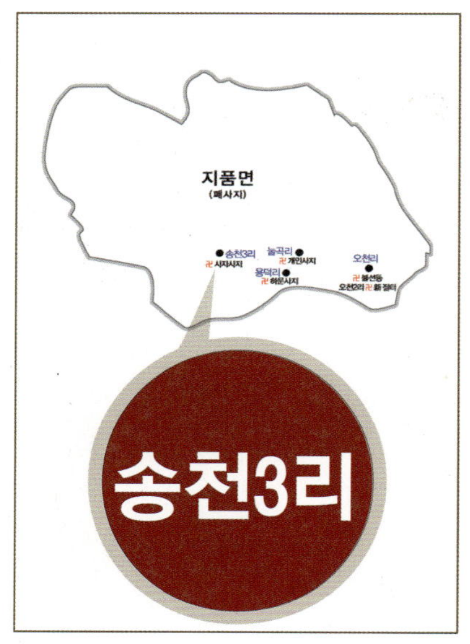

「영덕군지」에 나타난 사자암의 기록에 의하면 조선시대 1832년까지 존속되었던 사찰로 나타나고 있다.

행정구역 상 지품면 송천으로 기록되어 있어 송천 1, 2동 주민들에게 사자암에 대하여 여쭤보았으나 아는 분이 없었다.

송천 3동에 이르러 동네 분인 한금옥(69세) 보살님과 차영석(76세) 보살님께서 시어머니와 연세 많은 분들에게 동네 앞산 바위 밑에 옛날에 절이 있었다는 말을 들었다고 하였다.

절터에 밭을 개간한 관계로 특별한 흔적은 없고 지금도 절은 없지만, 동네 앞산 바위가 있어 동네 대소사 일에 마음으로 그 쪽을 향하여 합장한다고 말씀들을 하셨다.

개인사

지품면 눌곡리 맹동산

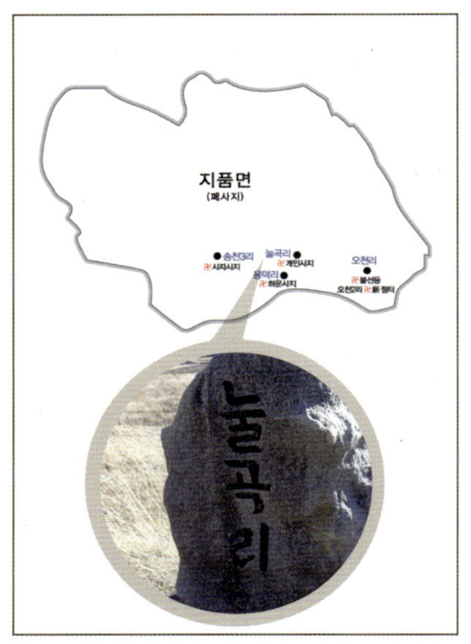

「영덕군지」에 "지품면 맹동산에 위치한 개인사는 1832년에 폐찰되었다"는 기록으로 봐서 절터가 있을 거라고 짐작하여 눌곡 노인정에 들렀다. 최향경(88세) 보살님 외 연세가 많으신 분들께 여쭤보았으나, 동네에 절이 있었다는 사실을 아는 분이 없었다.

「영덕군지」의 기록이 착오인지, 폐찰되었는지, 아니면 오래 되어 동네 분들이 모르는지 아무리 수소문해보아도 개인사는 찾을 길이 없었다.

사진_박청태 作

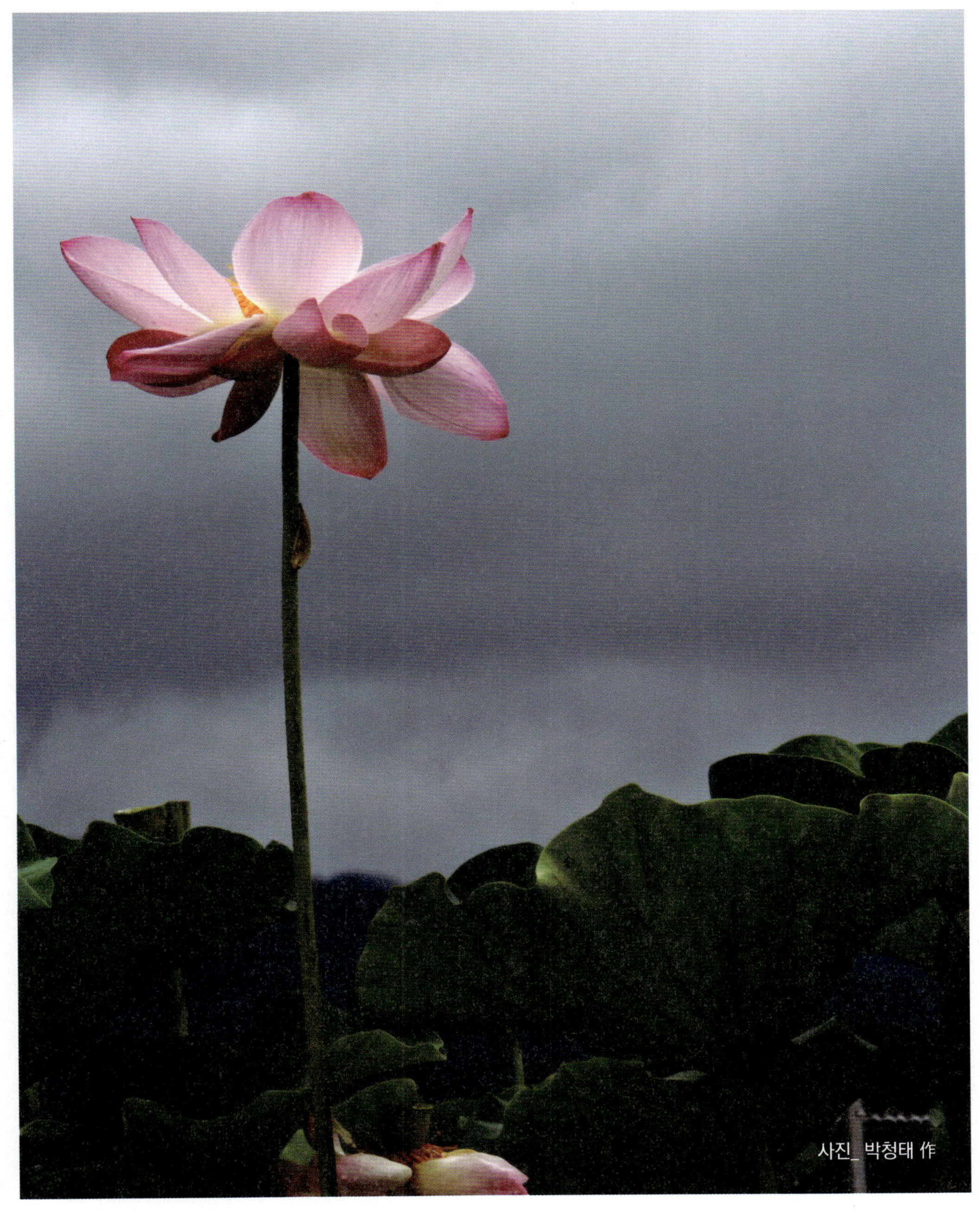

사진_박청태 作

망월암

고불봉 망월암

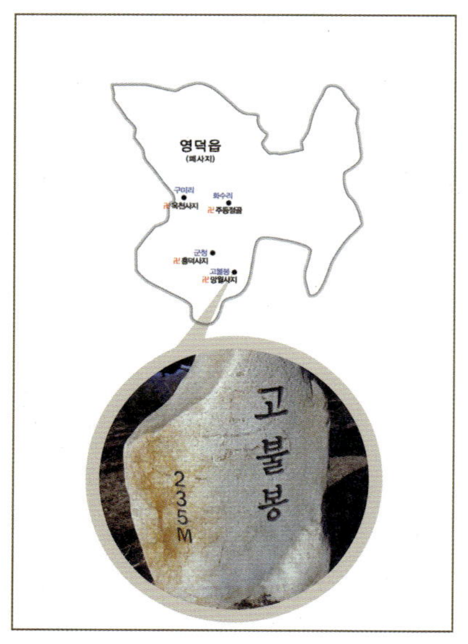

답사기록 망월암에 관한 기록은 「영덕군지」에 "영덕읍 우곡리 고불봉 기슭에 암자가 있었다"는 내용만 가지고 무작정 고불봉에 올랐다. 망월암이 있었다는 고불봉 정상(235m)에서 동쪽으로 절터를 찾아보았지만 찾을 길이 없었고 정상에서 보는 영덕시가지와 동해바다를 보면서 아쉽게 발길을 돌려야 했다. 다음 기회에 다시 절터를 찾기로 하고 정상에 쓰여진 고불봉에 관한 내용을 적어 보았다.

「영덕군지」에도 그 내용이 있어 언급하면 "망월봉은 일명 고불봉(高佛峰, 高不峰)이라 한다. 동해에서 떠오른 보름달이 두둥실 봉우리에 걸리면 봉우리도 둥글고, 달도 둥글다 하여 망월봉이라 하였다"고 한다.

망월봉의 높이는 207m이다. 옛날에는 고불봉, 동쪽 기슭에 망월암(望月庵)이란 암자가 있었으나, 지금은 없어지고 흔적만 남아 있다. 고불봉은 경치가 아름다워 불봉조운(佛峰朝雲)이라 하여 영덕팔경의 하나에 들어가며, 영덕에 유배 와서 고불봉 밑에 유배소를 정한 고산(孤山) 윤선도의 다음과 같은 시가 전해지고 있다.

봉명고불인개괴(峰名高不人皆怪)

봉재제봉최특연(峰在諸峰最特然)

하용고고비운월(何用孤高比雲月)

용시유득독경천(用時猶得獨擎天)

봉우리 이름이 고불이라 사람마다 이상하다고 하지만

봉우리는 여러 봉 중에 최고 특별나구나

어디에 쓰일려고 구름, 달 사이로 높이 솟았나

한 번 쓰일 때면, 저 홀로이 하늘을 떠받드는 기둥이 되리

고산 윤선도 선생은 해남에서 1638년 영덕으로 유배와 고불봉 밑에 유배소를 정하고 약 8개월간 머물면서 20여 수의 글을 남겼다. 고불봉 정상에 시와 함께 적혀 있다.

이 시를 음미하면서 다음 기회에 다시와 망월암의 자리를 찾으리라 생각하면서 하산하였다.

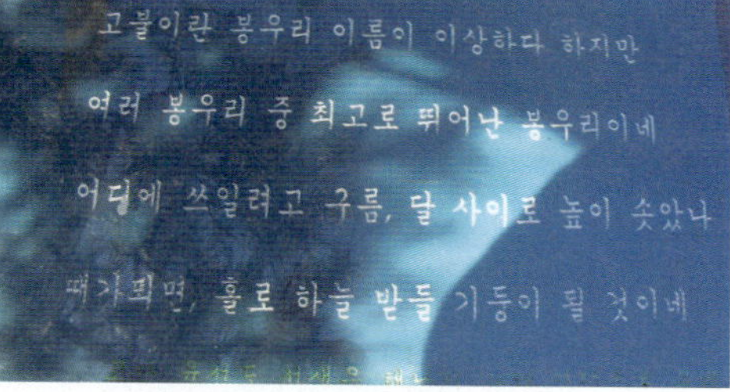

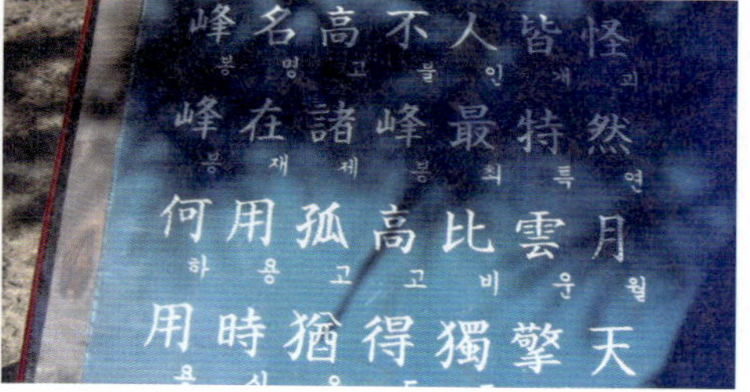

흥덕사

영덕군청 절터

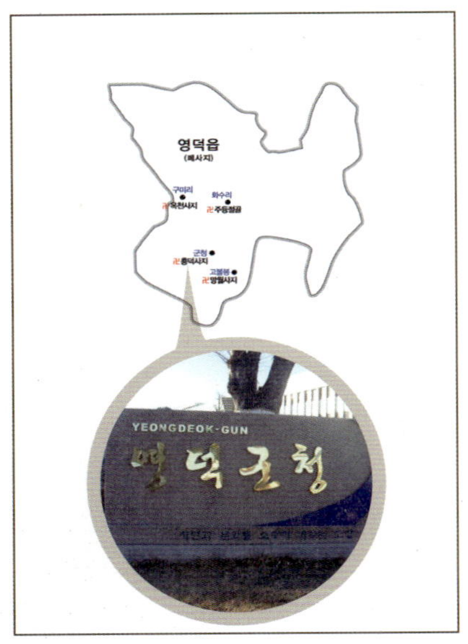

「영덕군지」에 의하면 "흥덕사가 조선시대에 현 영덕군청 자리에 존재하다가 폐사되었다"라고 밝히고 있다. 언제 창건되었고 폐사되었는지는 기록에는 없다. 현재의 영덕군청은 군청 홈페이지 연혁에 기록하길 "원래 영덕, 영해 양군이었던 것을 서기 1914년 합병하여 오늘에 이르고 있다"라고 기록하며, 두산백과사전에는 "1914년 3월 1일 설치되어 행정 업무를 보았다"라고 기록하고 있다.

흥덕사의 흔적을 찾기 위해 살펴보니 영덕군청 서쪽 오십천 쪽에 축대를 높이 쌓아 놓았는데, 그 언덕 사이에 옛날 흥덕사 절터의 기와로 추정되는 기와 조각이 육안으로 많이 보였다.

군청이 자리하고 있는 곳과 군청 앞에도 포장이 되어 주차장으로 활용하므로 예전의 절터에서 어떤 유물이 출토되었는지 알 길이 없다. 서쪽 오십천 쪽에 축대를 쌓아놓아 축대 위쪽에 드러난 기와로 볼 때 영덕군청과 영덕군의회(예전의 대구지방법원 영덕지원과 대구지방검찰청 영덕지청) 건물도 함께 절 도량이 아니었을까 추정된다.

영덕군청 앞 서쪽인 구 경찰서 터 앞에는 현령선정비가 있다. 1605년 현령 권태일의 비부터 1903년 아후 박문호 영세송공비까지 기록되어 있다. 현령은 현에 둔 지방장관으로 비명과 재임년대, 건립년도를 기록하고 있다.
그 내용을 살펴보면 다음과 같다.

1. 현령 김창석 선정비 1697년 2월~1699년 6월 건립년도 1704년

2. 현령 이안진 선정시 1627년 8월~1632년 6월 건립년도 1633년

3. 수의사도 박정양 방폐비 미상 건립년도 1874년

4. 현령 홍우규 청덕선정비 1713년 3월~1713년 4월 건립년도 1713년

5. 현령 유정주 영세방폐비 1829년 12월~1834년 12월 건립년도 1834년

6. 현령 송문상 비 1725년 3월~1727년 7월 건립년도 미상

7. 아후 박문호 영세송공비 1902년 8월~1903년 9월 건립년도 1903년

8. 현령 우성규 선정불망비 1886년 6월~1887년 1월 건립년도 1886년

9. 현령 안종덕 영세불망비 1887년12월~1887년 12월 건립년도 1888년

10. 현령 권태일 비 1603년 4월~1605년 8월 건립년도 1605년

영덕군에 산재한 폐사지는 대부분 농사를 짓기 위하여 전답으로 사용한 흔적들이 많다. 지금은 시대의 흐름으로 산골짜기나 교통이 불편한 곳은 경작을 포기하는 경우들이 많아 사지(寺址) 역시 그대로 방치되는 경우들이 많았다. 세월은 흘렀어도 땅속 어딘가에 당시 절에서 사용하였던 흔적들을 발견할 수 있는 희망이 있다. 그러나 흥덕사지는 현재 영덕군청과 군의회의 건물과 주차장이 시멘트 포장으로 사용하고 있는 관계로 군청 옆 축대 사이에 드러난 기와로서 절터임을 추정할 뿐이다.

흥덕사가 조선시대에 현 영덕군청 자리에 존재하다가 폐사되었다고 「영덕군지」에 밝히고 있는데, 언제 창건되었고 폐사되었는지는 기록에 없다. 현재 영덕군청은 옛날 영덕경찰서 터와 함께 영덕군청으로 쓰고 있는데 영덕군청이 언제 흥덕사 자리에 들어왔는지에 대한 자세한 조사가 필요할 것 같다.

사부대중의 한마음 드러낸
체로금풍體露金風을 회향하며

지금까지 드러난 것과 같이 영덕에서 정진하는 스님들의 마음과 소승의 마음이 부합하여 영덕불교사암연합회를 발족, 지역 현안과 내외 불교법회를 첫 봉행한 것이 2005년이다. 당시에는 영덕 불자들이 영덕불교사암연합회의 불교법회에 많이 동참하여 신심이 환희용약(歡喜踊躍)하였다.

첫 봉행된 소년소녀가장돕기 자비탁발법회의 봉행은 신선함 그 자체였다. 영덕 거주 60여개 사찰 중 절반 이상의 주지스님들께서 동참하여 군 단위의 불교행사로서 여법한 법회를 봉행하였다. 영덕읍 시가지와 영해면, 강구면 시내를 돌며 탁발하여 그 기금과 부족한 부분들은 십시일반 집행부와 각 사찰에서 모금하여 영덕군청을 통하여 소년소녀가장을 위한 탁발의 본뜻을 되새겼다.

이후 6.25민간인희생자들의 외로운 영혼을 달래드리는 추모 위령재와 장사상륙작전에 희생된 학도병 영령들을 위해 매년 천도법회와 한 해 가뭄으로 고통 받는 농민들과 식수가 부족해 애태우는 군민들을 위한 가뭄 해갈을 발원하는 기우재 봉행으로 가뭄이 해소되는 법력을 보이기도 하였다.

또한 외부 법회로는 매월 수형자 교화를 위한 포항교도소법회 주관과 인근 군부대 법회를 통한 장병들의 노고를 치하하고 공양물을 제공하는 분기별 법회를 봉행하여 지역 스님들의 하화중생 본분사를 다하였다.

영덕은 고려시대 암울했던 시기에 태어난 선각자 나옹왕사의 고장이다. 왕사의 뜻을 받들어 영덕불교사암연합회 집행부 스님들이 왕사께서 정진하고 창건한 전국의 사찰들을 소승과 함께 불적답사길에 동행하여 왕사의 업적을 기리고 그 분의 고귀한 뜻을 새겨 오기도 하였다.

이번 책 발간은 이러한 연합회 구성원 모두가 화합과 소통을 통한 영덕불교 발전을 향한 마음들이 일치된 성과물인 것이다. 게다가 금번 유금사에서 금동여래입상 1구와 금동여래호신불 1구가 발굴되고 나옹왕사의 사리가 드러난 것은 영덕불교 발전을 발원해 온 사부대중들의 한마음의 표현을 드러낸 체로금풍인 것이다.

모두가 한결같은 마음으로 보내준 여법한 법회봉행의 결과가 아닌가 생각한다. 그러한 십수 년의 법회를 통하여 드러난 자료들을 정리하고 또한 영덕에서 정진하고 계시는 사찰들의 현황을 파악하고 이 땅에 불법이 들어와 사찰을 창건하고 폐사된 자료들을 추가하여 이렇게 드러난 것을 한 권으로 엮은 것이 『영덕불교 영덕사찰 체로금풍』인 것이다.

모두가 수고하셨습니다. 이번 발간 불사에 많은 분들께서 도움을 주셨다. 그 중에서도 연합회 집행부 모든 스님들과 특히 회원 스님들의 가교 역할을 하신 관세음보살님의 성정을 닮은 보광 총무스님께 감사드리며, 도움 주신 서남사 박보덕화 신도회장님, 영덕이 고향이신 등명낙가사 청우큰스님, 관조스님, 상좌 래원스님, 만귀스님, 인덕스님, 법수스님, 보광스님, 보각큰스님, 동진스님, 그리고 서남사 도량에서 수행 정진할 수 있게 해주신 서남사 전 주지 스님이신 영호스님께 감사의 마음 전하고 싶다.

또한 격려사를 보내주신 불국사 주지 종우큰스님께 감사드리며, 축간사를 보내주신 관효스님, 김호성 교수님, 김영덕 교수님, 조영대 교수님, 강석호 국회의원님, 이희진 군수님, 최재열 군의장님, 영남일보 김신곤 편집국장님 그리고 표지 글을 보내주신 초당 이무호 선생님, 나옹왕사의 글을 직접 써서 영덕까지 와서 주신 여강서도연구회의 사농 전기중 선생님께도 감사드리며, 이 밖에 인연 있는 모든 분들께 지면을 빌어 감사의 예를 올리면서 나옹왕사의 선시를 읊으면서 회향하고자 한다.

모든 인연 다 놓아버리고 철저히 공이 되면
거닐거나 앉거나 눕거나 그 모든 주인공이다
단박 산을 뒤엎고 물을 다 쏟아버리면
칼숲지옥 칼산지옥에서도 빠져나올 길 있으리.

나무아미타불 나무아미타불 나무아미타불!

영덕불교사암연합회 회장 현담 합장

盈德佛教 盈德寺刹 體露眞風
영덕불교 영덕사찰 체로진풍

2018년 1월 8일 초판 1쇄 인쇄
2018년 1월 20일 초판 1쇄 발행

엮은이 | 현담스님
펴낸곳 | 영덕불교문화발전연구원
주　소 | 경상북도 영덕군 영덕읍 미듬길 24 서남사
전　화 | 054-734-3281, 010-7109-3281

편　집 | 해조음
주　소 | 대구광역시 중구 남산로13길 17 보성황실타운 109동 101호
전　화 | 053-624-5586
팩　스 | 053-624-5587

ISBN 978-89-92745-65-9 03220

• 잘못된 책은 바꾸어 드립니다.　• 책값은 뒤표지에 있습니다.